커플과 커플의 역사

SRS 서울정신분석세미나 ❷

커플과 커플의 역사

LE COUPLE ET SON HISTOIRE

에릭 스마자 지음 · 임말희 편역

NUN

역자서문

서울정신분석세미나 Seoul Psychoanalytic Seminars - SPS 시리즈 출간에 즈음하여

지난 5월 3일 삼성서울병원 암센터 지하강당에서 열린 한국정신분석학회 춘계 학술대회 특별 연자로 오신 에릭 스마자 박사님의 저서를 시발점으로, SPS 시리즈는 IPA 산하 세계 각국 정신분석학회 소속 분석가들의 탁월한 저서를 소개하고, 이를 저자 내한 강연으로 연결한다는 취지에서 론칭된 시리즈다.

귤이 회수를 건너면 탱자가 된다고 했던가? 같은 프로이트파 이론, 대상관계학파 이론이라도 프랑스를 위시한 유럽 쪽 시각은 미국 쪽 시각과는 맛이 좀 다른 것 같다. 커플의 문제를 다채로운 정신분석 분파들의 프리즘을 통해, 그리고 인류학 위주의 사회학적 시선까지 곁들여 광활하면서도 심도 있게 커플 문제를 다루고 있는 에릭 스마자의 역작은 커플 문제에 관한 한 그간 국내에 나와 있던 어떤 책도 제공해 주지 못한 새 통찰의 문을 열어 주리라 믿는다. 본 번역판에서는 커플 관련 임상에 초점을 맞추기 위해 원서의 1장이 다루고 있는 커플의 언어사회학적 역사적 측면을 그 흥미와 가치에도 불구하고 저자와 상의 끝에 과감히 삭제하였으며, 원서의 편집상 결함들을 보완하여 편역하였음을 밝힌다.

SPS 시리즈 첫 권인 『커플과 커플의 역사』에 뒤이어 영국정신분석학회 소속 존 스타이너의 걸작 『정신적 은신처』, 이태리정신분석학회 안토니노 페로의 『아동정신분석테크닉』, 지금은 고인이 되신 전 파리정신분석학회장 앙드레 그린의 『동시대 정신분석의 주요 개념들』 등이 출간될 예정이다.

SPS 론칭과 함께 정신분석 전문출판사 발행인으로서 또 다른 바람이 있다면, 외국 저서를 소개하는 시대는 차차 마감하고 국내 필진이 한국 사회에 걸맞은 치료 이론을 창안하고 토착화된 치료 세팅을 개발해 한국적이면서도 세계적인 컨텐츠들을 해외로 역수출하는 시대를 보는 것이다.

본 한국어 번역판은 프랑스 문화원Institut Français에서 도서 제작비 일부를 지원해 주었다. 그간 '나 홀로 캠페인' 하듯이 정신질환 관련서들을 펴내면서, 출판물을 공공재로 인식하고 관련 종사자들에게 지원을 아끼지 않는 서구 선진국들의 관례가 참으로 부러웠는데, 이 책이 한국에 새 학술출판문화가 일어나는 계기가 되었으면 좋겠다.

커플 문제에 관한 이론은 되도록 다 소개하려고 거의 백과사전적인 노력을 기울인 저자의 귀한 마음에도 불구하고, 드라이한 지식의 나열 같은 측면도 있어서 솔직히 작업 내내 머리가 지끈지끈 쑤셔오는 일이 많았지만 커플 문제를 정신분석적으로 깊이 있게 다룬 책이 많지 않은 상태에서 한국의 임상가들에겐 신선한 이론적 툴들을 종합선물세트처럼 가득 담고 있는 책이 또한 에릭 스마자의 『커플과 커플의 역사』다.

본서의 번역을 끝까지 밀고 갈 수 있었던 것은 오랜 출판 수행으로 병약해진 역자를 곁에서 아기처럼 돌봐주고 출판사 일에 혼신을 다해준 최유미 선생님 덕이 크다. 유난히도 더웠던 지난 여름, 숨이 콱콱 막히는 열기 속에서도 번역에 완주할 수 있었던 것은, 힘겨운 일 이면에 큰 축복이 숨겨져 있다는 신념도 있었지만 무엇보다 나 자신의 커플 문제를 치료 받고 싶은 소망 때문이기도 했다. 매번 몸부림치며 번역을 끝내지만 이 책만큼 힘들었던 적도 드물다. 휴가도 포기하고 저자와, 또 나 자신과 싸워가는 과정에서 분수처럼 시원한 청량제 역할을 해주신 김문수 선생님께도 깊은 감사의 맘을 전한다.

2013년 추수 때를 예감하며
서초동에서, 역자

커플과 커플의 역사
Le couple et son histoire

초판 1쇄 2013년 10월 11일

지은이 | 에릭 스마자
편역 | 임말희

펴낸이 | 임말희 · 권금미
편집 | 최유미
프린트 | 문성인쇄
펴낸곳 | 눈 출판그룹

출판등록 | 2012년 5월 23일 제321-2012-000122호
주소 | 서울특별시 서초구 서초동 1445-14 더샵서초 103동 713호
전화 | 02-3394-4745
팩스 | 02-3394-4749
이메일 | malheeklarayim@gmail.com
홈페이지 | www.nun.or.kr

값 25,000원
ISBN 978-89-94347-26-4 (93180)

파본이나 잘못된 책은 바꿔드립니다.

 이 도서의 국립중앙도서관 출판시도서목록(CIP)은 e-CIP 홈페이지(www.nl.go.kr/ecip)에서 이용하실 수 있습니다.(CIP 제어번호 : 2013012162)

목차

내 생각을 살찌우고
내게 창조성을 불어넣어준 모든 커플들과
선배 학자들에게 감사드리며

서론

본서『커플과 커플의 역사』는 두 가지 질문-'커플은 무엇인가?', '커플은 어떤 역사를 갖고 있나?'-에 대한 답을 찾으려는 시도다.

수많은 학자, 시인, 소설가, 철학자, 수필가, 과학자 외에도 여러 분야의 전문가들이 이성 및 동성 커플이라는 이 복잡하고 복합적인 인간 집단을 연구해 왔다. 이들은 흔히 커플의 한 측면 혹은 몇몇 측면에만 그들의 연구를 한정시켰다. 어떤 사람들은 커플을 사랑이나 사랑의 미묘함 혹은 그 변천사와 연결시켰고, 또 어떤 연구자는 커플의 정신적 과정이나 생산물 등 커플의 구성요소에 초점을 맞추었고, 또 어떤 연구자는 커플의 성적 측면, 커플의 원리, 커플의 역기능 등에 초점을 맞추었다. 또 어떤 부류는 결혼 제도와 그 역사, 결혼의 규칙과 결혼의 다양한 문화적 표상과 관례 등만을 연구했다. 생물학적 사회적 재생산 단위로서의 커플에만 초점을 두는가 하면, 또 어떤 부류는 자녀 양육이나 교육에만 한정해서, 혹은 공동 과제의 역할 분담을 토대로 한 사회경제적 협동 단위로서만 커플을 연구했다. 커플의 역사, 현대 커플의 사회학적 특성과 그것의 변천사만 연구한 사람들이 있는가 하면, 결혼 커플이나 혼외 커플 및 동성/이성 커플에 법적 지위 및 권리의무의 부과라는 법리적 측면에서만 연구한 학자들도 있다.

이렇게 수많은 연구들이 인간 커플에 관한 이해를 심화시킨 것은 분명하지만 파편적인 연구로 인해 오늘날에 필요한 통합적 이해를 방해한 것도 사실이다. 오늘날 '위기 부부', '현대 부부의 위기'와 '위기에 선 서구사회'라는 말이 자주 들리는데, 이들 현상은 서로 불가분의 관계에 있으며, 이러한 상황에서는 커플에 대한 부분적 이해가 더욱 커플에 대한 통합적 이해를 저해할 수 있다.

근래에 인간의 지식은 눈부시게 확대되고 다양해졌지만 바로 이 때문에 불가피하게 분파적이 된 것 또한 사실이다. 본서의 주제인 커플은 여러 역사를 횡단하는 여러 층위의 실제들을 통합하고 있기 때문에 복합적일 수밖에 없는 인간의 살아있는 현실이다. 분명히 집고 넘어가야 할 것은 우리가 본서에서 다루는 커플은 이성 커플이라는 점이다. 물론 현대의 동성 커플에 관한 것들도 언급하겠지만 말이다.

본서에서는 시간성 속에서 서로 얽히는 커플의 신체-성적, 정신적, 사회문화적 차원 등을 다룰 것이다. 서로 얽히는 이런 다차원의 연결고리는 너무도 신비한 커플이라는 실체를 통합적으로 설명할 때 더 잘 이해될 것이다. 이를 위해서는 역사적, 인류학적, 사회학적, 정신분석적 접근을 아우른 다학제간적 접근이 불가피하다. 이러한 접근이 보다 명확한 이해를 도우리라 기대하며, 또 이 각각의 접근법은 다양한 저자들의 관점을 서로 연결해 줄 것이다.

이러한 통섭적 방법론은 이미 내 첫 저서 『웃음Le rire』에 적용한 바 있으며 이의 학문적 유익성은 이미 검증된 바 있다. 나는 이런 방법을 내 두 번째 책[1]에도 사용했는데, 이 책은 오이디푸스 콤플렉스를 기점으로 하여 정신분석과 인류학의 관계를 역사적이고 인식론적으로 고찰한 연구서로

1) E. Smadja, *Le complexe d'Œdipe, cristallisateur du debat psychanalyse/anthropologie*, Paris, PUF, 2009.

이미 여기에서 다학제간 방법론의 성공 조건들을 다룬 바 있다. 이런 면에서 보면 나도 프로이트, 모스, 로하임, 드브뢰, 엘리아스, 모렝 등의 학문적 계보 선상에 있다고 하겠다. 모스가 모든 사회적 사실은 "총체적" 이라고 정의한 바 있음을 상기하자. 그는 사회적 사실은 그것이 역사적, 경제적, 정치적, 이데올로기적, 기술적, 환경적 요소라는 다수의 독립적 요소들을 총합하고 있으며 서로 유사성을 띤다는 점에서 "총체적" 이라 보았다. 그래서 모스는 역사적, 사회문화적, 신체적, 정신적 측면에서 바라본 '총체적' 인간 탐구를 제안했다. 그러나 모스의 연구는 정신분석적 연구라기보다는 심리학적인 연구였다. 무지로 인해 그는 정신분석에 큰 저항이 있었다. 나는 그의 총체적 연구의 취지는 받아들인다. 다만 다학제간 연구에 유리한, 금시대에 이미 검증된 과학적 방법론들을 사용해 "총체적 인간" 을 탐구하고자 할 따름이다.

커플은 사회문화적 및 인식론적인(지식 대상이자 정신분석치료 대상으로서의 커플 개념의 측면) 역사와 "자연사적인"(중대한 변화들로 단계가 구분되는 커플 생활의 측면) 변천사, 그리고 치료(전문가에게 정신분석치료를 받게 되는 커플의 고통스런 측면)의 역사 등이 서로 얽혀있는 분야다.

따라서 본서 『커플과 커플의 역사』는 다학제간 접근법에 따라 선택된 다양한 역사들에 관한 담론을 따라가 볼 것인데, 이러한 통섭적 방법론을 따라가다 보면 전문적인 담론을 만나기도 하고 서로 수렴되는 면과 모순되는 면, 또 서로 보완되는 측면 등을 보게 될 것이다. 서로 이질적일 수밖에 없는 이런 다양한 면들은 커플에 대한 전반적인 조망에 도움을 준다.

모든 사회의 역사, 사회적 조직, 사회가 만들어내는 다양한 사회적 관계, 수많은 상징체계, 사회의 보존방식과 생산 및 재생산 방식 등은 커플이라는 인간 실제를 포괄하고 또 구조화한다.

1장에서는 오늘날 인식론적 대상이자 지적 대상, 정신분석적 치료 대상이 된 커플의 개념이 구성되어온 과정을 살펴본다. 개인주의가 팽배해 있는 현대 서구사회에서 커플은 바로 이런 사회적 개인주의 때문에 결혼 제도와는 다른 커플 개념을 갖게 되었다. 우리는 개인적 이익과 커플 차원의 이익이 충돌하는 현상을 통해 개인과 사회 사이에 존재하는 명백한 대립관계(에밀 뒤르켕이 제대로 연구해낸)를 현대의 커플 가운데서 재발견하게 된다.

커플 안에서 근본적으로 작용하는 정신 요소들을 다룬 2장은 전적으로 정신분석적인 장이다. 이 장에서는 커플 '자료들'을 통해 드러나고 커플의 조직과 기능 가운데서 작용하는 정신적 (의식적, 전의식적, 무의식적) 실제의 복잡성을 다룬다. 이렇게 해서 2장은 커플의 자연사를 다룬 3장을 예비하게 된다.

3장에서는 커플의 삶에서 이정표가 되는 중요한 변화 및 성숙의 순간들을 토대로 커플의 '자연사적' 변천을 상세히 다룰 것이다. 커플의 자연사에 관한 탐구에는 인류학적, 사회학적, 정신분석학적 관점이 수시로 적용될 것이며, 또 노년기 커플 및 커플의 성생활에 관한 성의학자의 관점도 덧붙여질 것이다. 3장이야말로 다학제간 연구의 진수를 보여주는데, 여기서 정신분석가들의 담론은 커플의 정신 요소라는 한정된 현상만을 설명하던 개념들과 통합적으로 연결된다. 독자는 종종 극단적으로 상충되는 관점들도 만나게 될 텐데 이는 모든 인간 실제에 내재된 모순적 차원이 드러나는 것으로, 이러한 이질적 관점의 통합은 독자 자신이 해결할 몫이다.

4장에서는 새로운 다학제간 개념인 '커플 작업le travail de couple' 개념을 소개하고 발전시킬 것이다. 이 개념은 정신분석적 사회인류학적 개념으로 커플의 다차원적인 면, 커플의 여러 층위가 서로 연결되는 양상, 커플의 조직화, 커플의 기능 및 역기능 등을 설명하기 위한 개념이다. 이 개념은 조작적 가치를 지닌 커플 고유의 '작업travail'에 관한 것이다.

끝으로 5장은 고통 때문에 결국 전문가, 커플 치료자, 특히 정신분석 훈련을 받은 치료자에게 도움을 청하기까지 커플이 거치는 여정을 다룬다. 5장에서 나는 첫 면담에서부터 정신분석치료의 목표와 그것에서 기대되는 유익성에 이르기까지 치료의 중요한 순간들에 관해 기술할 것이다. 특히 내가 만난 많은 커플 중에서도 마르틴느와 루이 커플을 소개하고자 한다.

나는 이 학제간 탐구의 종착점에서 본래는 역사적, 사회문화적, 정신적으로 구성된 개념인데도 불구하고 지금에 와 '당연한' 것처럼 보이게 된 몇 가지 명백한 지점들에 관해 질문을 던짐으로써 본서를 마무리할 것이다.

1장

역사적 고찰 – 정신분석치료의 대상이자 지식 대상으로서의 커플 개념

프로이트의 저작을 근거로

나는 애정 생활에 근본적인 정신 요소들을 발견하고 그것을 적절히 구조화한 것은 프로이트였다고 본다. 그러나 그도 하나의 단위이자 그것 고유의 구조, 기능, 상호적 역동, 욕동의 경제 및 역사를 가진 하나의 집단으로서의 커플에 관한 정신분석적 이론은 만들지 못했다. 그의 저작의 일부는 애정 생활에 관한 이해에 중요한 단서들을 제공한다. 나는 여기서 그가 공헌한 점들이 잘 드러날 수 있도록 프로이트의 글들을 소개하고자 한다. 무엇보다 애정 생활은 대상과 대상관계에 대한 프로이트의 개념화라는 보다 넓은 틀 속에서 이해하는 것이 적절할 것이다.

대상 및 대상관계에 대한 프로이트의 개념화

베르나르 브뤼세(2007)[2]를 비롯해 많은 저자들이, 근원적 모순을 불러오는 대상의 이중적인 면(이미 프로이트 저작에도 언급된 바 있는 대상의 이중적 측면)을 지적한 바 있다. 즉 대상은 욕동의 구성 요소이자 욕동 상승의 요인으로 상호 교체가 가능하면서 또한 필수불가결한 요소다. 그러므로 대상 없이는 욕동도 존재하지 않는다. 그러나 대상은 또 욕동 바깥에 존재한다. 외부 세계에 속해 있으면서 지각되고 또 표상된다. 대상은 욕동의 목표물이자 욕동으로 투여돼 있다. 따라서 대상은 주체에 의해 욕망의 원인으로 지각된다. 대상 사랑으로 귀착되는 발달에 관한 이론 모델에서는, 외부 대상이 리비도투여의 극, 곧 리비도 발달의 벡터로 등장해 전성기기로부터 성기기에 이르기까지 구조화 기능을 담당한다고 본다. 따라서 성기기적 대상관계는 이미 프로이트 이론에도 존재한다.

대상관계라는 개념의 의미, 프로이트 저작에서 언급된 발달단계를 토대로 확립된 바로 그 의미에서의 대상관계 개념의 의미는 욕동(여기서 욕동은 도착적 성행위를 암암리에 지시함)에서 출발하여 대상 사랑에 이르는 하나의 여정을 기술한다. 그런 다음 프로이트는 모든 대상관계에 내재된 양가성과 자기애적인 요소들을 숙고한다. 더구나 프로이트는 대상에 대한 욕동적 관계에서 출발해 자아와 대상 간의 관계를 연구하게 되었고, 마침내 그는 상실되었거나 내재화된 외부 대상들의 집합 장소로서의 자아를 연구하게 된다.

결국 브뤼세는 프로이트 이론에서 대상관계의 위치는 성과 자기애라는 두 개의 극과 관련돼 있다고 본다. 성은 항구적인 반면 자기애는 자기보존 >자기애->죽음 욕동의 순으로 변형된다. 이러한 세 겹의 이중구도에서 성은 중심적 위치를 차지한다.

---

2) É. Brusset, *Psychanalyse du lien*, Paris, PUF, "Le fil rouge", 2007.

『성욕에 관한 세 편의 에세이』(1905)

정신 안에서 과대평가된 성적 대상을 지배하고자 열망하는 것과 같은 대상 장악 차원을 포함해 프로이트는 성적 욕동의 몇 가지 특징을 고찰했다. 그는 유아 성욕의 특징과, 두 단계로 이루어진 인간 성의 발달, 잠재기와 사춘기에 일어나는 급작스런 변화(성기적 욕동이 우세한 가운데 부분 욕동들의 조합이 일어남) 등에 관해 기술했다. 성기기적 목표와 재생산에 사용되면서 이기적 성욕은 이타적이 된다. 다정함과 관능의 두 경향이 동일 대상을 향해 수렴되면서 같은 성기적 목표가 실현된다. 대상 선택은 두 번에 걸쳐 이뤄지므로 대상의 "발견"은 사실 일종의 재발견이라 할 수 있다. 첫 번째 선택 유형은 여성이 아기를 정성스럽게 돌보는 것과 같다. 성도착은 유아기 성욕의 일부 측면에 고착됨으로써 생기는 성 발달장애로 기술된다. 논문 마지막 부분에서 프로이트는 애정 생활의 페티시즘적 측면을 언급했다.

애정 생활의 심리에 관한 논고들(1910, 1912, 1918)

1912년 논고인 "애정생활의 침체 원리Sur le plus general des rabaissements de la vie amoureuse"에서 프로이트는 무의식적으로 근친상간에 고착됨으로써 사랑대상들로부터 성을 멀리하게 되는 일부 남성들의 애정생활 내에서의 분열을 기술했다. 이들은 사랑대상으로부터 성을 멀리하지 않으면 자신이 근친상간에 고착되었음을 깨닫기 때문이다. "사랑하는 사이에서는 성욕을 못 느끼고, 성욕을 느끼는 사이에선 사랑이 불가능하다."[3] 따라서 이들은 근친상간을 피할 목적으로 대상을 선택한다. 이것은 사랑대상의 선택 유형에 관한 정의적 성격을 띤 첫 번째 정신분석적 성찰이다. 따라서 이러한 남성들은 성적 대상은 정신적으로 폄하하고 근친상간적 대상이나 그것의 표상들

3) S. Freud, "Sur le plus general des rabaissements de la vie amoureuse"(1912), *La vie sexuelle*, Paris, PUF, 1969, p.59.

은 과대평가한다. 같은 텍스트 내에서 프로이트는 문명화된 남성의 정신적 무기력에 관한 성찰, 위 두 경향(성적 대상은 폄하, 근친상간적 대상은 과대평가)이 혼재되는 일이 드문(프로이트가 볼 때는) 서구 스타일의 애정생활이 갖는 특성 등을 언급한다. 남성의 성적 좌절을 그는 이렇게 표현한다. "거의 언제나 남성은 여성에 대한 존중으로 인해 성적 한계를 느끼며, 그가 최고의 힘을 발휘할 때는 오직 성적으로 폄하된 여성 앞에서일 뿐이다. 이는 남성이 존경하는 여성과는 성적 목표에 도착적 요소들을 도입하지 못한다는 사실에도 근거를 둔다 [...]. 애정생활에서 진정으로 자유로워지고 행복해지려면 여성에 대한 존경은 이미 초월했어야 하고 어머니나 누이와의 근친상간적 표상들에도 이미 익숙해 있어야 한다."[4)]

반면 '처녀성에 대한 타부'(1918)에서는 거세에 관한 여성의 무의식적 욕망의 문제를 제기한다. 여성의 거세 욕망은 남성 페니스에 대한 시기심과 결부돼 있으며, 이는 여성에게서 불감증 등의 병적 방어로 나타난다."

"자기애에 관하여"(1914)

이 논문은 일차적 나르시시즘과 이차적 나르시시즘, 자기애성 리비도와 대상 리비도 간의 대립 혹은 이자구도와 그것의 경제적 균형을 다룬 매우 유익한 텍스트다. 한 사람이 리비도를 흡수하면 다른 상대방은 빈곤해진다. 이것은 자아와 대상 사이에 일어나는 리비도 움직임에 관한 비상호적이고 단선적인 견해다. 이 논문은 대상 선택의 두 형태를 소개하는데 하나는 돌봄과 자기애적인 관계로, 여기서 본래의 두 성적 대상은 주체 자신과 초기에 그를 돌봐주던 사람이 된다. 이 논문은 성적 대상을 과대평가하고 사랑 대상을 이상화하는 것 사이의 관계도 보여준다. 또 일차적 나르시시즘이 사

4) *Ibid.*, p.61.

랑대상 곧 부모에 대한 이상화, 자아이상의 형성, 태어날 아이에 대한 이상화로 변화해 가는 것도 언급한다. 또 자존감과 애정생활 간의 관계를 논하고, 사랑의 열정에 관한 담론도 펼치고 있으며, 자기애적인 대상 선택이 갖는 "신경증을 치유하는 면"(치유적 대상 선택)에 관해서도 다루고 있다.

프로이트는 일차적 나르시시즘을 자아의 본원적originel 리비도투여라 정의하면서, 이때는 자아가 대상을 대신한다고 말하고 있기에 하나의 대상관계를 기술하고 있는 셈이다.

"욕동과 욕동의 운명" (1915)

내가 보기에 이 논문의 의의는 성욕과 그것의 다양한 변천사의 특징을 잘 종합했다는 데, 또 자아욕동(자기보존 욕동) vs 성욕이라는 욕동의 초기 이자구도를 밝혀냈다는 데, 사랑 발달의 특정 단계들(구강기와 항문기)에 존재하는 증오의 요소들을 잘 이해하도록 해주는 사랑과 공격성의 변천사를 고찰했다는 데, 그리고 피학증 vs 가학증 / 노출증 vs 관음증 등의 대립 쌍에 존재하는 정서 및 욕동 차원의 양가성 개념을 제시했다는 데 있다.

"애도와 멜랑콜리" (1915)

이 논문은 정상적 애도와 병적 애도 작업을 다루었다. 애도는 대상 상실이나, 대상에 대한 리비도투여 방식의 상실 혹은 동일시 방식의 상실에 뒤따른 반응이다. 이 논문은 대상 선택 이전 단계로서의 동일시 문제 곧, 자아가 대상을 (함입하려는 욕망으로) 선택하게 되는 초기의 방식을 다루었다. 프로이트가 1921년에 발전시키게 될 동일시에 관한 개념을 이 논문에서 예감할 수 있다.

브뤼세(2007)는 프로이트가 이 논문에서 제2차 지형학 모델과 대상관계 이론을 예고하는 상당한 변화를 보인다고 말한다. 욕동이론에서는 대체 가능한 것이었던 대상이 여기에선 자기애성 리비도투여와 양가감정을 설명해주는 중대한 역할을 담당하게 된다. 멜랑콜리는 지속성이 있는 모든 대상관계의 항구적 측면을 실례로서 보여준다. 임상이나 전이 속에서 나타나는 대상은 특정한 욕동의 대상이 되는 동시에 자기애성 리비도투여와 양가적 리비도투여의 장소가 된다. 그러나 대상관계의 이런 다양한 측면은 동시에 나타나지도 않으며 동일한 차원에서 나타나지도 않는다.

"전이 사랑에 관한 논평들"(1915)

이 주목할 만한 논고는 자연스런 사랑의 경험, 곧 양자 관계relation duelle에 관해 설명하고 있다. 전이사랑은 분석 상황에 의해 결정되며, 이 분석 상황에서 불러일으켜진 반복강박이 전이 개념과 대상관계 이론으로 이어졌다. "이런 사랑상태가 과거 사실들의 재판이자 유아기적 반응들의 반복에 불과하다 것은 명백하지만, 이것이 바로 모든 사랑의 본질이며 유아기에서 원형을 찾을 수 없는 사랑은 존재하지 않는다. 바로 이 결정적이고 유아기적인 요인이 사랑을 강박적이고 병리적이 되게 만든다."[5]

"한 여성 동성애 사례에서의 정신발생학Sur la psychogenèse d'un cas d' homosexualité f éminine"(1920)

프로이트는 이 논문에서 처음으로, 인류에게 보편적으로 존재하는 양성애 욕망에 해당하는 수많은 동성애적, 이성애적 욕망을 충족시킬 수 있는 타협 형성을 의미하는 대상 선택 유형을 다루었다. 그는 정상인들도 겉으로 표명된 이성애와는 별도로 상당한 정도의 잠재적 무의식적 동성애 경향을 갖고 있음을 정신분석이 발견해냈다고 말한다. "결국 그녀가 택한 대상은 그녀의 여성적 이상뿐 아니라 남성적 이상에도 합치하는 것이었다. 그 대상은 그녀 욕망의 동성애적 측면과 이성애적 측면을 통합한 것이었다."[6] 그리고

5) S. Freud, "Observations sur l'amour de transfert"(1915), *La technique psychanalytique*, Paris, PUF, 1997, p.126-127.

더 후반부에 가서는 "인간의 리비도는 평생 동안 여성적 대상과 남성적 대상 사이에서 망설인다"[7]고 덧붙였다.

"집단 심리와 자아의 분석"(1921)

동일시에 관한 그의 이 중대한 논고 – 여기서 동일시는 대상과의 원초적 관계맺음의 한 형태로서 그리고 대상관계의 운명으로서 고찰되었는데, 이 관계 안에서 우리는 대상에 대한 동일시 욕망과 역할 보완 가운데서 대상과 관계 맺고자 하는 두 욕망이 공존함을 볼 수 있다 – 외에 "사랑에 빠진 상태와 최면"이라는 논고에서도 프로이트는 다양한 문제들을 다루었는데, 특히 성적 욕망 없이도 지속되는 사랑대상을 향한 리비도투여의 기원에 대해 다루었다. 그는 여기서 욕동 차원에서 표현되는 다정하면서도 육욕적인 두 흐름, 즉 목표가 억압된 욕동들과 억압되지 않은 욕동들의 조합을 가지고서 이 문제에 답한다. '다정함의 욕동들'이 차지하는 비율을 보고 우리는 전적으로 성적인 욕망과 대립되는 사랑 상태의 강도를 측정할 수 있다. "전쟁과 죽음에 관한 생각들"(1915)에서는 이런 사랑의 강도를, 대상을 향한 무의식적 증오에 대한 역리비도투여의 강도를 가지고서 설명한다. 이 논고는 사랑 상태를 최면과 군중에 비유함으로써 사랑 상태에 대한 지형학적 분석을 시도한다. 대상에 대한 이상화, 대상에 의한 자아 나르시시즘의 흡입, 이런 흡입에 따른 자아의 빈곤, 자아이상의 비판하고 금기시하는 기능의 약화 등을 언급한다. 또 이 텍스트는 동일시와 사랑 상태를 구분한다. 그러나 사랑 상태에서는 자아 이상의 자리에 놓인 대상을 향한 자아의 포기 및 자아의 빈곤이 일어나지만, 대상을 내사함으로써 대상이 가진 미덕들로 인해 자아가

---

6) S. Freud, "Psychose d'un cas d'homosexualité féminine"(1920), *Névrose, psychose et perversion*, Paris, PUF, 1973, p.255.

7) *Ibid.*, p. 256.

풍성해진다는 점 또한 고려한다. 이렇게 해서 대상은 자아의 자리 혹은 자아 이상의 자리에 놓이게 된다.

"시기, 편집증, 동성애 안에서 작용하는 신경증적 기제들" (1922)

통찰력 번뜩이는 프로이트의 이 시기심에 관한 텍스트는 후일 존스와 클라인에게 지침서가 되었다. 이 점에 대해서는 나중에 논하겠다.

프로이트는 동성애 안에서는 사회적 감정과 대상 선택 간에 분리가 이루어지지 않는다는 점을 지적했다. 또한 그는 이미 오이디푸스 구조를 획득한 사람은 커플 내에서 이루어지는 이성애적 리비도투여와 사회적으로 승화된 동성애적 리비도투여 사이에 경제적 균형과 원칙의 균형을 유지한다고 말한다. 이 점에 관해서는 카트린느 파라의 1967년 "보고서"[8]가 자세히 다루고 있다.

"자아와 이드" (1923)

이 논고에서 프로이트는 사랑 관계 안에서는 대상 리비도투여와 사랑 대상에 대한 동일시, 곧 자아의 변형과 성격의 변형이 함께 일어난다는 점을 고려한다. 즉 여기서는 내사적 동일시가 문제되는데, 이리하여 자아는 내사된 대상들의 집합소가 된다. 대상 리비도가 철회되면 동일시와 승화로 이어지는 탈성화가 일어나는데, 이런 탈성화에는 욕동의 해체, 곧 죽음 본능의 해방이 수반된다. 이 텍스트에서 프로이트는 또 오이디푸스의 긍정적 측면과 부정적 측면을 종합하여 기술했는데, 커플 가운데서 더욱 복잡해지는 애정생활에 이런 오이디푸스가 미치는 영향에 관해서도 언급했다. (어머니 대상이건 아버지 대상이건) 대상 선택은 다양한 동일시들을 불러오며 오이디푸스 관계의

---

8) 카트린느 파라가 1967년 불어권정신분석가대회(Congrès des psychanalystes de langue française)에 제출한 보고서, 당시 주제는 '오이디푸스' 였음.

삼각구도와 인간의 기질적 양성애라는 복잡한 두 요소를 포괄하게 된다. 두 대상이 있고, 이성애적인 것과 동성애적인 두 종류의 리비도투여가 존재하며, 두 가지 욕동(에로스 & 파괴욕동)이 존재한다는 것이다. 이 논문은 양가감정과 동성애 간의 관계 또한 언급한다. 결국 네 가지 흐름(이성애적 경향, 동성애적 경향, 에로스, 파괴성)이 부성적 동일시와 모성적 동일시라는 성화된 두 동일시 가운데서 복잡하게 얽힌다는 것이다.

제2차 지형학 이론에서 대상은 중요한 위치를 차지한다. 사실 한 사람의 인격 안에서 자아, 초자아, 이드 그리고 이것들 간의 관계는 발달과정에서 일어나는 내사 과정, 즉 가까운 주요 인물(욕망대상과 동일시 대상들)에 대한 내사를 통해 형성된다.

"피학증의 경제적 문제"(1924)는 이후 장에서 베노 로젠베르그(1991) 항목에서 더 자세히 다룰 것이다.

"페티시즘"(1927)

성도착과 이것의 무의식적 과정에 대한 대표적 저술인 이 논고에서 프로이트는 부분 대상과 부분 대상관계의 측면을 설명했는데, 이것들이 전체 대상 및 전체 대상관계와 맺는 관계 안에서 부분 대상 및 부분 대상관계를 설명한다. 특히 도착적인 관계의 근본 요소들을 잘 보여준다.

여성의 성에 관한 텍스트들

"해부학적 성별 차이에서 오는 영향들"(1925), "여성의 성에 관하여"(1931), "여성성"(1933)은 소녀의 오이디푸스 문제뿐 아니라 어머니-유아 사이의 전오이디푸스적인pré-oedipienne 문제도 다룬다. 프로이트는 소녀의 오이디푸스를 통해서 소년/소녀의 전오이디푸스기라는 중대한 시기로 우리를 안내한다. 소녀의 경우, 어머니에서 아버지로의 대상 변화 즉, 클리토리스에서 질로의 성감대 변화가 불가피하다. 그는 소녀의 어머니에 대한 애착을 강조하며, 남성과는 대조적인 여성의 양성애 경향을 강조했다. 그에 따르면 소녀에게는 페니스 시기심과 여성성에 대한 거부가 존재한다. 또 정서와 욕동의 움직임이 어머니에서 아버지로 이동했다가 다시 사랑 대상에게로 옮겨간다고 말한다. 여성의 자기애는 사랑 받으려는 욕망이 훨씬 뚜렷하기 때문에 남성의 자기애보다 더 도드라지는데, 사랑 받고자 하는 이런 욕망 때문에 여성의 대상 선택은 자기애성이 더 강하다.

『문명 속의 불만』(1930)

프로이트는 대양감을 영원과 무한의 감정 혹은 전능자와의 합일 감정으로 기술했는데, 그는 이러한 정신적 경험을 태아가 어머니와 나눈 가장 원초적이고 공생적인 경험으로 이해한다. 프로이트는 이러한 사랑 상태에서는 자아와 대상 간의 분리가 사라질 위험이 있다고 보는데, 바로 이런 분리의 부재로 인해 생애 초기의 무제한적 자기애가 재형성된다. 이 점에 관해서는 벨라 그룅베르제 항목에서 다시 다룰 것이다.

프로이트 이외 저자들이 바라본 대상관계와 대상관계의 운명

커플이라는 정신분석적 대상을 역사적으로 고찰하고 이를 분석적으로 의미 종합하는 데는 대상관계 개념과 이의 다양한 개념화를 살펴볼 필요가 있다. 브뤼세가『관계의 정신분석Psychanalyse du lien(2007)』에서 지적한 바 있듯이, "대상관계 개념은 정신분석을 근원의 문제, 사랑 대상들의 발달 문제로 회귀시킴으로써 정신분석이 프로이트적 인식론이 지닌 일부 측면을 뛰어넘도록 하려는 의도에서 생겨났다."[9)]

산도르 페렌치

브뤼세에 의하면, 대상관계학파의 선구자는 페렌치다. 이미 1909년에 페렌치는 원초적 내사에 관한 그의 이론에서 출발해, 전이를 초기 대상관계의 반복으로 정의했다. 1929년에는 트라우마를 불러오는 방식으로 아동이 그의 환경과 관계 맺는다는 점을 강조하면서, 정신분석에 급격한 방향 전환을 일으켰다. 그의 유명한 논고 "아동과 성인들 간의 언어 혼돈Confusion des langues entre l'enfant et les adultes"(1933)[10)]은 이에 관한 대표적 저술이다.

프로이트에 맞서 새로운 대상관계 개념 정립에 기여한 페렌치의 후계자들로 브뤼세가 손꼽는 사람은 페어베언, 알리스와 마이클 발린트 부부, 멜라니 클라인이다.

마이클 발린트

발린트는 초기 어머니-유아 관계 연구라는 새 분야를 개척했다. 그는 스승인 페렌치와 프로이트의 이론을 통합함으로써 욕동 이론과 대상관계 이론을 모두 지지하는 입장이었다. 하지만 발린트는 페어베언과 상당히 유사한 견해를 보였다. 완전하고 무조건적인 사랑에 대한 욕망이 대상관계 형태 중 가장 일차적이고 기본적이라는 입장이었다. 발린트는 "일차적 사랑amour primaire" "기본적 오류faute fondamentale"(이는 부모의 결합을 가리키며 아이에게 "기본적 결합d

9) B. Brusset, *Psychanalyse du lien, op. cit.*, p.70.

10) S. Ferenczi, "Confusion de langue entre l'enfant et les adultes"(1933), *Oeuvres complétes*, vol. IV, Paris, Payot, 1982.

éfaut fondamental"을 발생시킨다)라는 개념을 도입했다. 그에 따르면 리비도는 두 가지 기본적 경향을 나타낸다. 하나는 쾌락 추구, 다른 하나는 대상의 추구다. 따라서 일차적 사랑을 상실한 데 대한 반응으로서 나오는 공격성은 부차적이라는 것이다.

윌리엄 로널드 도즈 페어베언

페어베언은 멜라니 클라인이 주장한 바 있는, 전적으로 환상적인 대상관계의 측면을 반박했다. 페어베언에 따르면 내부 대상이 형성되기 전까지는 실제 대상이 직접적이고 결정적인 역할을 한다. 자아/대상 간 관계들이 중요하며 이것들이 구조를 형성한다. 실제로 자아는 자아가 대상에 리비도를 투여하는 바로 그 움직임 속에서 형성되며 대상에 의해 형태 지음을 받는다. 자아 기능인 리비도는 출생시부터 존재하며 이것은 대상을 추구하지 쾌락을 추구하지 않는다. 쾌락의 추구는 리비도의 한 면에 불과하다. 본래적 불안은 분리 불안이며, 이 분리 불안에는 대상의 내재화가 보호막이 될 수 있다. 공격성은 좌절과 결핍에 대한 반응이다. 결론적으로 페어베언은 죽음 본능을 거부한다.

모리스 부베

프로이트와 아브라함의 관점을 계승하면서도 멜라니 클라인과 폴 페데른에 크게 영향 받은 바 있는 부베는 정신분석적 임상에 토대를 갖추기 위해서는 대상관계 분야에 관심을 가져야 한다고 강조했다.

그는 몇몇 개념들에서 출발해 중대한 대상관계 유형, 즉 "주체가 '유의미한' 대상들과 맺는 관계들의 체계"를 두 가지 - 전성기기적 대상관계와 성기기적 대상관계 - 로 구분한다. 부베가 사용하는 고전적 개념은 고착, 퇴행, 투사, 내사, 환상 활동 등이며 내사와 관련해서는 다음 두 가지 형태를 구별했다. 1.나르시시즘의 구조화와 관련되고, 동일시의 전조가 되는 보존적 형태의 내사 2. 파괴적 형태의 내사. 부베는 동일시 욕구, 타자와의 "동체적 융합confusion consubstantielle", "동체적 동일시" 욕구를 뜻하는 내사 욕구를 강조했다. 또 그는 내사적 갈등, 즉 동일시 욕구와 이에 대한 공포 간에 갈등이 존재할 수 있다고 말한다. 왜냐하면 대상을 위험에 빠트릴 수 있는 공격적 투사가 일어날 수 있기 때문이다.

부베가 사용한 새로운 개념 중 "대상 거리distance objectale"라는 것이 있는데 이는 "특정 순간에 특정 주체에게 존재하는 대상관계들 간의 간격"을 뜻한다. 즉 주체에 의해 의식적으로 경험된 대상관계들과, 이런 의식된 대상관계들 저변에 놓인 무의식적 환상이 그것의 본능적 충동들 및 투사들과 함께 의식화될 때(방어가 세련될 때)에 대상관계들 사이에 존재하는 간격"[11]을 말한다. 부베는 "근접시키기"를 통해 생긴 간격과 "떨어뜨리기"를 통해 생긴 간격을 구별한다. 이러한 간격을 쇄신하거나 '조정'하는 중요한 기제들은 이인증의 출현 위험성에 대한 방어 과정에서 나타난다. 또 부베는 대상관계 도구들이라는 개념과 이 도구들의 다양한 층위를 염두에 두었는데, 이런 층위는 한 주체의 자아 구조 내에 다양한 층위가 존재하는 것과 같다. 그는 또 자아, 욕동 균형, 대상관계 간의 상호관계 등에 관해서도 기술했는데 대상관계는 대상과의 관계이자 자기애적인 관계(자기애적인 구조는 필연적으로 주체가 특정 대상과 맺는 관계들을 통해서 형성된다는 점에서)라고 보았다.

성기기적 대상관계가 정상성의 특징이며, 오이디푸스 갈등을 주로 한 신경증적 구조들은 대상의 현실을 고려한 대상관계, 즉 타자성이 인정된 총체적 대상관계로 변화된다.

전성기기적 대상관계는 강박 신경증에서 나타나는 구강기, 항문기 등

11) M. Bouvet, *La relation d'objet*(1956~1960), Paris, PUF, "Le fil rouge", 2006, p.139.

의 전성기기에 대한 고착과 관련이 있다. 이런 전성기기적 대상관계는 압제적이고 소유욕적 특징을 보인다. 이런 관계에서는 주체가 후일 "의존적 대상관계"라 불리는 자기애적 대상 욕구를 갖게 되는데, 이는 대상이 "보조자아" 역할을 할 것으로 기대하는 자기애적 욕구다. 이것이 "절대적 필요"와 "숨 막히게 하는 강제성"으로 특징지어지는 전성기기적 대상관계의 특성이다. 인격의 상당 부분이 전성기기에 고착됨으로써 충만하고 정상적인 성기기적 관계나 사랑 등이 온전히 이뤄지지 않고 주체는 그의 인격의 경계들을 포기하고 타자와의 융합을 꿈꾸곤 한다. 전성기기에 고착된 사람들은 사랑을 파괴로 경험하고 주체의 온전성을 위협하는 것으로 사랑을 경험한다. 전성기기적 관계의 딜레마는 다가서는 것도 멀어지는 것도 불가능하다는 것이다. 또 다른 특징이 있다면, 자신의 욕망 대상과 전면적이고도 절대적 친밀을 욕망하면서도 이 동일한 대상으로부터 완전히 독립돼 있기를 바란다는 것이다. 대상과의 융합 욕구가 있는가 하면 자신의 개인성 상실에 대한 공포 또한 존재한다. 자신과 대상이 다르다는 것을 조금도 견디지 못하는가 하면 자신을 변형시킴으로써 대상과 닮아가는 것 또한 견디지 못한다. 자기애의 차원에서 볼 때, 자기감 강화에 필요한 지지에 대한 계속적 욕구가 있는가 하면, 이 욕구가 방어와 증상이라는 복잡한 과정을 거치지 않고서 충족되는 것 또한 견딜 수 없다.

이러한 딜레마의 궁극적 형태는, 전성기기적 개인들이 스스로를 포기하고 그토록 갈망하는 자기애적 대상과의 융합에 따른 위험 앞에서 개체로서 온전성을 위협 받는다고 느끼는 것이다. 융합을 원하면서도 자신의 존재를 구성하는 요소들이 파괴되거나 흩어져, 세상과 그 자신 사이에 구분이 없어질까 봐 불안해하는 것이다.

멜라니 클라인

클라인의 대상 개념과 대상관계 개념

멜라니 클라인은 환상적 대상관계, 즉 발달 초기 단계의 투사 및 내사 과정에서 결정적인 역할을 하는 내부 대상을 강조했다. 파괴 욕동들은 유아의 초기 경험들 가운데 이미 나쁜 내부 대상으로 자리 잡는다. 유아는 (편집-분열 포지션에서는) 분열과 투사를 통해 이런 나쁜 대상들에서 벗어나고, 우울 포지션에서는 나쁨과 좋음이 공존하는 총체적 대상을 복원함으로써 나쁜 대상으로부터 벗어난다. 실제로 우울 포지션의 목표는 좋은 대상의 내사이며, 양가적 대상관계의 확립이다. 즉, 좋은 대상과 나쁜 대상 간의 분열을 줄이고 부분 대상과 총체적 대상 간의 분열을 줄이는 것이다.

내부 세계에서 대상의 역할은 욕동들을 구별하고 이것들을 조직화하는 것이다. 외부 대상의 역할은 기본적으로 아동에게 충분히 좋은 경험을 하게 하면서, 나쁜 대상들의 투사 및 내사 체계를 제한하고 서서히 통제해 나가는 것이다. 즉, 대상이 감당하고 있던 투사들을 변화시켜 나가는 것이다. 결국 어머니나 부모의 역할은 내부 대상들(이 내부 대상들은 부모에 의해 조직되거나 구성되지 않고 서서히 조정되어 나감)의 투사 체계를 조정해 나가는 데 그친다.

이렇게 내부 대상들의 경제적 균형에 초점을 맞추기 때문에, 현실 차원이나 대상의 근본적 타자성의 차원은 아직 이 단계의 과제와는 거리가 멀다.

사랑과 증오[12]**(1937), 시기와 감사**[13]**(1957)**

애정생활과 커플을 이해하는 데 이 두 저서는 특히 유익하기 때문에 여기서 소개하고자 한다. 여기서는 커플의 역사와 역동을 이해하는 데 중요한 개념

12) M. Klein, J. Rivière, *L'Amour et la Haine*(1937), Paris, Payot, "Petite Bibliothèque Payot", 1978.
13) M. Klein, *Envie et gratitude et autres essais*(1957), Paris, Gallimard, "Tel", 1978.

도구인 편집–분열 포지션과 우울 포지션에 관해 기술하고 있는 클라인의 두 텍스트–"조울증 상태의 정신발생학"(1934), "애도와 조울증 상태의 상관관계"[14](1940)만을 언급할 것이다.

멜라니 클라인은 프로이트가 발견한 애정생활의 정신적 측면의 일부를 심화 발전시켰다. 그녀는 사랑/증오 간의 양가적 갈등을 인간의 천성적 기질적 갈등으로 보았다. 증오는 파괴와 해체의 세력인 반면 사랑은 조화와 통일의 세력이다. 그녀는 보호적 본능이자 존재를 향한 투쟁으로서의 도전성을 증오와 밀접히 연결된 공격성과 구별했다. 클라인은 젖먹이 유아가 세 가지 원시적 방어기제를 동원한다고 기술했는데, 이 세 방어기제는 애정생활에서도 발견할 수 있는 것들이다. 1. 투사 : 죽음 본능에 의한 멸절 위협으로 표상되는 원초적 불안 앞에서 유아가 사용하는 일차적인 안전 조치. 2. 분열clivage/splitting : 대상들의 세계를 좋은 대상과 나쁜 대상으로 분할시키는 기제로, 동일한 대상에 대한 양가감정 때문에 느끼는 고통을 피하기 위해 사용된다. 분열의 대상은 처음에는 엄마 젖가슴이었다가 어머니에게로 옮겨간다. 3. 이상화: 박해 불안에 대한 방어로서의 이상화 기제. 그러므로 클라인에 의하면 유아가 추구하는 목표는 위험하고 파괴적인 느낌들이 사라지게 함으로써 최대한 정신적 안정을 얻는 것이다. 그녀에 의하면 탐욕 곧 소유욕은 생명 욕동이 표현된 것이다. 클라인은 이성에게 느끼는 시기심에 관해 기술했는데, 여성이 남성에게 느끼는 시기심은 페니스, 삽입, 태아 수정 능력에 관한 것이고, 남성은 여성에게 수동성과 견디며 기다리는 능력을 시기한다고 본다. 프로이트와 존스의 관점을 계승하는 가운데 클라인은 애정 어린 시기심에 관해 기술한 다음 헌신, 고통의 인내, 일정한 의존성 등을 전제로 한 진정한 사랑 능력에 관해 기술했다. 클라인은 J. 리비에르와

14) M. Klein, *Essais de psychanalyse* 1921~1945, Paris, Payot, 1968~1998.

함께 "사랑의 연합을 통해 성취할 수 있는 것은 한편으로는 조화와 통일을 지향한 생명 본능(보존 본능, 성 본능)의 만족이고, 또 한편으론 상실, 고립, 무기력과 연결된 파괴 본능이나 위험들에 맞서서 안전함을 증가시키는 것이다. 사랑의 연합을 통해 쾌락의 상태가 최소한의 결여와 공격성 가운데 획득되며, 의존의 장점들은 최대한으로 사용된다."[15)]

사랑 파트너의 선택과 관련해 클라인은 한 남성이 한 여성에게 느끼는 감정은 항상 그의 어머니에 대한 초기 애착관계에서 영향 받는다고 말했다. 성인은 사랑 관계에서 그가 어머니에게 가졌던 인상들을 재발견하려 하며 이러한 갈망과 연결된 환상들을 재발견하고자 한다는 것이다. 게다가 두 파트너의 무의식은 서로 통한다는 것이다. 남자의 모습을 한 아들이 어머니를 재발견하려 하고, 여성의 모습을 한 소녀가 아버지를 찾는다는 것이다. 이것이 부부 관계에서 나타나는 상호성에 관한 일차적 표상이다.

클라인은 남성과 여성이 성에 대해 갖는 환상적 차원을 특히 유아가 어머니와 아버지를 향해 가졌던 가학적 환상들과 연결시킨다. 그녀는 성적 욕망이 증오나 공격적 욕동과 서로 얽히는 가운데서 성이 죄책감과 연결된다고 보았으며, 이 죄책감이 상처 입은 사랑 대상을 복구하고자 하는 욕구로 이어진다고 보았다. 성적 만족은 그것이 가져다주는 쾌락 외에도 정신적 안정과 위로를 제공하여, 남성과 여성 파트너에게 본인의 성기 및 상대방의 성기가 위험하지 않고 좋은 것이라는 확신을 갖게 한다. 이렇게 해서 둘은 모두 좋은 사람이 되고, 이것이 성적 쾌감을 증가시킨다. 또 여기에는 좋은 부모 혹은 좋은 자녀와 자신을 동일시하고자 하는 욕망이 있으며 남성적 욕망과 여성적 욕망의 충족이 있다. 예를 들면 남성은 자신의 여자가 느끼는

15) M. Klein, J. Rivière, *op.cit.*, p.62.

모성적 쾌감을 나눠 가질 수 있다.

커플의 삶에서 중요한 정신적 요소로 작용하는 시기심과 관련해 클라인은 큰 공헌을 남겼다. 생애 초기부터 나타나는 구강-가학성과 항문-가학성의 발현인 시기심은 감사를 불러오는 향유 능력을 손상시킨다. 클라인에 따르면 페니스 시기심은 엄마 젖가슴에 대한 시기심과 연결된다. 시기심이 성생활에 미치는 영향은 어떠할까?

남성들에게 인기를 얻고 그들을 지배하는 것이 여성에게는 어머니 페니스와 어머니 젖가슴에 대한 하나의 승리일 수 있다. 클라인은 성기기적 만족과 초기 구강기적 만족을 연결시킨다. 남성의 경우 시기심이 지나치면 이것이 정상적 만족을 방해하고 증오와 불안이 여성의 질에 전치될 수 있다. 구강기에 정상적인 수유가 이뤄지지 않으면 이것이 여성들과의 성기적 관계에 영향을 미쳐 성불능이나 강박적인 성기적 욕구를 갖게 된다.

결국 클라인에 따르면 투사적 동일시와 내사적 동일시가 자기와 대상들 간의 경계, 외부 세계와 내부 세계 사이의 경계를 흐리기 때문에 혼란을 불러오는 요인이 된다.

후기클라인학파 분석가들 : 위니캇과 비온

위니캇과 비온은 그들도 모르는 사이에 사랑 커플에 관한 두 모델을 제시했다. 위니캇이 하나의 상호관계이자 하나의 “단위”이며 일종의 커플인 어머니-유아 쌍을 제시했다면, 비온은 정신분석적 커플인 환자-분석가 쌍을 제시했다.

도날드 우즈 위니캇

위니캇은 사랑 커플이라는 대상objet을 구성하고 탐색하는 데 있어 전적으로 새 개념을 도입했다.

그는 먼저 인간이면 누구나 생애 초기에 경험하게 되는 단위("개인-환경 구조", "유아-엄마의 돌봄"이라는 단위, 혹은 "엄마-유아 커플"로 표상되는)를 언급했다. 위니캇은 엄마-유아 커플을 환경 안에 완전히 융화된 개인의 일차적 나르시시즘과 연결시켰다. 그는 일차적 나르시시즘에서 대인관계로 넘어가는 중도에 과도기 단계들이 있다고 보았는데 이 시기에 중간 대상들과 중간 현상들이 나타나며 이것들이 처음에는 놀이로, 후에는 문화적 경험으로 표출된다고 보았다. 이들 중간 대상이나 중간 현상은 제3의 경험 지대, 이행기적 경험 지대에 위치하며 이것들은 정신적 현실이나 외부 현실과 구별되는 것이지만 정신적 현실과 외부 현실들이 이 중간지대에 영향을 미친다. 이 중간지대는 인간 개체와 환경(처음에는 환경이 엄마와 아기를 합일시켰다 분리시켰다 함) 사이의 잠재적이고 가변적인 공간에 위치한다. "이런 중간지대는 일평생 존속되는데 예술, 종교, 상상력 넘치는 삶, 창조적인 학구적 작업 등 실험 정신으로 가득한 내면적 삶을 특징짓는다."[16)]

위니캇은 종교나 예술 활동에 바쳐진 한 집단 구성원들이 갖게 되는 공동의 경험은 각 구성원의 중간 지대가 겹침으로써 가능해진다고 말한다. 그는 또 다른 비유를 제시했는데, "치료자의 중간지대와 환자의 중간지대가 서로 겹치는 이런 중간 공간"에 위치한 것으로서의 정신치료 개념을 제안한다. "정신치료에는 누가 관련되지요? 함께 놀이하고 있는 바로 이 두 사람이죠."[17)] 부부 커플도 마찬가지 아니겠는가?

창조성과 환상의 문제에 접근하기 전에 위니캇의 또 다른 개념인 상호

16) D. W. Winnicott, *Jeu et réalit,*
17) *Ibid.*, p.55.

관계interrelation 개념을 살펴보자. 이 개념은 교차적 동일시, 투사적 동일시, 내사적 동일시의 관점에서 이해되는 개념이다. 이것은 투사와 내사 기제를 사용할 능력이 있느냐 없느냐를 전제로 한다. 위니캇은 "우리 삶의 상당 부분이 교차적 동일시 가운데서 이루어진다"[18] 고 했다. 이러한 교차적 동일시 덕에 자아와 비-자아 간의 구분도 완만해진다. 이러한 개념들은 부부 관계에서 작용하는 특정한 과정들을 탐색할 수 있도록 하며, 이 과정들이 두 사람의 자아 경계를 희석시키는 효과에 관해서도 이해할 수 있게 해준다.

위니캇은 창조성의 중대한 역할을 강조한 나머지 유아의 창조적 잠재력의 일부로서 심지어 천부적 창조 욕동이 존재한다고 주장할 정도였으며, 이 창조 욕동이 착각, 창조적 삶, 산다는 것 자체와 연결돼 있다고 보았다. 그는 "아동에게 착각의 사용 능력" 이 있다고 언급하면서 "이러한 착각 없이는 정신과 환경 간에 어떠한 접촉도 불가능"[19] 하고, "집단은 우리의 착각 경험들의 유사성을 기초로 한다" 고 말했다. 또 창조는 욕구와 욕동의 추동에 의해 결정되며 착각이란 아동이 창조했던 것이 실제 존재한다고 믿는 것" 이라고 말했다.

이러한 개념들을 성장, 발전, 성숙의 잠재력을 타고났다고 보는 개념들과 연결할 때 우리는 이제 갓 태어난 커플을 전도 유망한 존재인 유아에 비유할 수 있게 된다. 유아처럼 이제 막 형성된 커플도 창조성, 성장, 통합, 성숙의 측면에서 무한 잠재력을 가졌다고 보는 것이다.

커플의 성숙 과정에서도 그렇지만 유아의 성숙 과정에서도 우울 포지션은 매우 중요하다. 그에 따르면 우울 포지션은 완화된 양가감정과 함께

18) *Ibid.*, p.188-189.

19) D. W. Winnicott, "Psychose et soins maternels"(1952), *De la pédiatre à la psychanalyse*, Paris, Payot, 1969~1992, p.192.

도움요청의 단계에 해당한다. 죄책감과 회복의 감정, 기부, 봉헌, 타자에 대한 염려, 인간적 책임감 등이 서로 연결돼 있다고 본 것이다. 죄책감은 두 엄마의 연합을 그 출발점으로 하는 인간적 근원에서 출발한다. 여기서 두 엄마란 바로 차분한 사랑의 엄마와 격앙된 사랑의 엄마다. 사랑의 엄마와 미움의 엄마라는 두 엄마의 통합에서 죄책감이 기인하는 것이다.

도움요청 능력(1963)의 구비는 사회생활에서 중요하다. 사랑과 미움을 동시에 경험하는 것은 성숙한 양가감정으로 인도하며, 이것이 풍성해지고 세련될 때 도움요청의 능력이 생겨난다.

"총체적 자기soi total"의 자질로서 나타나는 양성애 또한 위니캇이 제안한 중대 개념이다. 완전히 여성적인 요소들과 완전히 남성적인 요소들이 부부 역동과 집단 역동이 형성되는 두 극을 형성하는데, 전능감을 토대로 한 존재 경험은 여성적인 요소로, 이는 자기감이나 (주체/대상의 구분이 없는) 탈욕동적 정체성과 연결되며 주체/대상의 분리를 전제로 하는 행동하기와 욕동적 대상관계는 남성적 요소다. 커플이나 집단의 속성은 순전히 여성적 요소에 속하고 간주체성은 순전히 남성적 요소인데 이 두 요소의 조합이 "온전한 부부 자기soi total conjugal"를 구현하며 양성애성을 보이게 된다.

"소통과 불소통에 대하여"(1963)라는 논문에서 위니캇은 지각된 대상들과 소통할 수 없는 "참자기"의 핵을 내면에 안고 있는 고립된 존재들을 언급했다. 커플 속에도 소통이 불가능한 핵이 있을 수 있다. 커플의 구성과 이해에 관한 위니캇의 공헌은 그의 논문 "홀로 머물 수 있는 능력"(1958)에 잘 나타나 있다. 이 논문은 고독의 능력이 형성되는 그 근원을 다루었다. 홀로 있을 수 있는 능력은 한 개인의 정신적 실제 가운데 좋은 내부 대상들, 자신감을 주는 좋은 내재화된 관계들, 낮은 박해 불안이 존재할 때 가능하다.

누군가가 곁에 있을 때 홀로일 수 있다는 것은 자아의 미숙함이 어머니가 제공한 자아지지대에 의해 보상되었다는 뜻이다. 개인이 이러한 어머니-자아지지대를 내재화하면 그는 어머니나 모성적 상징에 수시로 의지하지 않고서도 홀로 머물 수 있다. 그는 "내부 환경"을 갖추었기 때문이다. 위니캇은 또 "한 개인의 홀로 머물 수 있는 능력은 원초 장면이 불러일으키는 감정들을 직면할 수 있는 능력을 바탕으로 한다고 말할 수 있겠다"[20] 고 주장했다.

그렇다면 커플 가운데서, 상대 파트너가 정신적으로 실재할 때 홀로 머물 수 있는 능력은 어떻게 설명할 수 있을까?

윌프레드 루프레이트 비온

비온은 여러 방면에서 지대한 공헌을 했다.

- 소그룹의 역동에 관한 그의 혁신적 연구 : 소그룹 특유의 정신적 과정과 형성을 다룬 비온은 집단 정신분석 연구의 선구자다.
- 비온은 엄마-유아 관계와 환자-분석가 관계 모두를 단면적 대상관계가 아닌 상호관계로 보고 탐구하였다.

여기서는 영국, 아르헨티나, 프랑스 학파의 연구에 지대한 영향을 미친 비온의 집단 정신분석 연구의 성과들을 살펴보기로 한다. 비온의 집단 연구는 본서에서 자연적인 집단의 하나로 다루고 있는 커플의 구성을 이해하는 데도 큰 열쇠가 된다.

20) *Ibid.*, p. 328.

집단에 대한 정신분석적 이해

인간은 문명과 갈등상태에 있을 뿐이라고 본 프로이트와 달리, 비온은 항상 어느 집단의 일원으로서, 소속 집단과는 물론 개인의 '사회성'을 형성하는 인격의 측면과도 갈등상태에 있는 "집단적 동물"이 인간이라고 보았다. 각 개인의 "사회성"과 집단 소속에 관한 이런 개념들은 중요하고 새로운 개념들이다.

"사실 시간과 공간 안에서 아무리 고립된 인간이라 할지라도, 집단에 속하지 않거나 집단 심리에서 비롯된 행동을 나타내지 않는 인간은 없다."[21] 비온은 또 이렇게 썼다. "집단 심리와 개인 심리 간의 외견상 차이는 착각에 불과하다. 이 착각은 집단이 집단에 대해 잘 모르는 관찰자에게 낯설고 새로운 현상을 더 도드라져 보이게 한다는 사실에서 기인한다."[22]

개인의 "사회성"과 관련하여, 집단에는 개인적 사고방식과 구별되는 집단적 사고방식이 존재한다고 본 비온은 "집단적 사고방식mentalité de groupe"이라는 개념을 도입했다. 집단적 사고방식은 집단을 공고히 해주는 반면 집단 작업을 저해하기도 한다. 이에 관해서는 나중에 다시 다룰 것이다. 먼저 비온이 "집단이 존재한다는 환상"이라 정의한 것을 살펴보자. 이 환상은 개인 차원에서는 이인증에 해당하는, '구별된 개체성'의 상실이 퇴행시에 개인에게 나타난다는 사실에 근거"한다. 바로 이 환상 때문에 집단이 개인의 집합체라는 것을 망각하게 된다. 관찰자가 집단이 존재한다고 여긴다면, 이는 집단을 구성하는 개인들이 퇴행을 했음을 뜻한다."[23]

또 비온은 모든 집단에는 여러 정신 활동의 흐름이 존재하며 이것들이 서로 갈등관계에 있다는 것을 알아냈다. 이 갈등의 흐름들은 "작업 집단"

21) W. R. Bion, *Recherches sur les petits groupes*(1953), Paris, PUF, 2000, p.115.
22) *Ibid.*, p.116.
23) *Ibid.*, p.95.é

과 "기본 집단groupe de base" 으로 표상되는데, 여기서 기본 집단은 "기본 전제들présupposés de base" (basic assumptions)을 토대로 한다.

소집단에서는 두 가지 정신 작용이 나타난다. 작업 집단은 집단 구성원들이 현실 내에서의 공동 작업을 위해 의식적이고 자발적으로 협력하는 활동으로 표상된다. 작업 집단은 자아의 특성들을 포함해 이차 과정적 정신 기능의 논리가 작용한다. 그렇다고 집단의 이런 의식적 협동이 항상 이성적이고 "이차 과정화" 된 것은 아니다. 작업 집단 역시 때로는 감정적이고 무의식적 환상이 개입돼 집단을 마비시키기도 하고 촉진시키기도 한다. 이렇게 해서 정신의 일차 과정적 기능 논리가 개입된 기본 집단이 나타난다. 비온에 의하면, 한 집단에 모인 개인들은 즉각적이고 비자발적으로 조합을 이루며 그가 "기본 전제들" 이라 일컬은 정서 상태들에 따라 행동한다. 비온은 집단이 부지불식간에 번갈아 가며 따르게 되는 세 가지 기본 전제(의존, 투쟁/도주, 짝짓기)를 식별해 냈다. 이것들은 동시에 나타나지 않는다. 한 가지가 나머지 두 전제보다 우세하게 나타나며 잠재상태로 있는 나머지 두 가지를 위장함으로써, "지배적 정신 체계système protomental" 를 형성한다.

"의존" 을 토대로 한 집단은 그 집단에게 영적 물질적 먹거리를 공급하는 리더에게 뒷받침을 받기 위해서 형성된다. "투쟁/도주fight-flight" 를 토대로 한 집단은 어떤 위험에 대항해 싸우거나 그 위험을 피하기 위해 형성되며, 이 상황에서 받아들여진 리더의 경우, 리더의 까다로운 요구들이 집단에게 도주나 공격의 빌미를 제공한다. 때로 이러한 투쟁/도주의 태도는 "짝짓기" 현상으로 귀결되어 커플들의 형성과 하위집단의 형성을 가져온다. 이런 커플은 집단 전체의 개혁을 시도할 수 있는데, 이런 "구세주 소망" 은 집단에게 위험을 뜻한다. 왜냐하면 이것은 독립적 하위집단을 형성하는 경향이 있기 때문이다.

비온에 따르면 집단의 사고방식을 나타내는 이 세 가지 기본 전제는 집단 차원의 방어일 수 있는데, 집단 상황에서 개인에게 강요된 퇴행 때문에 촉발된 정신증적 불안에 대한 방어일 수 있다.

가족 집단, 교회, 군대 등의 특수 집단 내에서의 신경증적 기제를 포착한 프로이트와 달리, 클라인에게 영감 받은 비온이 편집-분열 포지션과 우울 포지션에 속하는 집단의 기능 차원과 정신병적 기제들을 포착하고 탐구한 것도 바로 이 때문이다.

엄마-유아 관계와 환자-분석가 관계의 상관관계

멜라니 클라인의 선례를 따라, 비온도 투사적 동일시를 중시하는데 투사적 동일시는 알파 기능의 요소라 할 수 있는 어머니의 레브리 능력 혹은 분석가의 레브리 능력과 연결된다. 비온은 또 투사적 동일시 과정에 함축돼 있는 담는 것/담기는 것의 관계 개념도 도입했다.

비온은 사고와 투사적 동일시 사이에 어떤 생성적 관계가 존재한다고 보았다. 실제로 좌절을 견디지 못하는 것이 정신psyché 내의 흥분 고조를 결정한다. 본래 사고란 자기 인격 내의 불쾌한 것들을 일시적으로나마 대상 안에 집어넣는 것이 가능하다는 전능 환상 속에서 투사적 동일시 기제를 사용해 정신 안에 고조된 흥분을 방출하려는 과정이라 할 수 있다. 이 과정은 담기는 것을 담는 것contenant과, 담는 것 안에 투사될 수 있는 담기는 것contenu 사이의 긴밀한 관계를 상정하고 있다.

엄마의 레브리 능력과는 무슨 관련이 있는가?

"예를 들어 엄마가 자신의 아이를 사랑할 때 엄마는 어떻게 사랑하는가? 순전히 정신적인 소통 방법을 제외한다면, 어머니의 사랑은 레브리를 통해 표현된다고 생각된다."[24] 레브리는 감각적 경험을 정신적, 정서적 경험으로 변형시켜 주는 과정이다. 이러한 변형은 통합될 수 없는 날것의 내용물들, 즉 어머니나 분석가와 같은 타자가 다루어서(소화시키고, 해독시키고, 정돈해서-이것이 레브리 능력임) 재내사가 가능한 상태로 만들어 주어야 하는 베타 요소들의 투사를 전제로 한다. 그런 다음 비온은 다음과 같이 자문한다. "레브리가 사랑과 이해에 대한 욕구를 채워주는 정신적 원천이라면, 마치 소화기관의 소화력이 어머니의 젖가슴이 제공하는 젖을 받아먹는 것처럼, 유아가 어머니의 레브리로부터 유익을 얻게 해주는 정신적 수용기관은 무엇일까? 달리 말해, 알파 기능이 없다면 유아가 베타 요소를 그 상태로 배설할 수밖에 없는 것을 유아가 (재내사해) 사용하도록 알파 기능이 작용하게 되는 것(수용체)이 있다고 가정할 때, 어머니의 레브리 능력과 직접 연관되는 유아의 기능 요인들은 무엇일까? 여기에서 어머니의 레브리 능력은 담기는 내용물과 불가분의 관계에 있는 것 같은데, 왜냐하면 담기는 것은 명백히 레브리 능력에 의존하기 때문이다. 수유하는 엄마가 레브리 능력을 사용할 수 없거나, 레브리 능력이 아이나 아이 아버지에 대한 사랑을 동반하지 않을 때, 이 사실은 비록 유아에게는 이해될 수 없는 상태로 남아있을지라도 유아에게 전달된다. 정신의 질은 소통 채널을 통해 전달되고 이 채널이 아이와의 관계를 형성한다. 모든 것이 어머니의 정신적 자질이 지닌 속성에 달렸으며 유아의 정신적 질에 어머니의 정신적 자질이 미치는 영향에 달렸다. 왜냐하면 어머니-유아 커플과 이 커플을 구성하는 개인들의 발달과 관련해서 볼 때, 바로 이 영향력이야말로 알파 기능에 의해 변형될 수 있는 정서적 경험을 형성하기 때문이다."[25] 여기서 우리는 비온이 '커플'이라 불렀던, '전형적'이며 일방적인 대상관계와는 구별되는 어머니-유아 상호관계에 대한 대표적 공식을 얻게 되는데, 이 어머니-유아 관계는 특히 관계적 연결을 구성

24) W. R. Bion, *Aux sources de l'expérience*(1960), Paris, PUF, 2000, p.53.
25) *Ibid.*, p.53-54.

하는 소통 채널, 정신적 질의 영향력에 관한 개념, 정서 경험의 변형에 관한 개념 등을 떠올리게 한다. 바로 이 점이 정신분석적 사고의 역사에서 혁신적인 부분이다. 또 비온은 어머니의 이런 알파 기능이 서서히 유아에 의해 내사되어, 즉 유아의 정신 안에 정착해서 알파 기능 기관의 일부를 형성한다고 보았다. 이렇게 되면 담기는 것/담는 것의 체계가 유아 안에서 작동하게 되며, 환자/분석가 관계도 이와 비슷하다는 것이다. 본서의 탐구 대상인 커플에 관한 이해에 비온이 기여한 점은 이렇게 정리해 볼 수 있겠다.

헨리 딕스와 유르크 빌리

위 두 저자는 "결속collusion" 이라는 개념을 도입함으로써 커플 관계 내에서 작용하는 간주체적, 역동적, 체계이론적 과정 및 구조화 기능을 담당하는 무의식적 과정을 새롭게 제시했다.

헨리 딕스: 결혼에서 오는 긴장 Marital Tensions(1967)

클라인과 페어베언의 전통을 이어 받은 헨리 딕스는 "결속"이라는 개념을 도입했다. 딕스는 한 사람이 그가 억압하고 있는 것에 대해 그의 파트너가 보이는 반응 방식을 택하도록 만드는, 두 사람 간의 양가적 관계를 강조했다. 이런 초기의 이끌림은 한 사람의 정신내적 갈등이 상대방이 억압한 내용과 공명-딕스는 투사와 내사, 특히 투사적 동일시 작용을 통해 이런 공명이 일어난다고 봄-하여 이미 구조화된 이러한 결속을 재차 건드릴 때 커플에 위기를 가져올 수 있다. 이러한 결속은 특히 딕스가 '떠다니는 투사 projections flottantes'라 명명한 것을 사용한다는 점에서 특기할 만하다. 떠다니는 투사란, 내재화된 나쁜 대상들의 측면을 상대에게 투사함으로써 자신을 보호하고자 하는 파트너들 사이에서 일어난다.

유르크 빌리Jürg Willi: "La relation de couple(부부 관계)"(1975) -1982년 불어로 출간됨

빌리는 딕스의 결속 개념을, 부부의 무의식적 간주체적 차원을 설명해 주는 핵심 개념으로 발전시켰다. 이 개념은 후일 장 르메르에 의해 다시 사용되었다. 빌리는 이렇게 말했다. "나는 딕스의 선례를 따라, '결속collusion'을 두 파트너에게 공통된 무의식을 토대로 그들 사이에서 일어나는 공통의 작용-부부 갈등과 결부돼 있는 양자 공동의 근원적 주제-이라 본다."

실제로 빌리에 의하면 두 파트너에게는 서로 이끌림의 원인이 되는, 미해결된 공동의 무의식적 갈등 주제가 있다. 즉, 이 공동의 갈등이 "쌍의 결합"을 가능케 하는 원동력이자, 후일 부부 갈등-이 갈등은 서로 보완적(퇴행적이거나 전진적인), 방어적 역할 배분을 통해서 해결을 시도하게 된다-의 근원이 된다. 이리하여 파트너 각자는 상대편에 의해 자신의 방어체계가 더욱 강화됨을 느낀다. 그러나 일정한 시간을 함께 보낸 후, 파트너들의 억압된 내용물과 무의식적 침전물이 되살아나면서 이들의 "결속에 의한 치료 시도"는 실패하게 된다. 그리고 이미 상대방에게 전치되었던(떠넘기거나 외재화된) 몇몇 측면이 파트너 각자의 자아 표면 위로 떠오르게 된다.

따라서 빌리는 배우자 선택을 하나의 타협형성으로 보고, 부부 갈등을 공동의 신경증으로 간주했다. 그는 주된 결속 형태를 네 가지로 구분했다.

1. "자기애성 결속" : 이 관계에서는 나르시스트인 한 쪽 파트너가 다른 쪽 파트너의 자아 이상으로 작용한다. 이때 나르시스트인 한 쪽 파트너는 결함 있는 자아를 가진 상대방에게 이상화 대상이 됨으로써 자신의 나르시시즘을 강화한다. 이들 파트너는 흔히 사랑 관계가 열망하는 완전한 공생적 관계에 대한 향수를 숨기고 있다.

2. “구강적 결속” : 엄마-아이 관계를 중심으로 사랑의 주제가 펼쳐질 때 생긴다. 이 관계에서 사랑한다는 것은 돌봄, 배려, 생필품의 공급을 뜻한다. 이 관계는 한 쪽이 엄마 역할을 하고 다른 한쪽이 아이 역할을 한다는 것이 특징이다. 한 사람은 주고 한 사람은 받는다. 이것이 그들 관계의 전제로서 작용한다. 아이 역할을 하는 파트너는 상대방이 그에게만 베풀 것을 요구하며 엄마 역할을 맡은 사람은 상대편에게 의존 가운데 퇴행하도록 부추긴다.

3. “가학-항문적 결속” : 지배-피지배 결속, 가학-피학 결속, 질투-외도 결속 등이 있다. “능동적” 파트너는 지배, 자율, 외도 등의 경향을 보이며, 복종과 의존에 대한 그의 욕망과 분리불안은 억압시키거나 상대방에게 전치한다. “수동적” 파트너는 의존, 복종, 질투의 경향을 보이며, 이러한 경향을 통해서 자율성에 대한 자신의 욕망이나 자신의 외도 환상을 상대편에게 떠넘긴다.

4. “남근-오이디푸스적 결속” : 이것은 커플 가운데서 남자 역할을 누가 하느냐와, 파트너 간 경쟁의 문제를 통해 표출된다. 남성은 남성적 태도를 견지하면서 자신의 수동적 여성성은 억압하거나 상대방에게 떠넘긴다. 여성 파트너는 수동적인 여성의 입장을 수용하면서 자신의 남근적 남성적 열망은 억압하거나 상대편에게 떠넘긴다.

오이디푸스는 모든 커플생활을 구조화하는 요인으로 배우자 선택에 영향을 준다. 또한 빌리에 따르면, 해결되지 않은 오이디푸스 갈등은 특히 근친상간에 대한 두려움으로 인해 커플 형성을 방해하기도 한다.

빌리에 의하면, 이것들은 역동적 원리에 불과하다. 그는 모든 커플 관계에서 각 파트너는 이 주제들을 모두 직면하게 되며, 퇴행적 측면과 전진적 측면을 모두를 나타낸다고 보았다. 건강한 커플 관계의 척도는, 파트너 각인이 때에 따라 퇴행적 역할과 전진적 역할을 번갈아가며 할 수 있는 유연성이다. 반면 병리적 커플 관계 내에서는 각자의 방어적 역할이 고정되는 경직성이 나타난다.

이러한 결속을 커플 당사자 간의 무의식적이며 신경증적인 공동의 작용으로 이론화하려는 흥미로운 시도 외에도 빌리는, 부부 관계 내에서는 일부 성격 특성들이 강화되는 반면 다른 특성들은 그 중요도가 감소됨으로써 각자의 새로운 인성이 커플 가운데서 떠오르게 된다고 지적했다. 또 그는 파트너 각자에게 고유한 관계 잠재력의 상당 부분은 커플 속에서 작용하지 않고 오히려 다른 분야-개인의 환상 세계, 가족이나 친구 혹은 직업적 세계 혹은 각별히 여가 생활에서-에서 활성화된다는 점도 지적했다.

여기에서 우리는 중요한 질문이 제기되는 것을 본다. 개인의 정신 중 어떤 부분이 특히 커플 생활 가운데서 동원되는가? 커플은 커플 구성원 각자의 무의식적 삶에 어떤 영향을 미치는가? 개인이 리비도를 투여한 관계 수준이나 영역에 따라 정신적 기능의 유형이나 양상은 어떻게 다르게 나타나는가?.

장-조르쥬 르메르 Jean-Georges LEMAIRE

프랑스내 커플 연구의 변천사

르메르는 프랑스 내에서 커플에 대한 관심과 커플 치료의 발전을 이끌어온 두 조류가 존재한다고 말했다. 첫 번째 조류는 부부들을 장기간 분리시켰던 두 번의 세계 대전 이후에 등장했다. 일시적이고 고통스러운 이런 사회적 상황 속에서 손상된 커플 관계를 재조직화하기 위해 다양한 진료들이 생겨났다. 임상심리학이 발전하고 정신분석이 확산되기 이전 시기에는 사회적 차원에서 사회복지사들이나 비전문가들에 의해 이런 진료들이 행해졌는데, 이들의 진료는 곧 적절한 훈련과 교육의 필요성을 절감하게 만들었다. 처음에는 "부부 상담" 정도로 시작했다가 정신분석의 전파와 더불어 임상인의 대다수가 정신분석에서 영감 받은 개인 심리치료 모델에 따라 작업을 해나가기 시작했다. 방법론의 부재 때문에 그들은 커플 전체에 대한 개입은 대개 포기하였다. 이런 상황은 최근에 집단 치료, 체계적 치료, 집단분석 등에서 나온 이론-임상 모델들이 발전할 때까지 지속되었다. 이 점은 후에 다시 다루겠다.

커플 치료의 기원이 된 두 번째 조류는 정신건강교육센터들(CMPP:centres médico-psychopédagogiques)의 발전이다. 출발점은 아동 발달에 대한 장기 관찰과 다양한 형태의 치료(특히 개인 심리치료) 결과들에 대한 조사였다. 정신증 환자들과 같이 힘든 환자들에 대한 정신치료는 아동의 차도나 자율성 증가로 인해 우여곡절을 겪기도 했지만, 빈번히 중단되거나 가족들에 의해 방해 받곤 했다. 그래서 아동을 보호하기 위해 다양한 치료법이 시도되거나 어머니에 대한 심리치료가 병행되기도 했다. 그러나 이렇게 병행된 치료들은 주로 개인치료였다. 이런 식으로 치료자들은 가족 구성원들이 상호 작용하고 하나의 체계를 형성하게 되는, 가족 차원에서 생기는 고통들의 특성을 알게 되었다. 치료자들은 자녀가 부모 사이의 복잡한 관계의 실마리임을 발견했고, 여기서 부모 커플에 대한 탐구의 필요성이 생겨났다. 이런 식으로 커플과 가족 전체에 대한 돌봄과 치료라는 초기의 시도들이 등장하게 되었으며, 이로부터 다양한 형태의 이론과 치료법들이 개발되었다.

커플에 관한 주요 연구서 및 개념들

커플 연구 분야의 필독서로는 "부부 갈등Les conflits conjugaux"(1966), "부부 치료Les thérapies du couple"(1971), "부부관계의 생과 사Le couple: sa vie, sa mort"(1979), "가족, 사랑, 광기famille, amour, folie"(1989), "부부의 언어Les mots du couple"(1998), "열정 다루기Comment faire avec la passion"(2005), "가족내 무의식L'inconscient dans la famille"(2007, 공저) 등이 있다.

르메르는 1961년에 프랑스부부상담센터연합회(Association fran çaise des centres de consultation conjugale)를 창립했다. 1963년에는 학회지 "대화Dialogue"를 창간했고 1979년에는 커플, 가족 치료자 양성소인 PSYFA(Centre de formation en thérapies de couple et de famille)를 창설했다.

르메르는 횡적, 종적 차원을 포함해 정신분석과 체계이론이라는 두 관점을 따르는 엄밀한 상호주관적 차원에서 부부 문제에 접근했다. 그는 빌리의 결속 개념을 받아들임과 동시에 배우자 선택, 커플 변천사의 각 단계들, 커플 갈등과 위기 등을 설명하기 위해 프로이트, 클라인, 위니캇의 개념들을 활용했다. 그는 또 부베가 연구했던 전성기기적 대상관계의 특징도 염두에 두면서 섬세하게 작업했다. 그는 또 체계이론 모델을 따른 커뮤니케이션 이론에서 나온 개념들도 사용했는데 체계이론에서 말하는 구조, 기능, 조절 원리들을 차용했다. 보다 최근에는 언어의 화용론적 측면도 연구에 포함시켰다.

이렇게 그는 커플 구성원 각 개인의 의식적 무의식적 욕구와 욕망이 상호작용하고 상호간에 양가적이고 강렬한 리비도 투여가 일어나는, 자가조절능력을 가진 하나의 구조화된 인간 하위집단으로서 커플을 개념화했다. 이 커플이라는 집합은 조직화 단계와 과정을 따라서 파트너들 간 상호작용의 탈조직화, 재조직화 과정을 번갈아 거치면서 역동적 균형을 찾아나간다. 르메르는 또 파트너들 간에 투사와, 동일시(투사적, 내사적 동일시 모두 포함) 게임이 일어나면서 커플에 안정적이고 지속적인 형태가 부여된다고 보았다.

이성 커플과 관련해서 르메르는 사랑 커플(단기 커플)과 부부 커플(장기 커플)을 구별했다. 단기 커플에서는 무엇보다 파트너들 간에 리비도적이고 자기애적 차원의 신속하고 감각적인 만족이 요구된다. 대상 발견을 통한 쾌락 추구, 정복 쾌감, 유혹 능력의 재확인 등이 뚜렷하다. 이런 차원의 만족이 더 이상 존재하지 않을 때 관계는 깨진다.

명시적이건 암묵적이건 가족 차원의 계획이 있을 때 커플은 장기 커플이 된다. 만약 대상이 리비도와 자기애적인 만족까지 줄 경우, 대상은 거부되고 억압된 부분으로 주체의 방어 구조 안에 편입된다. 바로 여기에서 대상에 대한 더욱 강렬하고 소유욕적인 관계가 발생한다. 왜냐하면 다소간 상호적인 이런 소유욕으로 인해 방어 기제가 작동하기 때문이다.

르메르의 중요한 공헌에 관해서는 커플의 자연사를 다루는 장에서 다시 언급할 것이다. 그 장에서는 특히 커플의 구조화 양상, 즉 배우자 선정의 다양한 형태는 물론이고 커플의 초기 형성 과정과 이후 찾아오는 위기 등에 관해 다룰 것이다. 르메르의 생각들의 일부는 커플 치료를 다룬 장에서 또 논할 것이다.

프랑스내 르메르 연구의 동시대적 계승

커플에 관한 정신분석적인 기초를 포함한 임상 및 이론 체계는 프랑스에서 이미 1960년대와 1970년대에 이뤄졌다. 이러한 기본 연구의 이론적 토대가 된 것은 정신분석적 개념들은 물론 집단에 관한 이론 및 임상이었다. 본래는, 그리고 여전히 많은 나라들에서 커플 연구는 사회심리학적 모델(예를 들면 K. Lewin)과 광대한 체계인 체계이론 모델을 따른다. 보다 최근에는 영국, 아르헨티나, 프랑스 학파에서 활발히 이뤄진 집단 정신분석의 발전 덕분에 새로운 개념적 도구들이 등장했는데, 새로운 개념들은 집단 치료, 가족 치료, 커플 치료를 서로 근접시키는 경향을 보인다. 최신 학파들을 소개하기 전에 세 명의 연구자들을 소개해 본다.

카트린느 파라 Catherine Parat

"성기기 단계에서의 오이디푸스 구조"라는 그녀의 탁월한 연구를 먼저 언급해야겠다. 이것은 1967년 불어권정신분석가대회에서 발표된 보고서다. 파라는 커플 치료자도 아니고 그녀의 연구가 커플을 직접적으로 다룬 것은 아니었지만, 이 연구는 커플 구성원 각자가 커플과 '커플 밖의 세계' 사이에서 그들의 정서 및 리비도 욕동 투여를 어떻게 배분하는지를 프로이트적 사고 틀 내에서 잘 이해하게 해준다. 이 보고서의 내용은 대략 이렇다.

"오이디푸스 갈등을 극복했다 하더라도, 내가 여기서 오이디푸스적 구조라 부르는 어떤 오이디푸스적 구조화가 남아있게 된다. 이러한 구조화는 오이디푸스 삼각구도에서 직접적으로 기인한 삼각구도를 토대로 하며, 두 구획으로의 정서 배분을 유지시킨다. 한 구획은 이성 대상이 차지하고, 다른 한 구획은 이성 파트너가 아닌 '커플 이외의 타자들'이 차지한다."[26]

사실 카트린느 파라에 의하면 이런 오이디푸스 구조는 3자구조 내의 이중적 관계(이성적 관계와 동성적 관계)를 포함한다. 이는 당연히 이런 구조에 상응하는 내적 대상들이 존재함을 전제로 하며, 이때 현실 대상들과의 관계는 투사와 내사의 움직임을 수반한다.

26) C. Parat, "L'organisation oedipienne du stade génital"(1967), *Revue française de psychanalyse*, Paris, PUF, t. XXXI. n.5-6, sept.-déc. 1967, p.755.

오이디푸스적 대체물이 아닌 이성 파트너와 확립된 이성 관계는 여러 가지 조류들을 내포, 통합한다고 카트린느 파라는 말한다. 1.성기기적 조류: 이는 활성화된 혹은 재활성화된 '성기기적 정서'로 구성된다. 2.애정어린 감성적 조류: 이는 오이디푸스 콤플렉스가 쇠퇴할 즈음에 성적, 성기기적 욕동들이 억압되거나 승화되면서 형성된다. 3.전성기기적 조류: 이는 전성기기적 경향이 승화되었느냐 그렇지 않느냐에 따라 에로틱한 면을 띠거나 자기애적인 면을 띤다.

이들 조류의 대부분은 성기기 욕망의 첫 출현 때에 형성된 이성 관계에서 기인하지만, 일부는 잠재기와 성기기 동안 억압되었던 동성애적인 에로틱한 요소들에서도 기인한다.

동성애적 관계는 커플 외부에 존재하는 "타자들 전체"와 관련된다. 동성애적 관계를 형성하는 정서는 일부는 승화되지 않지만 대개는 승화된 것이다. 카트린느 파라에 의하면, 상당 부분을 차지하는 동일시의 요소들이 타자들을 "나와 유사한 타인"으로 다루게 만든다. 이런 타자들 일반은 성별과 상관없이 오이디푸스 구조내의 제3자 역할을 맡게 되며, 복잡한 리비도 투여의 대상이 된다. 타자들 일반에는 커플에서 태어난 자녀, 가까운 친구 혹은 라이벌 관계의 친구, 기타 타인들, 더 나아가 사회 전체가 포함된다. "나는 이러한 구조가 갖는 심오함과 이런 구조의 생성 면에서 볼 때, 동성애적이라는 명칭을 사용할 수 있다고 생각했다."[27] 진정한 초자아의 형성과 함께 타자들 전반은 다음과 같은 이중적 리비도투여의 대상이 된다.

1. 오이디푸스적 증오의 직접적 산물인 공격성과 증오의 조류 : 이것은 좌

27) *Ibid.*, p.746.

절을 주고 한계를 설정하는 현실에 대한 리비도투여를 확고히 해준다.

2. 초자아적 투사의 움직임, 동성애적 정서(대개 승화된), 승화된 전성기기적 정서 등의 조류 : 이는 직업적 비직업적 삶에서 발전과 만족의 기회를 가져다준다. 사회를 구성하는 커플 밖의 모든 타인에게 동일한 리비도가 투여되지 않는다. 이러한 리비도 균형은 살아서 계속 변천하기 때문이다.

이러한 오이디푸스적 구조화는 균형 상황이 바뀌고 계속해서 재조정된다. 왜냐하면 이런 구조화 자체가 살아있는 게임의 결과이며 이러한 구조를 구성하는 두 가지 리비도투여 흐름의 역동적 작용에서 비롯된 결과이기 때문이다. 또 이런 구조화 자체가 삶의 우여곡절에 의해 좌우되기 때문이다. 바로 이 때문에 이런 구조화는 취약성이라는 특징을 지닌다. 실제로 이런 구조화의 균형을 동요시키는 모든 것은 오이디푸스 갈등을 불러오거나 재출현시킨다. 이런 갈등은 일시적일 수도 있고 장기화되기도 한다. 하지만 새로운 상황, 대상관계들의 총합 내에 어떤 조정이 일어날 경우, 특히 새로운 대상에 대한 리비투여가 일어날 경우 이러한 갈등은 새 해법을 찾게 된다.

"이러한 일들은 언제든 재가동될 수 있는 오이디푸스 갈등의 핵이 차지하는 큰 비중 때문에 생겨난다. 오이디푸스 갈등의 핵은 평생 동안 하나의 참조지점이 된다. 이 지점을 향해서 퇴행(내인성 요인 때문이건 명백한 외인성 요인 때문이건)이 일어나고, 또 이 지점에서 출발하여 새로운 전진이 생긴다."[28]

크리스티앙 다비드, "사랑 상태"(1971)[29]

자기애적인 충만과 함께 사랑 상태 또한 자아 경계에 파격을 가져온다. 다

28) *Ibid.*, p.747.
29) C. David, *L'Etat amoureux*, Paris, Payot, "Petite Bibliothèque Payot", 1971.

비드는 사랑에 성숙을 불러오는 자발적 능력이 있다고, 사랑 안에서 통합이 실현된다고 강조하면서 삶의 역동이 지닌 창조적 측면에서 기인한 개혁과 혁신의 능력을 강조했다. 사랑의 영역은 진정한 창조적 공간이다.

앙드레 뤼피오

뤼피오는 프랑스에서 커플 및 가족 정신분석 분야의 선구자 중 한 사람이다. 그의 초창기 연구서들로는 "커플의 본능"(1972), "멜라니 클라인과 커플"(1974), "커플 자아 Le Soi conjugal"(1975) 등이 있다. 그가 다른 연구자들과 함께 낸 "커플 정신분석 치료 La thérapie psychanalytique du couple"(1984)라는 책에 나타난 뤼피오의 사고들은 이후에 살펴보기로 한다.

집단 정신분석과 이의 프랑스내 영향

집단 정신분석 모델의 등장은 본서 주제인 커플이라는 대상의 구성 역사 측면에서 인식론적인 혁신을 뜻한다. 애정의 삶을 그것의 욕동적, 환상적, 정서적, '대상관계'적 차원에서 이해하는 데 정신분석적 접근법들이 사용된 이래, 우리는 위니캇과 비온 덕에 어머니-유아, 환자-분석가 관계 모델로 치환해 생각해 볼 수 있게 된 커플 관계를 이제 그것의 간주체적, 상호관계적 차원에서 연구하기에 이른 것이다. 위니캇 비온 이후에 딕스와 윌리에 의해 개발된 결속 개념을 도입하면서 우리는 커플을 이중적 차원-간주체적 차원(특히 방어적 차원)과 체계적 차원-에서 이해하게 된다. 내가 집단 모델이 커플과 커플의 정신적 실제에 관하여 전혀 새로운 이해를 가져오게 될 것이라 믿는 것도 바로 이 때문이다. 집단 모델은 또한 커플 집단에 관한 새로운 정신치료 테크닉에도 기초를 제공할 것이다.

아르헨티나의 집단 분석

E. 피숑-리비에르Pichon-Rivière(1965)는 집단 이해에 있어서 사회적이고 정신분석적 심리학 경향이 뚜렷한 모델을 제시했다. J. 블레헤르Bleger(1967; 1970)는 두 형태의 사회성을 근본적으로 구분한다. 한 가지는 혼합주의적syncrétique 사회성이고 다른 하나는 상호 교류에 의한 사회성이다.

영국의 집단 분석

1940년대 초반에 S. H. Foulkes, J. Rickman, H. Ezriel 등이 런던에서 소위 집단분석Group-analysis이라는 것의 토대를 마련했다. 넓은 의미에서 볼 때, 이것은 한 집단 내에서 발달하는 그것의 형성과 정신 과정을 탐구하는 하나의 방법론이다. 집단분석의 개념들은 정신분석의 이론과 방법에서 나온 몇 가지 근본적 데이터를 토대로 하며, 집단을 하나의 특정 단위로 고려하는 데서 불가피하게 요구되는 본연의 정신분석적 의미종합을 바탕으로 한다. 보다 좁은 의미에서 집단분석은 집단 정신치료 테크닉의 일종이며, 집단 상황에서 무의식을 정신분석적으로 경험하도록 만드는 하나의 장치다.

비온은 풀크스와 같은 병원에서 일했지만 집단의 형성 및 과정에 대해서는 전혀 다른 개념화를 이끌어냈다.

프랑스의 경우

1960년대 중반부터 D. 앙지외, A. 베자라노, J.-B. 퐁탈리스, R. 카에스 등은 개인 치료에서 나온 정신분석적 개념들을 집단에 직접 적용하는 것을 비판하면서 집단에 대한 새로운 정신분석적 접근을 제안했다.

---

30) J.-B. Pontalis, "Le petit groupe comme objet"(1963), *Après Freud*, Paris, Gallimard, "tel", 1993.

장-베르트랑 퐁탈리스와
"대상으로서의 소그룹Le petit groupe comme objet" (1963)[30]

퐁탈리스에 의하면 집단은 개인 정신 내에서 하나의 환상처럼 작동한다. 그러므로 퐁탈리스는 고유한 정신을 가진 하나의 대상으로서 집단을 복원시켰다고 할 수 있다. 즉, 집단을 정신적 대상이자, 욕동 투여의 대상이며, 집단 구성원들의 무의식적 표상 대상으로 재구성해낸 것이다. 르네 카에스에 따르면, 이러한 연구는 프랑스 집단 정신분석에서 하나의 변곡점을 이룬다.

디디에 앙지외, 꿈 모델(1966), 그의 저서 『집단과 무의식』(1975)[31]

꿈과 마찬가지로 집단도 무의식적 욕망의 한 실현 수단이다. 앙지외는 비온과 풀크스의 접근법을 절충하되 꿈 모델을 바탕으로 하여, 무의식적 과정들이 작동하는 하나의 단위로서의 집단에 대한 이해 모델을 제시했다.

비온과 유사하게 앙지외도 집단에는 서로 분리된 채 작동하는 경향이 있는 두 수준이 존재한다고 보았다. 하나는 환상 활동의 수준이고 다른 하나는 작업 집단의 수준이다. 실제로 집단 구성원은 공동의 과제를 수행하기 위해 모인다. 그러나 모든 인간 상호 관계는 이데올로기, 신화, 유토피아 등의 타협 형성물을 만들어내는, 집단 구성원 사이에서 순환하는 환상들에서 비롯된다. 환상의 차원에서 볼 때, 집단은 생물학적 비유를 들자면 구성원 각각이 스스로를 지체로 인식하는 하나의 유기체처럼 경험된다. 어떤 유기체 안에서 거주지를 발견하고자 하는 "집단적 자아"의 욕망이 존재한다고 할 수 있다.

앙지외는 집단에는 정신을 구조화하는 다섯 가지 무의식적 구조체가 있다고 보았다.

---

31) D. Anzieu, *Le groupe et l'inconscient*, Paris, Dunod, 1975.

1. 환상의 공명 현상과 조합된 개인의 환상 : 이것은 A. 미스나르(1971)가 기술한 바 있는데 앙지외가 이를 다시 기술해 이것을 "집단내 한 사람-자신의 무의식적 개인적 환상들의 하나를 행동, 존재 방식, 혹은 말을 통해 나타내 보이는 이 사람-을 위주로 특정 멤버들이 모인 것으로 집단의 형성은 이익, 수렴, 메아리, 상호 자극 등을 의미한다"[32] 고 보았다. 이렇게 해서 환상을 촉진하는 그 개인은 집단적 자아Moi groupal의 위치에 놓이게 된다. 결국 이런 집단적 자아는 유아와 어머니 사이에 존재하는 공생적 이자 관계에서 그 기원을 찾을 수 있다.

2. 원형적 이미지들imagos, 원형적 환상들, 오이디푸스 콤플렉스 등은 집단 정신의 메타 조직체들이다. 곧 이것들은 집단 장치와 관련해, 몸 이미지와 정신적 싸개에 해당한다. 따라서 집단의 수장, 집단, 이데올로기는 집단원들의 정신 장치 안에서 하나의 동일한 심급을 형성하며, 또 한편으로는 집단원들 간에 일어나는 정신 과정들을 담아주는 역할을 하게 된다. 집단 장치 내의 지배적 심급이 곧 집단의 싸개(수장, 이데올로기)가 되는 것이다.

3. 개인과 집단이 서로 다르지 않다는 무차별 원리

4. 정신적 현실과 사회적 현실과 관련해, 집단은 스스로 족하다는 자가충족성의 원리

5. 집단에 속한 자와 집단 밖의 사람들을 구분하는 분별 원리

32) *Ibid.*, p.182.

앙지외는 집단원들의 사고 방식, 행동 방식, 현실 지각 등이 유력한 한 개인의 환상에 물들게 돼 일부 집단원들에게서는 이 환상들이 배어나오고, 또 어떤 개인들에게서는 전염 혹은 저항의 효과를 나타낸다고 보았다. 이렇게 환상들이 수렴되고 이러한 환상이 통일되면서 하나의 잘 정의된 특정 이데올로기 및 신화가 탄생한다는 것이다.

르네 카에스

집단에 대한 정신분석적 접근 덕에 르네 카에스는 집단 연구에서 세 가지 논리적 차원을 발견하게 되었다. 1. 집단의 차원 2. 집단을 구성하는 주체들 간의 관계 차원 3. 각 주체 개인의 차원. 카에스는 집단 경험을 기본적으로 이 세 가지 공간(집단, 간주체적 관계, 정신내적 공간)들 간의 조합 또는 장치화의 경험으로 보았다. 카에스는 1960년대 말에 이 세 가지 공간과 이것들의 조합에 관해 설명해주는 '집단의 정신적 장치'에 관한 모델을 제안했다. 이렇게 해서 카에스는 정신분석적 지식을 이 세 공간 각각이 지닌 "정신적 통일성"에로까지 확대 적용하고, 또 이 세 공간을 연결하거나 분리시키는 과정들과 여기서 생성된 것들의 이해로까지 확대 적용시켰다.

그밖에도 이런 다층의 관계를 이해하는 데 도움을 주는 개념이나 관념들을 들자면, 내부 집단들groupes internes, 정신적 집단성groupalité psychique, 감응 기능fonction phorique, 공동의 꿈 공간, 무의식적 동맹, 간주체성의 작용 등이 있다.

내적 집단들(일차 내적 집단과 이차 내적 집단)은 "우린 집단이야" 하고 말할 때처럼 우리 자신들 내에 위치한 집단을 뜻한다. 일차 내적 집단은 특히 동일시의 망, 자아의 집단적 구조, 대상관계들의 집합, 오이디푸스 및 형제 콤플렉스, 신체 이미지 등을 포괄한다. 여기서 정신적 집단성이란 "삶이나 죽음

욕동의 효과 때문에, 혹은 억압이나 분열, 부정, 거절 등 억압 외의 방어기제 때문에 정신적 대상들을 연결하거나, 해체하고, 또 다듬어서 결국 어떤 조합 규칙이나 변형 규칙을 따라 여러 집합들을 형성하는"[33] 정신이라는 질료가 갖는 일반적 특성을 말한다.

이런 내적 집단 개념은 "어떻게 해서 주체들이 모이는가?"라는 질문에 해답의 실마리를 제공한다. 사실 내적 집단들은 사회문화적 조직체와 조합을 이루는 정신적 조직체로서 기능한다. 따라서 각 집단은 정신적 조직체와 사회문화적 조직체라는 한 쌍의 유력한 조직체들로 특징지어지는데, 이것들을 바탕으로 집단 정체성과 집단원들의 동일시가 안정을 찾게 된다.

끝으로 카에스는 정신의 장치화 과정에서 집단 장치에 의해 이 두 조직체가 동원되는 것, 요구되는 정신적 작업들의 요건, 장치화의 다양한 과정 및 양상 등을 숙고했다.

그는 또 감응 기능이라는 개념을 도입했다. 카에스는 특정 주체들이 집단 내에서 각 주체의 정신적 공간과 공동의 정신적 공간(커플, 집단, 가족, 기관) 사이에서 매개 및 연결 등의 기능을 수행하는 것을 목격했다. 이런 기능을 수행하는 사람들은 또한 이러한 기능들에 의해 지지되는 사람들이다. 이들은 대변인, 대리환자, 이상의 대변자에 해당한다. 그가 행하는 기능 중 주체에게 고유하게 돌아오는 것은 무엇일까? 또 이런 기능을 수행하면서 그는 집단 과정에 의해 어떤 책무를 떠맡는 것일까?

카에스는 이러한 기능에 공통되는 특징으로 몇 가지를 정의했는데 대표의 기능, 표상의 기능, 전수의 기능, 담아주는 자의 기능, 기호화의 기능, 상징화의 기능 등을 열거했다.

---

33) *Ibid.*, p.90.

무의식적 동맹은 무얼 말하는가? 카에스는 무의식적 연대를 이렇게 표현한다. "주체 각인 안에 유대를 강화하기 위해, 또 이러한 유대의 기초 위에 구성원들에게 필요한 자기애적, 대상관계적 리비도투여를 확립하고, 그들에게 필요한 정신적 과정, 기능, 구조 등(이러한 것들은 억압, 부정, 부인, 거절 등에서 비롯됨)을 확립하기 위해 구성 주체들 상호간에 형성된 정신적인 결과물. 이런 동맹은 집단을 구성하는 각 주체에게 특단의 정신적 가치를 지니는 방식으로 형성된다. 이렇게 연결된 집합체(집단, 가족, 커플)는 각 개인이 서명하였고 각 개인이 집단에서 차지하는 위치로 인해 지킬 수밖에 없게 된 계약 및 약속 등으로부터 그 정신적 실체성을 보장받는다."[34]

그러나 무의식적 동맹은 이 동맹에 연루된 각 주체들과 관련돼 있는 또 다른 차원이 있다. 무의식적 동맹은 각 주체들에게 의무와 복종을 요구하며, 이들에게 유익을 가져다준다. 이러한 동맹은 무엇보다 각 주체의 무의식과 정신적 실제의 일부를 형성한다. 카에스는 이러한 동맹을 세 범주로 나눈다. 1. 구조를 형성하는 동맹 2.방어적 동맹 3.공세적 동맹. 구조를 형성하는 무의식적 동맹은 정신의 구조화에 협조하며 다음의 것을 포함한다: 아버지 및 형제간에 맺은 오이디푸스적 약정(상징적 계약), 파괴적 욕동들의 직접적 실현은 포기한다는 내용의 약정(파괴적 욕동의 직접적 실현은 법조계의 개입 요건이 됨), 자기애적인 계약이나 약정들. 공세적 동맹은 특히 거부적 약정을 포함하며 병적이고 파행적인 이탈을 포함하는데, 이런 파행적 이탈의 예로는 부인denié의 공동체와 도착적인 계약을 들 수 있다. 공세적 동맹은 공격이나 업적, 혹은 우월함을 행사하기 위한 집단적 협정을 조인하게 만든다. 이 점에 관해서는 다음 장에서 다시 다룰 것이다.

34) *Ibid.*, p.192.

무의식적 동맹이나 감응 기능의 개념은 특히 주체적 가치와 간주체적 가치라는 이중의 가치, 곧 이중의 초심리학적 가치를 지닌다. 우리는 이것들을 간주체적 역동, 지형 및 경제적 측면에서 이해할 수 있다.

카에스는 주체에게 필연적인 간주체적 상황으로 인해 간주체성이 정신에게 정신적 작업을 부과한다는 점을 상기시켰다. 이 때문에 카에스는 간주체성의 작업travail de l' intersubjectivité이라는 개념을 고안했는데, 이는 "타자 무의식의 정신적 작용, 혹은 더 나아가 무의식 주체의 정신 안에 들어온 어떤 타자"를 가리킨다.

결국 카에스는 유대의 정신적 공간과 집합체들의 정신적 공간은 또 다른 무의식의 장소들이며 집단 상황에서의 정신분석적 작업은 정신의 무의식적 갈등에 관한 전통적 개념화를 바꾸어 놓았다. 실제 유아적인 정신성적 기원을 가진 정신내적 갈등, 곧 신경증적인 갈등 외에도 어떤 타자(여러 타자일 수도 있고)에 의해 소유된(혹은 타자나 타자들 안에 침전된) 주체의 정신과 주체 사이에 무의식적 갈등이 존재할 수 있다는 것이다. 물론 경계성 환자에 대한 탐구를 통해 자아와 자아 대상들 간에 또 다른 유형의 무의식적 갈등이 존재한다는 것도 밝혀졌다. 나는 카에스의 연구에서 나온 이런 이론적 기여가 본서의 주제인 커플을 초심리학적으로 이해하는 데 특히 큰 시사점이 있다고 본다.

커플에 관한 프랑스의 현대적 개념들

지금시대 프랑스 커플 정신분석가들은 앞서 소개된 집단정신분석가들의 개념과 관념들을 어떻게 활용하고 있을까? 나는 여기서 J.-P. 카이요, G. 드쉐르, A. 에게르, A. 뤼피오의 생각들을 소개하고 맨 나중에 내 생각을 보태고자 한다.

장-피에르 카이요와 제라르 드쉐르의 커플 및 가족 정신분석(1989)[35]

이들은 집단성, 집단-대상 등의 개념을 받아들여 이 개념들을 바탕으로 가족-대상의 존재 즉, 대상으로서의 가족, 욕동의 상관물이라는 차원에서 대상-집단들의 원형으로서의 가족에 대한 환상의 존재를 정의했다. 커플-대상은 상상 속에서 공동의 신체와 정신을 가진 커플에 대한 통합적 표상이다. 카이요와 드쉐르에 의하면 커플의 기능은 그것이(내적 대상이건 외적 대상이건) 대상으로서 리비도가 투여된다는 사실로 특징지어진다. 커플의 정신 장치는 환상의 공명(순환)을 통해 커플 구성하는 개인의 정신 장치들을 서로 이어줌으로써 형성된다. 이러한 연결은 두 당사자의 외적 대상으로서의 커플과 내적 대상으로서의 커플-대상들 간을 매개하는 공통된 환상 공간 안에서 확립되고 또 발전한다. 바로 이 환상 공간 안에서 공동의 이상적이고 초자아적 형성물들이 만들어지고 변형된다. 이들은 또 가족 및 부부 치료에서 흥미로운 개념인 항-가족 커플, 항-커플 가족의 개념도 도입했다.

알베르 에게르 : 커플에 대한 정신분석적 치료(공저, 1984), 커플의 정신분석적 임상(1998)

에게르에 따르면 커플은 자기애적 유대와 대상 리비도적 유대라는 두 유형의 유대를 조합하며, 두 가지 "세력"-근접에 대한 불안, 배우자의 특이성과 타자성에 대한 불인정을 불러오는 두 자기애 간의 갈등-이 커플의 갈등을 자리매김 하게 한다.

에게르는 커플의 "항상적 구조structure permanente" 라는 개념을 정의했는

35) J.-P. Caillot, G. Decherf, *Psychanalyse du couple et de la famille*, Paris, Apsygée Ed., 1989.

데, 이는 집단 심급들 간의 무의식적 갈등 양상에 의해 또 집단적 환상의 특정 양상에 의해 표상된다. 이러한 구조 자체는 경제적, 역동적, 지형적, 생성적 관점에서 정의될 것이다. 그는 커플에 일관성을 부여하는 기제들에 흥미를 갖고 무의식적 정신 조직체라는 개념을 받아들여 그것을 커플에 적용했다. 그는 무의식적인 커플의 삶에서 세 가지 조직체를 발견해냈고 어떻게 각 조직체가 커플의 각 유형(대상 선택, 커플의 자기Soi conjugal/conjugal self)을 세 가지 구성요소(배우자 소속감, 내면의 거처, 부부의 자아이상)를 통해 구조화하는지를 밝혔다. 실제로 커플은 커플의 자기애적 유대를 이렇게 조직화 기능을 갖는 심급들을 토대로 구조화하는데, 이런 조직화 하는 심급들은 커플 당사자들이 시공간 속에서 지속적으로 공유하는 커플에 관한 표상으로 정의된다. 에게르는 상호환상화interfantasmatisation 개념을, 딕스(1967)가 도입하였고 그후 빌리와 르메르가 발전시킨 개념인 '환상적 결속' 개념에 접근시킨다. 부부 자기soi conjugal를 구성하는 다양한 요소들은 이런 상호환상화의 반영으로서, 이러한 상호환상화는 파트너들이 공유하는 상호 참조지점이자, 이 참조지점에서 비롯된 신화적 자기참조 활동activité mythopoïetique이다. 사랑 언약의 순간에 매우 활성화되는 상호환상화는 커플의 전형적 구조를 결정하며 또한 갈등 방식의 근원이 된다. 상호환상화는 바로 커플 파트너 각자의 무의식적 개인적 환상들이 만나는 지점이다.

세 가지 조직체들과 그것의 다양한 형태들을 토대로 에게르는 네 가지 유형의 커플을 정의했다. 1. 정상 혹은 신경증적인 커플 3. 의존적anaclitique 혹은 우울증적인 커플 4. 자기애적인 커플 4. 도착적인 커플. 에게르는 자신이 분류한 커플 유형과 빌리가 제시한 바 있는 커플 유형이 서로 비슷하다고 말한다.

마지막으로 에게르는 세대간 되물림의 존재에 관해, 그리고 조상들과 연결돼 있는 초세대간transgén érationnel 표상들의 커플 내 순환에 관해 질문을 던졌다.

앙드레 뤼피오(1984)[36]

뤼피오에 의하면 정신적 양자관계dyade는 그것 고유의 지형, 경제, 역동을 갖춘 초개인적 정신의 모든 특성을 다 지녔다.

- 지형적 측면에서, 커플-대상은 초개인적 정신을 지닌 치외법권적 심급으로 기능하며 이때 커플-주체는 커플-대상과 구별되지 않는다.
- 양자관계의 역동은 다양한 유형의 갈등으로 특징지어지는데, 경계들에서 일어나는 갈등으로 커플과 "외부 세계" 사이의 갈등이 있으며, 커플 내부의 갈등으로는 두 사람의 자기애적인 직면 속에 내재된 갈등과 성별 차이에서 오는 갈등이 있다.
- 양자관계의 경제는 커플의 지속성을 보장하기 위한 정신 에너지의 교환 및 조절, 그리고 개별적 원본능을 공동으로 관리하고 자아의 계속적 충전을 위해 마련된 특정한 경제체제 등으로 특징지어진다. 커플이 상호적으로 리비도를 투여하는 대상들이 있는가 하면 파트너 각자가 리비도를 투여하는 대상들도 존재한다.

뤼피오에 의하면 사랑은 근원적 차원과 유사한 차원에 놓여있다. 그는 이 두 차원에 공통적인 특성들을 열거했다. 따라서 사랑의 작업은 그것 고유의 정신 안에 신체적 시련은 물론 타자의 몸을 새겨 넣는 작업이 된다. (합력하여 기능하는) 한 쌍의 정신 안에 두 개의 분리된 몸을 새겨 넣는 작업인 것이다.

뤼피오는 인간 집단의 토대에는 집단성이 있으며 무의식적 집단적 환상이 바로 사랑의 핵심이라고 본다. 실제로 오이디푸스적 의미내포나 어머

36) A. Ruffiot, "Le couple et l'amour. De l' organisation au groupal", in A. Eiguer(dir.), *La thérapie psychanalytique du couple*, Paris, Bordas, 1984, p.85-145.

니와 어머니의 출산 능력에 대한 동일시 갈망 외에도, 사랑의 욕망은 유아 출산의 환상을 포함한다. 사랑의 환상은 가족적 환상을 포함한다. 결혼은 그간 비밀로 간직되고 조심스러웠던 성교들이 집단에 의한 합법화되고 사회적으로 인정받는 것이다. 이는 사회 집단 내에 수용되고자 하는 커플의 욕망을 다시 한 번 일깨워준다.

끝으로 퀴피오는 커플의 위기를 언급했다. 사랑 현상이 "정신증의 정상적 원형"이라면 부부 위기는 양자관계 내에 온갖 정신증적 잠재력을 가진 정신 기능(부인, 좋은 대상/나쁜 대상 간의 분열, 좋은 자아/나쁜 자아 간의 분열 등의 기제들이 동원되고, 개인의 통합성을 위협하는 자아의 일부로서 내재화되고 경험되는 파트너에 대한 편집증이 동반된)을 들여 놓는다. 이렇게 되면 사랑 대상은 내적 학대자가 된다.

커플에 관한 저자의 소견

커플은 다양한 관계들과 교통하는 살아있고 복잡한 신체-성적, 사회문화적, 정신적 실제다. 커플은 파트너 각인에게 고유한 시간성이 교차하는 가운데서 생기는 복잡한 시간성 속에서 발전한다.

커플의 신체-성적 실제: 커플은 "재생산하려는" 암묵적 혹은 명시적 계획 안에서 함께 살며 그렇게 함으로써 종족 보존이라는 더 큰 차원의 프로그램에 참여하는 두 인간 존재를 포함함과 동시에 성별을 지닌 두 사람의 몸과 두 "정신신체 조직"을 포함한다. 그러므로 커플은 생물학적 출산 단위다. 성별이 있는 두 몸과 "정신신체 조직"은 그들끼리(또는 그녀들끼리) 서로 다양한 언어적 비언어적 방식(몸짓, 행동, 환상, 성 등을 통해)으로 소통한다. 타자의 몸을 대면할 때 다음과 같은 흐름이 일어난다. 1. 상호적 리비도 욕동의 투여(자기애적이거나 에로틱한 욕동, 혹은 애정어리거나 공격적인 욕동) 2. (전의식적, 의식적, 무의식적) 표상들의 교류 3. 커플 파트너 각인의 양성애를 동원하는 투사 및 동일시의 움직임. 이러한 움직임은 "정신신체적 커플화", 더 정확히 말해 "정신신체적 커플화의 환상"을 만들어 낸다. 이 지점에서 뤼피오의 개념인 "사랑의 작업"을 떠올리게 된다. 이 사랑의 작업이란 자신의 정신 안에 신체적 시련과 타자의 신체를 새겨 넣는 것으로, 이때 타자의 신체는 함께 통합돼 기능하는 한 쌍의 정신 안에 두 개의 구분된 몸을 등재하는 작업에 참여한다.

성적인 행위는 양성을 지닌 환상속의 무의식적 신체, 곧 양성애 환상을 성취함으로써 "상상속에서 한 몸"이라는 집단적 환상을 구현한다. 게다가 성 행위는 두 사람에게 자기애적 충만 상태를 가져오는 자기애적 연합에 대한 퇴행적 욕망을 실제화 한다.

커플의 사회문화적 실제는 생산, 경제적 협동, 사회적 재생산, 자녀 교육(부모 커플인 경우) 등의 사회적 단위를 구성하는 함께 사는 두 개인으로 특징지어진다. 이들은 하나의 사회 집단에 속하며 사회 구조 안에서 일정한 지위를 차지하고 특정한 역할과 기능을 담당한다.

이들 커플은 결혼이나 다른 형태의 사회적 인지를 통해서 제도화될 수 있다. 비온과 앙지외의 개념에서 보면 이들은 "환상적 커플"과 상호작용하는 "작업 커플"을 형성한다. 이 개념들은 추후 다시 논할 것이다.

마지막으로 커플의 정신적 실제는 카에스의 표현을 빌면 "정신적 지속성"을 보장하는 근본적인 요소들 가운데 존재한다. 이 요소들은 특히 다수의 역동적 갈등, 욕동리비도 투여의 흐름, 욕망의 환상들, 대상 모델, 대상관계, 동일시 및 투사의 움직임, 원초적 이미지들, 전성기기적 불안과 오이디푸스적 불안, 커플이 구조화되고 기능하는 데서 동원되는 다양한 방어기제들로 구성돼 있다.

카에스의 연구 성과 덕에 나는 또 커플의 정신적 실제와 관련된 세 가지 논리적 수준을 고려해 보았다. 1. 집단적 수준: 특유의 조직체와 형태를 지닌, 커플 파트너 간에 공유된 공동의 정신적 실제 2. 간주체적 관계 수준: 다양한 수준과 형태로 구성된 대상관계들, 무의식적 동맹들(구조화하는 동맹, 방어적 동맹, 공세적 동맹), 감응 기능, 오이디푸스 콤플렉스와 형제간 콤플렉스의 상호적 동원 3. 개인적-정신내적 수준: 자아와 내적 사랑 대상(앙드레 그린이 말하는 '외상적 대상'과 동일) 간의 고유한 갈등, 자기애와 대상지향성 간의 갈등, 자아와 이드 간의 갈등, 특이적인 두 정신적 대상들 간의 갈등, 사랑 대상과 대상-커플 간의 갈등, 개인과 커플이라는 집단 간의 긴장, 정신적인 공간의 유사성 및 차이점 간의 갈등 등등.

2장

커플 내에 존재하는 정신적 요소들

커플 가운데는 다수의 정신적 요소가 존재하고 활성화된다. 이 요소들 중에서 커플의 간주체적 현실에 특이적이라 보이는 몇 가지만을 골라, 기존 연구자들의 이론에 비추어 설명해보기로 하자. 즉, 정체성의 요소, 성적 요소 및 "에로스의 사슬chaîne érotique", 나르시시즘, 욕동 및 정서의 양가성, 명백히 동원되는 커플 파트너 각인의 전성기기적 요소, 다양한 유형의 갈등, 정신적 양성애, 시기와 질투, 오이디푸스 콤플렉스 및 형제간 콤플렉스, 환상들, 투사와 동일시, 융합 및 공생적 측면들, 다양한 대상관계적 양상 등을 차례로 검토하자.

정체성의 문제

여기서는 『정체성의 경계(Aux confins de l'identité, 2005)』라는 책을 통해, 커플 구성원의 정체성에 관한 문제를 조명한 미셸 드 뮈장Michel de M'Uzan의 독창적인 접근법을 살펴보겠다. 특히 정체성 스펙트럼, "정체성의 두 가지 경로(제거와 형성)", 편집분열성 쌍둥이, 기묘한 정신 작용, 정체성의 기조 등을 다룰 것이다.

정체성 스펙트럼 le spectre d'identité

먼저 드 뮈장은 자아Moi와 비자아non-Moi 사이에 존재하는 확고부동한 영속적 경계를 인정하지 않는다. 그는 이것들 사이에, 본인이 정체성 스펙트럼이라 부르는 개념을 통해 가리키고 있는 어떤 중간지대를 설정함으로써 정체성 감각에 어떤 모호성을 부여했다. 이러한 개념은 표상들을 향한 자기애성 리비도의 움직임에 따라서 정체성 문제를 특정하도록 해주며, 주체 표상과 대상 표상 간의 분리라는 사고를 유지하면서도 완전한 단절이 아닌 연속성의 개념을 보존하도록 해준다. 드 뮈장은 이렇게 썼다. "따라서 나Je와 나-자아Moi-Je는 이 공간 속에서 가장 친밀한 것이자 가장 낯선 것으로서 우연히 특정화된다. 이는 자기애성 리비도가 이 정체성 스펙트럼의 전영역을 따라 움직이면서 일어나는데, 이 스펙트럼의 가장 안쪽 극은 주체 자신의 표상들로 이루어져 있고 가장 바깥쪽 극은 타자 이미지들로 이뤄져 있다."[37]

정체성의 두 가지 경로(제거와 형성)/ 원초적 자기와 편집분열성 쌍둥이

전자는 성적이고 리비도적인데 반해 후자는 비성적이고 자기보존적이다. 전자와 후자는 시간상 간격이 있을 수 있지만 서로 경쟁적으로 발달하며 역동적 갈등 관계에 있다.

정체성의 리비도적 발달 경로는 일차 대상들로부터 발달해, 비자아와의 적대적 관계 안에서 발전한다. 드 뮈장은 자기애성 영역이 리비도적 영역에 속한다고 보았는데, 이는 후에 보면 알겠지만 벨라 그룅베르제Béla

37) M. de M'Uzan, *Aux confins de l'identité*, Paris, Gallimard, 2005, p.18.

Grunberger와는 반대되는 입장이다. 그룅베르제는 자기애성 리비도투여와 대상 리비도투여의 변천에 따라 '경제적' 참조지점을 고려했다.

정체성의 두 번째 발달 경로인 자기보존적 경로는 존재 자체로부터 발생해 '자가생성' 의 원리에 따라 진행된다. 비자아를 향한 적대성을 바탕으로 고유의 정체성을 확립해 나가기 위해서는 먼저 원초적 자기가 그것 자체로부터 분리되어야 한다. 이 원초적 자기는 "최초의 존재primordial étre", "혼돈과 혼재의 단위entité syncrétique confuse", "방출 원리에 의해서만 움직이며 침습적인 엄청난 에너지의 보고" 등으로 불리는 단위로 이 원초적 자기 안에 결정적 분열이 일어남으로써 하나의 분신, 즉 "진정한 쌍둥이"가 형성되는데, 이는 곧 '인간화 작업travail de personnation'[38]을 뜻한다. 우리는 이 진정한 쌍둥이에 결코 접근할 수 없다. 이인증의 경험을 통해서 잠시 그 존재를 일별할 수 있을 뿐이다. "이 편집분열성 쌍둥이는 중간 대상이 아니라 이행기적인 주체un sujet transitionnel다. 이것은 하나의 정신적 존재로, 한 개인 안에서 일생 동안 보존되는 이 존재의 흔적들은 그 개인의 자리place와 본성nature을 추측할 수 있게 해준다. 물론 이 흔적들은 리비도 발달 단계에서 전성기기적 흔적들만큼 뚜렷하지는 않다. 그러나 이 흔적들은 분신 인물이, 너무도 자주 언급되던 그 표상들 속에서 갑자기 출현할 때 뚜렷이 볼 수 있다."[39]

정체성의 자기보존적 발달 경로는 자기보존 욕동에 의해 활성화되는데, 드 뮈장은 이 욕동 에너지를 '실제적actuelle'이라 평가했다. 그러나 이 에너지는 무정부적 양태로 변질될 수 있는데 이런 양태는 정신신체질환 환자에게서 볼 수 있으며, 이들 중 최악의 환자군은 "실제정신증"의 범주로 분

38) 역주
39) *Ibid.*, p.21-22.

류된다. 실제신경증이라 불리는 질환에서 작용하는 에너지는 리비도의 자질폄하déqualification에서 비롯된다. 이런 이중의 변질을 불러오는 원인들로는 (드 뮈장에 따르면) 외상을 야기하는 공격성(가공되지 못한 실제적 공격성), 세력의 양, 욕동의 세력과 같은 양적 요인들이다. 이러한 자기보존적 욕동들은 타자의 시선이 결여될 때 기능을 계속하지 못한다.

정체성의 두 가지 발달 경로(리비도적 발달 경로와 자기보존적 발달 경로)는 발달을 계속해 나갈 뿐 아니라 시간 속에서 서로 복잡하게 얽힌다.

기묘한 정신작용

드 뮈장에 따르면 전이는 임상적 신경증의 반복에서만 비롯되는 것이 아니라 독창적인 형성 활동, 즉 기묘한 정신작용에서도 기인한다. 이 기묘한 정신작용은 분석가와 피분석인의 무의식적 상호작용에서 생겨나는 것으로, 피분석인의 정신 과정에 반응하는 분석가로 하여금 "역설적 사고들"을 갖게 만든다. 이 "역설적 사고들"은 전의식과 무의식의 경계에서 작용하는 "역설적 체계"의 활동을 보여준다. 이러한 역설적 사고들은 분석가에게 일부 회기들 중 어느 순간에 예기치 않게 떠오르는데, 낯설고 포착하기 어렵고 다형적인 표상 형태로 나타나며 대개는 이미지 형태나 강한 환각적 성질을 띠지만 언어적인 표상으로도 나타난다. 이런 표상들은 경미한 이인증을 토대로 한 퇴행의 움직임과 더불어 부상한다.

정체성의 기조

이것은 개인이 자신의 고유성 가운데서 충만한 삶을 살게 해주는 요소다. 미셸 드 뮈장에 따르면 중독자의 고통은 효율적인 정체성의 기조가 확립되지 못한 데서 온다. 이로 인해 중독자는 매우 심각한 경제적 부채를 떠안고 외부의 지원을 필요로 하게 된다.

미셸 드 뮈장이 제시한 독창적인 개념은, 정체성의 두 발달경로와 정체성 스펙트럼 등을 바탕으로 모든 커플 안에서 작용하는 간주체적, 정신내적 커플 형성의 조건들을 탐구하도록 해준다. 편집분열성 쌍둥이는 커플 파트너를 통해 재활성화되고 또 표현되는 것일까? 일종의 분신으로서?

커플 속에 존재하는 에로스와 파괴적 욕동 간의 묶기-풀기의 작용, 자기애성 리비도투여와 에로스적 리비도투여 간의 게임 등은 논외로 치더라도, 욕동의 경제적 측면에서 볼 때 결합되어 나타나는 커플의 실제 에너지, 파트너 각인의 자기보존적 욕동, 생물학적으로 또 사회적으로 다른 커플들에 맞서서 생존하는 데 사용되는 커플 자체의 자기보존적 욕동 등의 존재도 생각해 볼 수 있다.

성적인 것, 성, "에로스의 사슬"

앙드레 그린에 의하면, 성적인 것은 재생산 차원에서 사용되느냐 쾌락 차원에서 사용되느냐의 차이에 의해 규정되며, 성적인 것은 이러한 구분된 사용에 의해 인간적인 면에서 생물학적 성sexualité biologique과 정신성psychosexualité으로 근본적으로 구별된다. "정신분석에서 말하는 성적인 것의 토대는, 바로 성과 쾌락 간의 연관성이다."[40] 그러나 성적인 것은 또 흥분에서 만족으로의 이동이 특징적이다.

그린은 또 프로이트가 성을 정신적 삶의 준거로 본 것은, 인간에게 성이 쾌락과 밀접하게 연결되어 있을 뿐 아니라, 성적인 것이 개인뿐만 아니라 성을 통해서 연결된 여러 세대들을 관통하기 때문이라고 보았다.

40) A. Green, *Les chaînes d'Éros*, Paris, Odile Jacob, 1997, p.271.

인간 성의 중대한 면은 바로 성 욕동의 항구적 재생이다. 바로 이 점 때문에 성은 위니캇의 표현인 "상상적 재구성élaboration imaginative"의 강력한 요인이 된다. 그린에 따르면, 인간의 정신현상에서 성만큼 중요한 요소는 없다.

"성과 사랑은 표상들의 본질적 원천이다. 사랑과 성은 그 자체로서 만족의 불충분함과 끊임없이 경험되는 대상 보장 결여(대상이 결코 보장되지 못한다는 의미)의 흔적을 남기기 때문이다. 우리는 프로이트(...)가 욕망의 표상들이라 부른 것에서 이러한 연관성을 볼 수 있다."[41]

쾌-불쾌의 원칙은 성 표출 스펙트럼의 핵심을 차지하는데, 이 스펙트럼의 한편에는 현실원칙이 다른 한편에는 실패한 현실원칙이 위치한다. 현실원칙은 쾌락을 보존하며 특정 위험들로부터의 보호를 목적으로 하는 수정된 쾌락원칙이라 할 수 있으며, 실패한 현실원칙은 특히 성범죄에서 보이듯이 절대적 욕구, 억압불능의 압력, 욕망의 부재 등을 특징으로 한다.

따라서 그린은 정신분석적 관점을 따라, "에로스의 사슬"을 구성하는 한 요소로서 성을 개념화하자고 제안했다. 그가 말하는 에로스의 사슬은 다음과 같은 일련의 형성물－욕동과 욕동의 움직임; 쾌락 상태와 그의 상관요소들, 불쾌 ; 의식적 무의식적 표상들에 의해 부추겨지는 기대 및 추구의 형태로 표현되는 욕망 ; 욕망 실현의 시나리오를 조직하는 (의식적, 무의식적) 환상들; 자아 혹은 대상으로의 분극화polarisation, 사랑의 변이 및 파생물(부모를 향한 사랑, 연인 간의 사랑, 우정, 인류애, 성스러운 사랑 등)로의 굴절, 희락jouissance, 승화 등－을 따라 전개된다.

41) *Ibid.*, p.159.

그린에 따르면 이러한 에로스의 사슬이 발달 과정에서 다른 사슬들과 만나게 되며, 다른 사슬들로는 다양한 유형의 표상들로 이루어진 사슬과 부정성의 작동travail du négatif과 관련된 사슬이 있는데, 이들 사슬의 다양한 표현 양태는 "에로스의 사슬"이 지닌 성질을 잘 드러내주는데, 에로스의 사슬은 이중의 의미를 갖는다. 하나는 주체를 결박하고 에로티즘에 구속시킨다는 뜻이며, 또 하나는 주체의 몸을 대상에게 연결시키고 성적인 것을 통해 추구하는 목표에 주체의 몸을 연결시킨다는 뜻이 있다.

나르시시즘에 관한 다양한 접근

여기서는 서로 다르지만 중요한 이론인 벨라 그룅베르제와 앙드레 그린의 이론을 검토해 보겠다.

벨라 그룅베르제

"인간이 반복하고자 하는 경험은 바로 탄생 이전 상태, 외상을 입으며 그가 쫓겨나왔던 그 상태, 그가 계속해서 되찾고자 갈망하는 바로 그 상태이다. 이것은 인간의 근본 성향이자, 나르시시즘에 관한 내 가설의 토대이기도 하다."[42)]

그룅베르제는 나르시시즘의 모든 변이의 원천으로 "탄생 이전의 고양 상태"를 상정한다. 모든 주체는 탄생 이전의 상태로부터 어떤 결정적인 흔적을 갖게 되는데, 이 흔적이 각 개인에게 나르시시즘의 특성이 구조화되는 모체가 된다. 개인의 이런 나르시시즘의 특성은 후일 통일감, 자존감, 전능

42) B. Grunberger, *Le narcissisme*(1971), Paris, Payot & Rivages, "Petite Bibliothèque Payot", 1993, p.25.

감, 불멸, 전지, 강력함, 자율 등의 느낌과 같이 개인의 상태 및 정동의 형태로 표현된다. 그런데 그륑베르제에 따르면 앞서 열거된 특성들은 모두 신의 속성이기도 하다.

출생 이후 신생아는 이중의 외상을 겪는다. 하나는 그의 고양된 세계가 극심히 동요된다는 것이며, 또 하나는 이제 그가 대상관계와 욕동을 토대로 자신의 정신 경제를 재구조화 해야 한다는 점이다. 바로 여기에서 욕동들과 나르시시즘 간의 항구적 갈등이 야기되며, 나르시시즘(자기애적 이상)과 자아(및 자아의 자기보존적 이익) 간의 갈등 또한 야기된다. 자기애성 전능환상 안에 살면서 신생아는 필연적으로 외상을 주는 현실에 부딪치게 되고, 그로 인해 이런 환상에서 깨어나며 극심한 상처를 입는다. 신생아는 이에 두 가지 움직임으로 대처한다. 하나는 상처의 억압이고, 다른 하나는 상처를 부모에게 귀속시킴으로써-융합 상태에서 부모와 동일시 혹은 부모와의 자기애적 연합을 통해-전능감을 회복하거나 "자기애적 평형의 재확립"을 시도함으로 나타는데, 이후 이상화되거나 심지어 신격화된 부모 원상들에게 이 상처를 되돌려주기도 한다. 그러나 이런 자기애성 상처는 항상 살아남아 다양한 자기애성의 방어기제들을 규정한다. 벨라 그륑베르제는 문명의 모든 발현들 또한 자기애적 평형을 이루고자 하는 다양한 시도라고 본다. 정신분석 또한 이데올로기, 종교, 신비주의와 같이 하나의 자기애적인 방어일 수 있다. 어머니-태아의 합일을 연상시키는 주체/객체의 융합에서 비롯된 "자기애적 합일" 또한 자기애적인 방어의 한 형태일 것이다. 이러한 방어형태는 주체/제2자아, 환자/분석가, 그리고 커플 사이에서도 볼 수 있는데 벨라 그륑베르제의 입장에서 보면 커플의 형성도 일종의 자기애적인 방어다.

다양하게 표출되는 욕동들 또한 자기애적 요인을 기초로 하며 자기애적 요인에 의해 좌우된다. 욕동은 자기애적 요인의 표출 통로이자 그것의 작동 수단이다. 자기애와 욕동 성숙의 통합 과정은 매우 느리게 일어난다. 발달단계마다 모든 욕동의 움직임에는 자기애적 리비도가 투여되며, 모든 "자기애성의 도약은 생물학적인 지지대 역할을 하는 욕동에 의해 풍요로워진다."

욕동 만족과 자기애성 리비도투여 사이에는 병렬관계가 존재한다. 모든 욕동 만족에는 실제로 두 측면이 있다. 긴장 완화 행위를 통한 욕동만족 그 자체의 측면이 있고, 주체에게 자존심을 세워주는 행위의 가치가 있는 이 긴장완화 행위에 대한 자기애성 리비도투여의 측면이 있다.

성적 자율성의 상실로 인해 주체의 자기애는 고통당하는 것처럼 보인다. 이때 성적 합일은 주체에게 자기애성의 충만감을 회복시키는 기능을 한다. 자기애와 욕동자아의 통합은 주체에게 불충분감을 느끼지 않도록 해준다.

실제로 인간은 자신이 원하는 방식으로 스스로를 만족시킬 수 없다는 것, 그리고 이 무능력이야말로 자신의 조건이자 인간의 조건이라는 것을 일찌감치 깨닫게 된다. 그러나 인간은 이런 한계를 받아들이지 않고-가지고 태어난 전능환상을 유지하는 것이 인간에게는 욕동 만족보다 더 중요하게 생각되므로-전능환상이라는 허구를 포기하지 않은 채 환상에 불과한 이 전능감의 재탈환에 나선다. 이제 그에게 중요한 것은 어떤 식으로든 자기애적 통일감을 회복함으로써 전능환상을 재취득하는 것이 된다.

벨라 그룅베르제에 의하면, 나르시시즘은 그것의 "이기적" 성격에도 불구하고 하나의 본능으로서 구조화되어 있다. 왜냐하면 나르시시즘은 탄생 시부터 이미 존재하며, 아니 그 이전부터 존재해 왔고 죽을 때까지 유지되고 이미 구조화돼 있는 반면, 자아는 보다 이후에 성취되는 구조물이고 성숙도 어렵게 진행되기 때문이다. 나르시시즘은 절대적이고 강력한 반면 자아는 유연하고 적응적인 구조물이다. 나르시시즘은 자아가 지휘하고 표상하는 욕동 활동의 기반이 되면서도, 자아에 대항해 자아를 위험에 노출시킬 수 있다. 나르시시즘이 자아와 이루는 타협은 피상적이고 부분적일 뿐이다. 이런 타협이 나르시시즘의 깊은 통일감을 해치거나 나르시시즘의 본질을 변화시키는 일은 없다. 나르시시즘이 자아에 최선의 방식으로 통합된다 하더라도 나르시시즘 본연의 모습은 적어도 어떤 식으로는 그대로 보존된다. 바로 이 점 때문에, 그룅베르제는 프로이트의 두 번째 구조모델 안에서 나르시시즘이 독자적 요인으로서 인정되어야 하며, 정신의 심급으로까지 격상되어야 한다고 주장했다. 따라서 자기애의 심급인 자기Soi는 대개 자아의 일부로 간주되지만, 자아와는 별개로 인격의 일부를 형성한다는 것이다.

불멸에 대한 생각이나 욕망은 정신적 나르시시즘과 연결된다. 인간은 자신이 항상 존재하지 않을 수 있다는 것과, 자신이 항상 존재해온 것도 아님을 받아들이지 못하기 때문이다. 이는 현실원칙에서 볼 때 너무도 무상한 인간 존재에 대한 자기애적 보상일 것이다.

그룅베르제에 따르면, 남근적 이미지는 남성과 여성의 무의식 모두에서 자기애적 통일감과 충만감을 표현하며, 거세나 (전부 혹은 부분적으로) 거세된 남근은 개인이 통일감 속에서 스스로를 형성해가는 데 따르는 온갖 시련을 표상한다.

남근은 마치 커플 파트너들을 성교 가운데 연결시키듯이, 자기애적 충만감을 실현시키는 가교다.

모든 욕동 성취 또는 (유아의) 자아 강화는 자기가치감의 증대에서 중요하며, 이런 욕동의 성취가 있는 그대로 인정될 때 이러한 성취나 강화는 유아의 무의식 속에서 남근적 성격을 띤다. 반면, 이러한 성취나 강화가 인정되지 않거나 자기애적 보상이 동반되지 않고 폄하될 경우, 유아는 이것을 일종의 거세로 경험한다.

이러한 충만감은 어머니-태아의 충만 상태를 실현하는, 자궁 안에서의 담기는 자contenu/담는 자contenant 간의 합일을 통해서나 실현될 것이다.

마지막으로 그룅베르제는 나르시시즘과 결부돼 있는 어떤 죄책감(제거하기가 매우 어려운)의 존재를 언급했다. 인간은 자기 자신을 사랑하는 일이나 자기 자신이 되는 것을 스스로에게 허락할 수 없으며, 개인주의는 일고의 여지도 없이 추방되어야 마땅한지 모른다. 실제로 우리는 "자기애적인 행복을 일종의 죄악으로 여긴다. 그러나 이러한 자기애적인 행복을 개인이 수긍할 경우 이는 가장 발전된 대상관계를 형성하는 데 필수적이고도 중요한 요소가 된다."[43]

앙드레 그린

"일자l' Un(the one)의 개념은 그 자체로서 나르시시즘을 표현한다."[44] 앙드레 그린은 자신의 욕망 가운데 타자의 흔적을 지우는 것, 곧 "일자적 천국paradis unitaire"으로 이러한 일자 개념을 정의했다. 분리되고 한정된 단위로서의 이런 자아의 일자성(전일성) 개념은 주체의 분열된 위상을 부인하며, 이는 절대적인 일차적 나르시시즘으로부터 자아 욕동들의 성화sexualisation에 이르는 기나긴 여정의 산물이다. 즉, 태초부터 분열되어 있고 부분 욕동들의 기관organe 쾌락에 의해 지배받던 정신을 에로스가 통합해낸 결과다.

그러나 한편으로 그린은 나르시시즘에서 기원하는 통합에 대한 강박에서, 그리고 다른 한편으로는 이드에 대한 의존성에서 기인하는 대상과 하나되고자 하는 욕망에 휘둘리는 자아의 갈등 상황을 지적했다. 둘이 하나로

43) *Ibid*., p.235.
44) A. Green, *Narcissisme de vie, narcissisme de mort*, Paris, Minuit, 1983, p.24.

결합하는 데 장애물이 있는 경우 자아는 대상과의 동일시라는 해법을 통해 자아와 대상 사이에서 타협한다. 자아의 모순은 바로 여기에 있다. 자아는 자아 자신이 되고자 하나 이런 자아의 계획은 자아가 연합하고자 하는 바로 그 대상으로부터의 리비도적 기여 없이는 실현될 수 없다.

그린은 일차적 나르시시즘은 하나의 상태가 아닌 하나의 구조로 이해해야 한다고 보았다. 불멸의 자족적 전일성을 소원하는 나르시시즘은 다음 두 방향으로 전개된다.

- 대상 선택 : 그러나 주체의 이차적 나르시시즘 때문에 대상 선택에 대한 주체의 리비도투여는 대상들에게 드러나 보이지 않는다.
- 흥분이 제로에 가까운 절대적인 일차적 나르시시즘

원칙적으로 현실과 나르시시즘은 서로 배타적이지 않지만 서로 대립한다. 자아가 직면하는 가장 큰 모순은, 자아가 현실과 관계 맺는 심급이 되어야 하는 동시에, 현실을 무시하고 자아 자체밖에 모르도록 스스로에게 자기애성 리비도를 투여해야 한다는 것이다.

나르시시즘의 적은 대상의 현실과 현실의 대상이다. 즉 자아의 경제 안에서 나르시시즘이 기능해야 한다는 점이다. 이때 대상은 자아의 내부 대상일 수도 있고 외부 대상일 수도 있다. 이러한 제약은 자아의 정립과 나르시시즘의 정교화에 필수적이다. “나르시시즘은 마치 엄마가 아기를 살피듯 자아를 살피는 내적 대체 대상으로서 주체에게 기능한다. 나르시시즘은 주체를 보호할 뿐 아니라 주체를 품어 안아 부화시킨다.”[45]

그린은 또한 나르시시즘과 성 사이의 갈등관계, 즉 대상 욕동들과 나르시시즘의 엇갈림을 언급했다: “마치 자기애성 리비도가 대상 리비도투여에

45) *Ibid.*, p.51.

의해 빈약해지기라도 한다는 듯, 때로는 성이 나르시시즘과 경쟁한다고 느껴진다. (...) 때로 성은 주체의 나르시시즘을 풍성하게 해주는 한에서만 의미가 있다. 왜냐하면 성적 쾌락은 자기애적 전일성이 보존되고 있음을 증명해 주기 때문이다."[46] 이 점과 관련해 지적할 것은, 명백히 존재하지만 영향력은 미미한 죄책감과 나란히, 거세 불안을 대치하는 것은 바로 성적 쾌락을 누리지 못하는 데서 생기는 수치심이다. 이런 수치심에는, 성적 만족을 줄 수 있는 대상에 대한 의존성에 내재돼 있는 자기애적 상처가 수반된다.

공격성 또한 나르시시즘이 해체되는 대상이다. 자기애적인 지배 욕구는 흔히 거론되는 주제다. 지배자의 위치와 연관된 대상관계적 만족감이 존재하기 때문에 이러한 지배 욕구를 충족시킬 수 없는 상황은 자기애성 격노를 불러온다.

나르시시즘 이면에 존재하는 목표는 일차적인 간격, 곧 개인과 타자 간의 다름difference을 제거하는 것이다. 그래서 성별 차와 같은 모든 차이점을 제거하고자 한다.

욕동과 정서의 양가성

에로스/파괴 욕동

사랑 대상은 언제나 양가적인 욕동 투여의 대상이 된다(에로스가 죽음 욕동을 묶는 기능을 한다). 이런 양가적 욕동 투여는 인간관계에 근본적으로 작용하는 정동의 양가성(사랑/증오)에 대한 욕동 면에서의 설명을 제공한다. 그러므로 에로스는 묶는 기능을 하고, 이러한 묶는 기능을 통해 모든 욕동 해체의 위험에

46) *Ibid.*, p.42.

대해 보호기능을 수행한다.

베노 로젠베르그(1991)에 따르면, 이러한 욕동의 대치상태는 많은 상황에서 자아/대상 관계에 갈등을 불러온다. 따라서 대상의 "내적 연결-통일성" 을 목표로 대상에게 전일성을 부여하기 위해서는, 에로스가 죽음욕동이 대상을 해체하지 않게끔 대상을 형성, 보존해야 한다. 그러나 에로스는 "절제된 해체 효과" 를 가져올 만큼의 죽음 욕동을 에로스 내에 가질 필요가 있다. 이는 내부에 있는 적절한 죽음욕동이 에로스의 복합적인 구조화 및 풍성화에 기여함으로써 에로스의 내적 분화를 가져오기 때문이다. 이러한 복잡하고 풍성한 에로스의 구조화는 자아에게 다양하고 미묘한 대상관계 능력을 가능케 한다. 결국 로젠베르그는 에로스와 에로스의 대상, 욕망과 욕망 대상 사이에 좋은 관계가 형성되려면, 이것들 사이에 견딜 수 있을 만큼의 거리를 확보해 주는 죽음욕동이 꼭 필요하다고 본다. 이렇게 에로스와 대상 사이에 확보된 거리가, 욕망하는 자아와 욕망 대상 간의 직접적 결속을 피하면서 욕망을 정교화 하게끔 해준다는 것이다.

대상화 / 탈대상화

그린은 에로스와 죽음욕동 사이의 "근원적" 갈등을 대상화와 탈대상화 간의 갈등으로 재해석했다.

그린은 성적 기능과 그것의 표출, 곧 리비도가 에로스와 생명욕동의 표상이라면(물론 이 표상이 생명욕동의 모든 자질을 다 드러내는 것은 아니지만), 죽음욕동의 표상은 무엇일까라는 질문을 던진다.

그는 프로이트가 에로스와 죽음욕동의 특징적 기제로 묶기/풀기liaison/déliaison를 기술했던 점을 떠올리면서도 이 설명이 불충분하다고 보았다. 실제로 에로스는 그 자체 속에 묶기/풀기의 두 과정을 모두 수용할 수 있지만 죽음욕동은 풀기의 기제만을 포함한다. 에로스 안에는 이 두 과정이 공존하기 때문에, 에로스는 그 자체 안에 죽음욕동의 일부를 흡수하여 그것을 변형시킨다. 이때 변형된 죽음욕동은 죽음욕동 고유의 성격과는 다소 다를 터이다.

그린에 따르면 생명욕동인 에로스의 근본 목표는 대상화 기능fonction objectalisante을 보장하는 것이다. 이는 에로스의 역할이 대상(내적, 외적 대상)과의 관계 형성이나 대상의 변형에만 한정된다는 뜻뿐만 아니라, 에로스는 대상이라는 지위를 부여할 수 있으며 대상에 리비도를 투여하여 그것을 사랑 대상으로 만들고, 특정 기능이나 활동에도 대상과 동일한 지위를 부여할 수 있음을 뜻한다. 특정한 기능이나 활동이 대상의 지위를 얻기 위해서는, 성취된 정신적 작업 속에 상당한 리비도투여가 존재해야 한다. 이때 대상화되는 것은 리비도를 투여하는 행위 그 자체다.

반대로 죽음욕동의 목표는 풀기를 통해 탈대상화를 수행하는 것이다. 이때 공격의 대상은 대상관계뿐만 아니라 대상관계의 대체물들, 예를 들어 자아가 될 수도 있다. 이런 죽음욕동의 기능은 정신적 대상들을 폄하하여 이들 대상의 특이성과 독자성을 잃게 만든다. 그리하여 대상들은 무명의 존재로 축소되고 심지어는 물화되기도 한다. 대상화 과정을 거치고 있는 한, 리비도투여 그 자체도 공격의 대상이 될 수 있다. 따라서 죽음욕동의 공격성은 탈리비도투여désinvestissement로 표출된다고 할 수 있다. 그린은 이러한 대상화 과정에서 일차 대상(부모 대상)이 결정적인 역할을 한다고 보았다. 결국 생명욕동이 추구하는 대상화의 목표는, 성 기능을 매개로 두 개의 큰 욕동(생명욕동과 죽음욕동)을 통합해주는 상징화에 도달한다.

욕동 목표의 억제

리비도 욕동과 자기보존 욕동 이외에 억제된 욕동, 즉 리비도 욕동에서 파생된 승화의 성격을 지닌 욕동들이 있다. 그린에 따르면 "결국 이것은 제한, 제동, 리비도투여의 비전개 등과 관련된 것으로 이에는 특별한 명칭이 필요하다."[47] 억제를 추구하는 이러한 욕동들-대상과의 에로틱한 합일이라는 완전한 욕망 실현을 희생하면서 대상을 유지하고 애착관계를 보존함-은 기관 쾌락을 추구하는 전성기기적 욕동들과 대조된다.

그린은 이렇게 "욕동 스스로 욕동을 구속하는 것", 곧 외부 세력이 개입하지 않는 이러한 제약에 죽음욕동이 작용한다고 본다. 욕동의 대립이 대상관계에 미치는 해체 작용과 달리, 지속적이고 항구적인 리비도투여를 가능케 하는 이러한 욕동의 억제 가운데에 에로틱한 생명욕동에 한해 작용하는 죽음욕동이 있다고 그린은 생각했다. 그는 이런 죽음욕동의 작용을 정신적인 삶의 다른 측면에서도 발견했다. 예를 들어 승화, 동일시, 욕동 포기 등 오만이 현저하게 나타나는 이상 추구 등에서 죽음욕동이 작용하는 것을 보았다.

사랑/증오

프로이트("욕동과 욕동의 운명"[48], 1915)에 의하면, 러브스토리는 그것의 출현과 대상관계를 통해 우리에게 왜 이렇게 사랑은 양가적 성격, 즉 동일 대상에 대한 증오의 움직임을 동반한 사랑으로 나타나는지 잘 이해하게 해준다. 자기애적인 단계, 곧 자체성애 단계를 지나서 구강기에 이르면 대상을 합입하고 삼키려는 욕망이 생기는데 이것은 대상의 개별성을 제거하려는 시도와 맞물리며 강한 양가성이 표현된다. 그 다음 단계인 항문기에서는 증오와 연관돼 있으나 파괴성은 없는, 대상에 대한 강한 통제와 소유욕이 나타난다. 성기기에서는 사랑이 증오에 대항한다. 따라서 사랑 안에 섞여 있는 증오는 사랑단계(성기기) 이전 시기들에서 기원하는 것처럼 보인다.

47) *Ibid.*, p.101.

48) S. Freud, "Pulsions et destins des pulsions"(1915), *Métapsychologie*, Paris, Gallimard, "Folio Essais", 1968.

전성기기의 측면들

구강기 항문기 성기기의 구성요소들은 다양한 방식으로 커플 파트너 사이에서 맞물린다. 이들 요소는 커플의 성생활에는 물론, 파트너 각인의 전성기기적 대상관계들의 유형 및 수준들 가운데서도 맞물린다.

여기서는 무엇보다 온갖 우여곡절에도 불구하고 관계가 지속되도록 하는 커플 관계-특히 욕동 억제와 자기애성 리비도투여, 승화된 동성애 경향 등의 측면에서-의 수호자로서 큰 역할을 담당하는 피학증에 관해 살펴보겠다. 베노 로젠베르그(1991)[49]는 이 점에 관해 우리에게 큰 영감을 주었다.

실제로 로젠베르그는 에로스의 일차적 생산자이자, 욕동 묶기의 일차적 형태(에로스는 해체 세력인 죽음욕동을 묶는 연결 세력임)로서의 피학증적인 핵-자아의 일차적인 핵을 구성하며 일차적 나르시시즘과 함께 자아가 존재하도록 조건지우는-이 모든 사람에게 존재한다는 점을 환기시킨다. 로젠베르그에 따르면, 피학증은 모든 대상관계에 관여돼 있으며 대상관계를 가능하게 만든다. 즉, 피학증은 자극 및 자극 긴장을 견딜 만한 것으로 만듦으로써 이것들에 대한 리비도투여를 가능케 한다. 피학증은 기다림을 허용함으로써 그리고 욕동의 현실원칙 차원에 부응함으로써 불만족스런 관계, 비즉각적인 방출, 만족 지연 등을 가능하게 한다. 결과적으로 피학증은 모든 주체에게 사랑관계를 지속할 수 있는 능력을 부여한다. 사랑관계에서 일차적 성감발생의 핵인 피학증의 핵이 차지하는 비중에 관한 평가는 매우 중요하다. 한편 로젠베르그는 욕동의 묶기가 투사에 선행하듯이, 피학증이 가학증에 선행한다고 보았다. 우선 피학증이 있고 그것이 외부로 투사되어 가학증이 되기 때문에 가학증은 투사된 피학증이요, 대상을 통해 투사적으로 경험된 피학

49) B. Rosenberg, *Masochisme gardien de la vie, masochisme mortifére*, Paris, puf, "Monographies de psychanalyse", 1991.

증이다. 피학증은 일차적 가학증과의 관계 내에서 불가피하게 나타나는 방어로, 이러한 방어(피학증의 외부로의 투사)가 사용되지 않으면 피학증이 온통 자리를 차지해 자아를 대상으로부터 고립시킬 뿐 아니라 매우 파괴적이 된다.

나는 커플 안에 노출증/관음증 또한 다양한 형태와 비중으로 존재한다는 점을 지적하고 싶다.

주요 갈등

모든 커플 안에서 다양한 리비도 투여, 상호 동일시, 투사 등이 일어난다. 또 중요한 구조적 갈등과 일시적 갈등들이 커플의 역동을 조직한다. 또한 커플 가운데는 동질성/이질성, 자아/대상, 에로스/죽음욕동, 자기보존/성욕, 자기애성/대상성, 전성기기적 특성/성기기적 특성, 남성성/여성성, 양성애/동성애 등의 대립이 존재한다.

위 사항들은 이미 다루어졌거나 앞으로 다루게 될 내용으로, 여기서는 간주체적 관계에서 큰 비중을 차지하는 동질성/이질성, 남성성/여성성 등의 주된 갈등만을 몇 가지 살펴보자.

동질성/이질성 갈등

이 갈등은 자아와 비자아 간의 차이, "일방1' Un(=the One)"과 "타방1' Autre(the Other)" 간의 비중 있는 일차적 상이성에서 기인한다. 축소될 수 없으며 자기애적인 면에서 수용하기 힘든 이 차이는 간주체적 차원에서 모든 커플의 구조적 갈등을 형성한다. 그린은 "타자성을 인식하는 고통" 과 "타자가 될 수 없음에서 비롯된 상처" 가 존재한다고 보았다. 파트너 각인의 자기애가 궁극적으로 추구하는 목표가 "자기애적 합일" 의 융합상태에서 일차적으로 경험되는 차이의 제거에 있다면, 동일시는 "타자성에 대한 부정 반응" 이다.

장 쿠르뉘(2001)에 따르면, 분리를 가져오기 때문에 거북스럽게 느껴지는 이런 큰 차이점(상이성)은, 사고를 하고 자신을 표상하는 데 필요한 공간을 열어준다는 점에서 건설적이다. "타자성이 없다면, 우리는 나 자신을 표상하지도 나 자신을 인지하지도 나 자신을 확인하지도 못한다. 타자성은 필수적이며 이러한 대가는 반드시 치러져야 한다. 여기서 대가란 다름이라는 대가, 차이가 불러오는 온갖 혼란이라는 대가다. 왜냐하면 다름은 이미 성별 차이로 나타나며, 이것은 타자가 갖고 있는 표상될 수도 사고될 수도 없는 어떤 것을 부각시킨다. [...] 인간이 부딪치는 벽도 바로 이 표상될 수 없는 것, 사고될 수 없는 것, 미지의 것 등이다."[50] 더구나 타자성은 필요한 것이지만 동질성에 대한 위협을 의미하며, 모든 주체의 자기애적 전일성(정교화하기 어려운)에 대한 위협을 의미한다. 그런데 쿠르뉘는 그린과 달리 타자성을 오이디푸스 삼각관계 안에 위치시켰다. "성별과 세대가 다르다는 점에서, 이것은 삼자三者 간 내의 타자성이다. 세 사람 중 두 사람은 성별이 같고 나머지 한 사람은 성별이 다르다. 그리고 세 사람 중 두 사람은 세대가 같고, 나머지 한 사람은 다른 세대에 속한다."[51]

남성/여성 갈등

남성/여성이라는 정신성적psychosexuel 쌍은 사춘기에 형성된다. 능동성/수동성 쌍이 형성되는 항문기, 남근/거세 쌍이 형성되는 남근기를 지나 사춘기에 남성/여성 쌍이 형성된다. 항문기와 남근기에 형성되는 두 쌍과 달리 남성/여성 쌍은 성별 차, 곧 정신내적 간주관적 갈등의 대상이 바로 남성/여성 간의 진정한 상이성에 있음을 일러주며, 이는 커플 변천사에서 가장

50) J. Cournut, *Pourquoi les hommes ont peur des femmes* (2001), Paris, PUF, "Quadrige", 2006, p. 51.
51) *Ibid.*, p. 35.

중대한 갈등 요인이 된다.

쿠르뉘는 먼저 남성/여성 쌍을 남자와 여자가 지니는 속성 전체를 가리키는 남성성/여성성의 쌍과 구별할 것을 제안했다. "남성성은[...] 남자들의 신체적 심리적 특성 전체와 특히 그들이 상실을 두려워하는 속성들을 포괄한다. 강하면서도 취약한 남성성은 언제나 거세의 위협 아래 있으며 남성성은 바로 이 거세에 항거한다[...]. 여성성은 여자들이 갖고 있는 속성들의 총합으로 아름다움, 품위, 장신구들로 그 빛을 발한다. 한 여자의 여성성이란 부족함이 없고, 부유하고, 거세를 상기시키거나 불안을 야기하지 않으면서 남성의 욕망을 일깨우도록 적절히 모든 걸 갖추고 있음을 뜻한다."[52]

쿠르뉘에 의하면, 남성성과 여성성이 속성이나 자질을 뜻한다면 남성과 여성은 인간 범주를 가리키는 것으로, 이러한 인간 범주는 두 성별 모두에서 발견된다. 프로이트에 따르면 남성은 능동, 가학, 남근 등 일련의 자질에서 파생된 용어로 이것들 각각은 욕동의 진화 속에서 작용하며 구조 안에 포함된다. 여성은 수동, 피학, 거세에서 기원하며 이것들로 구성된다.

쿠르뉘는 표상될 수 있고 거세불안을 야기하는 거세된 여성과, 향락을 누리고 표상이 불가능하므로 불안을 야기하는 여성을 서로 구별한다. 한편 여성은 남자나 여자 모두에게 에로틱-모성을 의미한다.

나는 여기서 여러 면에서 남자들에게 두려움을 주는 여성에 초점을 맞추면서 남성/여성 간 갈등을 탐색하고자 한다. 남자에게 두려움을 주는 여성의 이런 점이야말로 남성/여성 갈등을 복잡하게 만든다. 이에 대한 대답을 시도하면서 쿠르뉘는 에로틱-모성의 총합으로 정의되는 여성을 남자들이 결코 표상할 수 없다고 본다.

"프로이트에 의하면, 남자들이 여자들을 "거세된 여성" 의 화신이라고

---

52) *Ibid.*, p. 64.

믿는 한 여자들은 거세 불안을 일으킨다. 이러한 공포를 물리치기 위해 남자들은 여자들을 장신구와 페티쉬와 미덕과 모성으로 치장하고, 여성의 남근적 광휘 안에서 여자를 치켜세운다("여성은 모든 걸 갖고 있어. 여성에겐 부족한 게 없지"). 이러한 공포를 물리치는 또 다른 방법은 남자와 여자 모두의 쾌락을 극대화하기 위해 여성의 성을 이용하는 것이다."[53)]

그러나 여성은 또한 향락 중인 여자의 에로틱한 신체와 관려된 표상될 수 없는 어떤 것이고, 어머니 배와 관련된 표상 불가능한 어떤 것이며, 또 항상 전능한 어머니 인물의 참을 수 없는 부재를 뜻하기도 한다. 사실 이러한 어머니의 부재는 초기 외상을 형성하며, 이 외상은 언제나 실제하지만 결코 정교화 되지도 표상화 되지도 못한다. 이는 프로이트가 1925년에 『억제, 증상 그리고 불안』에서 "실제 신경증의 핵"이라 불렀던 것이다. 코르뉘는 이러한 신경증의 핵이 에로틱-모성을 지닌 여성 안에 포함돼 있고 "멜랑콜리의 핵"의 근원이 된다고 말했다. "아이는 이것을 반드시 극복해야 한다. 다시 말해 아이는 엄마의 부재에서 오는 공포를 조금씩 분리불안으로 변형시키고 다시 이 분리불안을 거세불안 (몸의 일부를 희생시켜 전체를 구할 준비가 된)에 한정시키는 법을 배워야 한다."[54)] 이것은 여자들이 할 수 없는 것이다. 그래서 여자들은 전체에 대한 상실, 대상 상실, 사랑의 상실에 더 취약하다. 그러므로 남자들은 "전체를 위해서 부분을 희생하는 것을 통해, 항구적이고 구조화 기능을 담당하는 공포증"으로서의 거세불안 덕에 이런 상실에서 오는 멜랑콜리의 타격으로부터 자신을 보호할 수 있다. 한편 쿠르뉘에 따르면 여자들의 표상 불가능성, 곧 그들의 "여성"은 아무 이유도 없이 아무것도 없는 채 완전 무의 상태로 유기될 가능성을 말한다. "여자들은 특별히 남자들을 두려워하지 않는다. 그녀들은 자신의 어머니로부터 그녀 자신을

53) *Ibid.*, p. 210-211.
54) *Ibid.*, p. 262.

보호하기 위해 남자들 곁에 머문다. 여자들이 근본적으로 두려워하는 것은, 그녀를 어떤 근본적 부재에 사로잡히게 하고 그것의 노예가 되도록 만드는 새로운 분리를 또다시 경험하는 일이다."[55] 쿠르뉘는 여기에서 특히 위기나 갈등 시에 커플이 기능하는 데 (흔히 경시되고 있으나 매우 중대한 영향을 미치는) 성별 차이를 구성하는 근본 요소 중 하나를 지적한 것이다.

『성의 여성적 기원에 관해Aux origines f ?minines de la sexualité』에서 자크 앙드레(1995)는 장 라플랑슈(1987)가 발전시킨 일반화된 유혹 이론에 근거해, 돌보고 사랑해주는 성인에 대해 수동적인 위치에서 불가피하게 유혹당하는 아이의 입장과, 이런 아이의 여성적인 입장(이런 여성성의 개념은 있는 그대로의 정신성적 주체의 형성이라는 개념과 밀접한 관계에 있다) 사이에 어떤 연속성이 존재한다고 가정했다. "성인의 이러한 유혹이 때 이른 여성성의 형성을 불러온다." 그리고 "그 자체로서 무의식적인, 이미 형성돼 있는 성인적 여성성의 침습은 아이로 하여금 수동적이고 유혹당하는 입장에 놓이게 하는데, 이것이 아이의 여성적 태도의 전조로 작용한다."[56]

따라서 아이는 침습에 영향 받게 되고, 앙드레에 따르면 원초적 여성성(소녀의 여성성만이 아닌)은 "아이로 하여금 일차적 침습에 가장 가까이에 머물게 하면서 [...] 첫 반응 혹은 어떤 표상, 곧 수동적이면서도 자극적이고 침습적이었던 이 첫 관계에 형태를 부여하는 방식으로서 여성성을 경험하게 한다 [...]. 페니스가 삽입된 여자와 성인의 사랑으로 "침습당한" 유아 사이의 관계는 유사성에 그치지 않는다. 그것은 특히 사랑/돌봄이 신체의 구멍을 통해 이루어진다는 데 있다."[57]

욕동의 매개물인 수동성은 유혹과 여성성을 연결한다. 그러나 욕동 목

55) *Ibid.*, p. 268.
56) J. André, *Aux origines f ?minines de la sexualité*(1995), Paris, PUF, "Quadrige", 2004, p. 19.
57) *Ibid.*, p. 5.

표로서의 수동성은 욕동적 표상들의 공격 앞에 선 자아의 수동성에서 기인하며, 이 자아의 수동성은 돌보고 사랑해주던 성인의 "삽입" 앞에 선 유아의 외상적 수동성을 계승한 것이다. 또한 앙드레는 내부에서 올라오는 낯선 몸인 무의식적 표상들이 자아 경계에 가하는 침습적인 공격과, 여성의 질에 삽입된 페니스 사이에는 비유적 관계에 그치지 않는 어떤 연속성이 존재한다고 보았다. 이것은 무의식적인 것, 내부에 있는 것, 여성적인 것을 서로 연결하는 또 다른 방식이며, 여성성에 대한 거부를 설명해 준다. 여성성의 정신발생학에 관한 앙드레의 가정은 그것이 향락과 삽입/침습을 서로 연결한다는 점에서, "피학증과 여성성 간의 관계에 존재하는 필연적 원초적 성격"을 뒷받침한다.

정신적 양성애

파트너 각인의 정신적 양성애 또한 모든 커플에서 작용한다. 이러한 양성애는 두 성을 모두 갖고 있다는 양성애 환상과 구별된다. 양성애 환상은 분리를 부인함으로써 성별 차이와 타자성을 부정하는 전반적 과대적 환상이다. 우리는 이런 양성애 환상을 포기하고 하나의 성을 수용할 수 있어야 한다!

정신적 양성애는 남성적 동일시와 여성적 동일시에서 기인한다. 그러나 남자의 여성(여성적 성향)은 여자의 여성과는 다르다. 여자의 남성(남성적 성향)이 남자의 남성과는 구별되듯이.

우리는 남자에게서 모성적 여성에 대한 동일시와 연결되는 일차적 여성, 혹은 젖가슴에 대한 일차적 동일시로부터 기인하는 "순수 여성"과, 부정적인 오이디푸스 때문에 작동하는 여성을 구별해야 한다. 여자의 경우는 모성적 여성에 대한 동일시가 어머니의 성기적 여성에 대한 동일시로 바뀐다. 남자의 양성애 또한 여자의 양성애와는 다르다. 이성 커플 안에서 남녀의 양성애는 어떻게 조합되는가?

정상적인 오이디푸스 하에서 양성애는 우리로 하여금 사랑관계를 적어도 네 요소(남녀 각각의 남성과 여성)의 결합 차원에서 바라보게 한다. 네 요소의 결합 가운데서 각각의 요소는 어떤 만족을 얻을 수 있어야 한다. 간접적 만족이든, 직접적, 환상적, 상징적, 승화적 만족이든 간에. 르메르에 따르면, 우정관계(욕동 목표의 승화 혹은 억제에 의한)의 토대인 동성애 요소는 커플이라는 이 특수한 우정관계에서 매우 중요한 역할을 담당한다. 동성애는 파트너 사이에서 다정한 애착의 매개물이 된다는 점에서 모든 커플에 없어서는 안 될 필수요소다. 부정적 오이디푸스의 산물인 이러한 동생애는 자기애성 대상 선택을 촉진하며 커플을 지속시키는 요인가 된다. 커플이 기능하는 데 이러한 동성애가 충분히 "사용되지" 않으면 커플 관계는 이 때문에 빈약해지고 파트너 각인은 커플 바깥에서 만족스런 대상을 찾게 된다.

크리스티앙 다비드(1992)는 그의 중요한 저서 『정신적 양성애La bisexualité psychique』에서, 양성애의 다양한 측면과 그것의 복잡성을 탐색했다. 양성애는 정신성과 관련해서 중요한 경험이 되며, 정신성화psychosexualisation와 정신-양성화psycho-bisexualisation는 인간다운 성을 탄생시킨다.

다비드에 따르면 성 정체성이 확고해지는 이러한 변별적 진화 과정(여기에는 자기애의 재공고화 및 불충분감의 악화가 뒤따른다)과 나란히 혹은 이에 거슬러서, "상대편 성의 보완적 구조들을 강조하는 형태로 정신성적 차이를 내재화하는 경향을 지닌 양성애적 움직임이 존재한다. 상대편 성의 구조는 각인의 정신 가운데 어떤 잠재력으로 존재하다가 일깨움의 기회가 왔을 때 개화되거나 재개화된다. 이러한 상대편 성의 현존은 태생적이라기보다 어떤 원초적 간주체성과 더 관련이 있는 것 같다."[58)]

다비드에 따르면 성별을 지닌 인간이 잠재적 형태로 상대편 성의 보완적 측면을 그 자신 안에 갖고 있다는 것은 사실이며, 이런 보완성 때문에 성적 관계가 가능해진다. "성적인 관계는 존재한다. 양성애가 존재하기 때문에 성들 간에 관계가 존재한다. 두 성별 각각의 불충분성 때문에 양성애가 존재한다. 각 성의 이러한 불충분성은 각 성에 의해 일종의 거세로 느껴진다. 양쪽 성 모두 남근을 갖고 있다고 자부하지 못한다."[59] 우리는 인간을 "결여에 사로잡힌" 결여된 존재라고 인정할 수밖에 없다. 정신적 양성애와 거세 콤플렉스 간에는 이렇듯 변증법적 시너지가 작용한다. 따라서 정신적 양성애는 간주체적, 성적, 정신성적 상호작용에서는 물론 간체계적intersystémique, 체계내적intrasyst émique 관계들 안에서 우리 각자에게 잠재적으로 매개자 역할을 한다. 한편 특정 성욕이나 실제 성별과 연결된 정신성을 희생시키면서까지 양성애가 지나치게 비대해질 경우, 양성애는 환상의 흐름과 리비도투여의 흐름에 장애물이 될 수 있다.

한편 다비드는 각인의 성의 경제학은 양성애의 공고화와 실제 성의 공고화 사이의 불안정한 관계를 토대로 한다는 점을 강조한다. 또한 그는 정신적 양성애의 통합이 만족스럽게 실현되었을 경우, 작동하거나 경험되는 성은 행동의 양성애로 이어지지는 경우가 거의 드물며 이성애 관계 안에서 남성적, 여성적 움직임의 방향을 유도하게 된다고 보았다. "다양한 여성, 남성 동성애가 존재하는 상황에서 진정한 한 무리의 군" 을 이루고 있는 배타적인 동성애 관계는, 거세 콤플렉스가 상당히 진행된 상태에서 이것의 변천 과정을 극복하지 못함으로써 흔히 발생하는 양성화 방향으로의 성숙 중단을 뜻한다.

58) C. David, *La bisexualité psychique* (1992), Paris, Payot & Rivages, "Petite Bibliothèque Payot", 1997, p. 50.
59) *Ibid.*, p. 59.

시기와 질투

시기심의 상호적 움직임은 앞에 소개한 멜라니 클라인의 탁월한 이론들을 통해 이해할 수 있다. 내가 보기에, 시기심은 파트너들의 형제간 콤플렉스가 커플 생활 가운데 질투라는 이름으로 재활성화된 것이라 할 수 있다.

프로이트가 바라본 질투

질투는 애도와 같이 정상적인 정동의 하나다. 그는 질투를 세 가지 형태로 구분했다: 경쟁적 혹은 정상적인 질투, 투사적 질투, 망상적 질투.

정상적인 질투는 사랑관계에서 작용하며, 상실했다고 느껴지는 사랑대상에 의해 야기된 고통으로 정의된다. 이러한 고통은 자기애적인 수치심과 자아 자체에 대한 자가비판, 사랑대상을 빼앗아간 라이벌에 대한 적개심과 연결돼 있다. 질투는 정상적인 오이디푸스와 형제간 콤플렉스를 재활성화하며, 많은 사람들은 이것을 양성애적으로 경험한다. 남자는 사랑하는 여자와 경쟁자에 대한 증오 때문에 고통이 생기지만, 무의식적으로 사랑했던 남자에 대한 강화된 애도 효과 혹은 경쟁자인 여자(부정적 오이디푸스의 재활성화)에 대한 증오가 있을 수 있다. 투사적 질투에는 외도에 대한 무의식적 환상들이 존재한다. 이때 자신이 느끼는 유혹들을 부인함으로써 본인의 충동들을 상대방에게 투사하는 일이 일어난다. 망상적 질투는 망상적 정신증의 예에서 볼 수 있다.

오이디푸스 콤플렉스와 형제간 콤플렉스

오이디푸스 콤플렉스와 형제간 콤플렉스 – 원초적이고 오이디푸스적인 형태들Kaës, 2008–는 정신적으로 커플을 형성하는 중요한 조직 요소다. 여기서는 커플 파트너 사이에서 이 요소들이 어떤 관계를 맺는지 살펴보자.

모든 주체에게 삼각구도의 삶을 조직하는 오이디푸스의 역할–커플과 "타인들의 세상"(즉, 커플 외부의 사회적 세계) 사이에서 이성애 혹은 동성애적 리비도투여를 배분하는–은 논외로 치고 이후 챕터에서는 오이디푸스가 사랑대상의 선택이나 커플 생활의 구조화 양태에 어떤 영향을 미치는지 살펴볼 것이다. 또 흔히 과소평가되는 요소로 형제간 콤플렉스가 커플 파트너의 선택이나 커플 생활에서 담당하는 역할도 살펴볼 것이다.

환상들

비온과 앙지외를 참조할 때 우리는 커플을 여느 집단처럼 두 수준에서 작동하는 집단, 환상들이 작용하는 집단, "작업 집단" 적 집단 즉 "기술적 극pôle technique" 의 집단으로서 개념화할 수 있다. 커플에 관한 최신의 프랑스 이론들에 일부 기대면서, 나는 커플의 환상적 차원이 다양한 수준에 개입되고 있음을 보여주고자 한다. 무엇보다 상대방의 환상과 공명하는 파트너 각인의 환상과, 본래 각인이 갖고 있던 환상이 커플을 조직하는 역할을 담당한다. 더구나 레브리의 형태로 커플 간에 일어나는 의식적이고 공유된 환상의 순환은, 풍요로우면서도 무의식적인 "상호적 환상interfantasmatisation" 과 더불어 자극과 마비의 영향을 미치면서 커플 안에서 작용하고 커플의 구조 형성에 기여한다. 이러한 환상의 교류는 특히 커플이라는 집단의 현실(=공유된 정신적 현실)에 걸맞은 타협 형성(커플 문화에 관한 신화, 이데올로기 등)을 가져온다. 카이오Caillot와 드쉐르프Decherf에 의하면, 이런 환상의 교류는 또한 커플에 대한 환상, 곧 파트너 각인 안에 커플-대상(이는 자기애성 리비도가 투여된 대상으로서, 공통된 하나의 몸과 하나의 정신으로 구성된 상상적 표상임)이라는 환상을 불러온다. 또한 앙지외에 따르면 커플은 모든 집단과 마찬가지로 파트너 각인이 그 구성원으로서 스스로를 인지하는 하나의 살아있는 몸으로 경험되며, 이 몸에 대한 환상은 구강적 특성이 우세하다는 점을 기억하자: "이 집단은 한 개의 입이다." 집단 고유의 현상인, 한 몸이라는 환상은 집단 구성원들 간의 공생적 연합(원초적인 어머니 자궁 내에서의)이라는 이상향적인 향수에 화답한다. 적실성 있는 이 관념에 대해서는 이후 더 논의하도록 한다.

투사와 동일시

일차적, 점착적, 투사적, 내사적 성격의 투사들과 동일시들은 커플 구조화에 기여하며 두 파트너 간 정신적 경계들을 부분적으로 무너뜨린다. 투사와 동일시가 파트너 각인의 자아는 물론 간주체적 관계에 미치는 다양한 영향 또한 명시할 필요가 있다. 카에스는 다양한 양태로 투사와 동일시가 환상적 공명 현상과 상호환상화를 기초로 한 과정들을 형성한다고 강조했다. 또 투사와 동일시는 커플 특유의 정신적 실체를 형성함으로써 파트너들의 "정신을 장치화" 하는 데 기여한다. 투사와 동일시는 내재화된 대상에 대해 방어적 기능을 할 뿐 아니라 자아를 위해서도 기능한다는 점도 기억하자. 이 점에 관해서는 좀 더 설명이 필요하다.

투사와 관련해서, 앙드레 그린은 사랑관계의 당자자 각자는 상대방의 투사된 표상들을 수용하는 지지대에 불과하다고 보았다. 각인은 자신의 투사들을 통해 상대방이 그를 표상하도록 만들지만, 문제는 양방에서 이루어진 투사들 간의 관계다.

동일시의 영역은 광범위하다. 동일시는 한 타인에 대한 애정어리지만 애초부터 양가적인(구강기의 부산물이므로) 관계에 대한 일차적 표현으로, 여기에는 함입의 환상이 강하게 작용한다. 동일시는 한편으로는 내사-하나의 대상 및 그것의 속성들이 자아를 변형시키지 않은 채 자아 내로 들어오는 현상-와 구별되어야 하고, 또 한편으로는 내재화-정신내적인 관계로 변형된, 간주체적 관계들과 갈등들에 관련된 현상-와 구별되어야 한다.

이제 동일시가 커플 구성에 미치는 현상을 더 잘 이해할 수 있도록, 동일시의 특성과 그것의 본질적 기능을 살펴보자. 특히 피에르 뤼케Pierre Luquet[60](2003)의 귀한 저작 『동일시Les identifications』를 중심으로 살펴보기로 한다.

뤼케는 먼저 자아의 자기애적 팽창 욕구, 대상을 향한 욕구와 관련된 초기 자기애성 외상, 대상의 현실적 부재와 구조부여의 기능을 가진 대상의 상실에 맞서 동원되는 핵심 방어기제로서의 내사, 모든 주체에게서 발견되는 자아 경계들에 대한 리비도투여의 개념 등을 언급했다. 주체는 이렇게 외부 세계의 보다 큰 부분을 포용함으로써 팽창될 수 있다.

동일시는 하나의 대상관계로, 여기서 주체와 대상은 리비도의 움직임을 통해 결합된다. 뤼케는 자아 전반 안에서 이루어지는 동일시와 자아 경계들 일부에서 이뤄지는 동일시를 구분하는데, 후자의 경우가 커플의 구성과 특히 관련이 있다. 따라서 전반적 동일시는 "동화assimilation"에 해당하고 자아 경계의 일부가 팽창되는 형태의 동일시는 "이마고적 함입", 즉 이마고의 형성 혹은 자아 안으로의 함유inclusion라고 볼 수 있다. 따라서 대상이 자아의 구성요소가 되는 과정인 대상의 동화 과정에서는 대상과의 융합이 일

60) P. Luquet, *Les identifications*, Paris, PUF, "Le Fil rouge", 2003.

어나고 자아가 대상의 기능을 담당하는 현상이 벌어진다. 또한 뤼케는 대상이 자아를 변경시키는 일 없이 내적 대상으로 머물러 있기도 하므로, 내사가 반드시 동일시로 연결되지는 않는다는 점을 지적했다.

뤼케는 동일시의 다양한 기능 중 자아와 대상의 보호 기능, 즉 자아의 조직에 있어 동일시가 담당하는 방어적 기능, 불만족을 방지함으로서 만족에 참여하는 기능, 동일시 대상이 되는 사람에 대한 공격을 저지하는 기능, 타인이 느끼는 감정들을 알고 이해하는 기능 등을 언급했다. 동일시의 에너지는 모두 이러한 방어적 기능들 속에서 표출된다.

뤼케는 자아에 동화된 것 중 자아의 욕동 억제 기능이 중요하다고 강조했다. 실제로 욕동의 방출은 자아와 대상을 위험에 빠뜨린다. "자아가 자신의 욕망 억제 가능성을 발견하는 것도 대상관계라는 틀 안에서다. 자아는 장애물들을 자아 이익을 위해 활용하는 경향이 있다. 여기서는 대상-자아에게 욕동을 억제하도록 해주는, 보호자적 대상으로서 경험되고 금지기능을 수행하는 대상들에 대한 동화를 통해서 이런 경향성이 획득된다."[61] 우리는 르메르가 제안했던 커플 구조화라는 방어적 개념의 몇 가지 토대를 여기서 볼 수 있다.

자아의 진화, 리비도의 조직, 대상관계 등에 따라서 르메르는 자아의 구강기적 움직임, 통제와 제한 위주로 다양한 내사 형태를 보이는 항문기적 움직임, 오이디푸스적 움직임 등을 구분했다.

후기에 이뤄지는 동일시는 복잡한 현상으로 나타나는데, 특히 다음 요소들을 전제로 한다: 동일시 대상에 대한 분명하고도 외재화된 표상, 동일

61) *Ibid.*, p. 10.

시 대상의 여러 측면 중 하나만이 선택되는 분할기제, 항문기적 구조의 존재 덕에 선택적으로 행해지는 내사(있는 그대로 선택된다는 점에서 좋은 내사임), 현실 대상의 기타 요소들에 대해서 행해지는 역동일시contre-identification.

내재화된 대상이 자아의 방어적 구조화에 동참한다는 것은, 커플의 구조화 양태나 정신적 기능들을 이해하는 데 뤼케가 기여한 점이다.

제한적이고 부분적으로 일어나는 후반기의 동일시인 히스테리성 동일시와 달리, 투사적 동일시와 같은 자기애성의 동일시들은 대량적으로 이뤄지며 특히 커플이 기능하는 데서 활발히 이뤄지는 동일시들이다. 이러한 투사적 동일시는 "간주체성의 작업"에 동참하며 카에스가 지적했듯이, 새로운 유형의 무의식적 갈등-주체와 주체의 정신의 일부(대상이 주체로부터 떼어내서 가져간) 사이에서 일어나는 갈등-을 불러온다.

융합 및 공생적 측면

융합 및 공생적 측면은 태아 상태, 곧 어머니 자궁 속으로의 퇴행 욕망과 위니캇이 "어머니-유아 쌍"이라 불렀던 공생 상태로의 퇴행 욕망에 해당한다. 그륑베르제의 관점에서 볼 때, 파트너와의 이런 "자기애적 합일"의 추구는 우리 각인이 일찌감치 잃어버린 "자기애적 통합의 회복"을 목표로 하며, 파트너들의 무의식 안에서 남근 이미지로 표현되는 "자기애적인 충만" 상태를 실현한다. 위니캇적 관점에서 볼 때 일차적 나르시시즘에 해당하는 이러한 되찾은 합일 상태는 또 "순수 여성"에 해당한다. 순수 여성이란, 전능감의 경험을 기초로 한 경험으로 자기감을 느끼게 하고 주체/대상 간의 비욕동적 일치감을 느끼게 해주는 경험이다. 이런 순수 여성의 경험은 욕동적 대상관계를 특징으로 하는 "순수 남성masculin pur"의 경험과는 정반대된다. 실제로 우리는 두 개의 극을 중심으로 커플이 구조화된다고 상정할 수 있다. 한쪽 극은 자기애적이며 집단적이고 무갈등적인 극으로 전능환상적인 대량의 자기애성 리비도투여가 일어나며, "커플의 자기감" 을 부여하는 자아/대상 간 동질성을 토대로 한 "순수 여성" 의 극이다. 또 하나의 극은 대상관계적이며 간주체적인 갈등의 극으로, 에로틱하고 공격적인 자기애성의 리비도투여가 일어나는, 분리된 자아/대상 간 욕동 관계를 토대로 한 "순수 남성" 의 극이다. 결국 "커플의 총체적 자기soi total conjugal" 를 구성하는 이러한 양극적 구조화는 "커플의 양성애" 를 표현하다고 할 수 있다.

이런 융합 및 공생의 측면들은 성욕을 자극하지만 이인증적인 불안을 야기하기도 한다. 이러한 점 때문에 커플 가운데서는 융합에의 욕구(집단성의 자기애적인 극)와 필요한 방어적 거리 유지(대상관계적이며 간주체적인 극) 사이를 오가는 항구적 움직임이 나타나게 된다. 따라서 로젠베르그가 말한 대로 에로스와 죽음욕동 간의 조합 비율은 가변적일 수밖에 없다. 자기애적인 극은 에로스가 우세하지만 자아 경계들을 파괴할 수 있는 잠재력을 갖고 있다. 한편 대상관계적인 극에서는 에로스와 죽음욕동 간의 대항적 관계가 간주체적인 관계를 구조화하며 "자아의" 경계들을 보존한다.

커플 내에서의 전이

전이는 전치이자 하나의 세력이며, 과거에 일어난 리비도투여 경험들을 무의식적으로 반복하고자 하는 하나의 강박이다. 전이는 이미 프로이트가 "전이 사랑에 관하여"(1915)에서 언급한 현상으로, 커플의 정신 생활 속에서 지속적으로 강력하게 작용하며, 사랑대상의 선택에 관여하고 파트너들이 특히 유아적 환상의 시나리오들을 재현하도록 부추긴다.

쿠르뉘에 따르면 전이는 프로이트가 제시했던 인간관을 보여준다. "실제 삶에서 인간은 직접 화법으로만 말하거나 살지 않는다. 언제나 또 다른 장면, 또 다른 의미, 또 다른 세력, 어긋나있는 시간성, 사후효과, 사람들, 원형적 이미지들, 욕동의 얽힘intrication과 묶기-풀기 및 전이 안에서 끊임없이 움직이는 정신 등이 존재한다 [...]. 프로이트의 천재성은 현재의 모든 담론이 과거 사람들에게도 말을 건다는 것을 이해했다는 점이다.[62]

이것들은 커플의 삶 가운데서 우리가 발견할 수 있는 것들이다. 커플의 삶 속에는 다양한 장면들, 다수의 사람들, 다양한 시간들이 서로 만나고 얽힌다.

대상관계

대상관계의 여러 측면을 고려해 볼 수 있다. 그런데 어떤 대상들인가? 외적 대상인가 내적 대상인가? 현실 대상인가 환상적 대상인가? 부분 대상인가 총체적 대상인가? "좋은" 대상인가 "나쁜" 대상인가? 자기애적 대상인가 에로틱한(욕동) 대상인가? 어떤 유형의 관계이며 어떤 형태의 리비도투여가 우세한가? 현실적 대상관계인가 환상적 대상관계인가? 전체 대상관계인가 부분 대상관계인가? 전성기적 대상관계인가 성기적 대상관계인가? 자기애적인 관계인가 대상적 관계인가? 자기애성 리비도투여인가, 에로틱한 리비도투여인가, 공격적 리비도투여인가, 이성애적 리비도투여인가, 동성애적 리비도투여인가, 욕동의 목표 측면에서 승화되고 억제된 리비도투여인가? 우리는 커플이 조직되고 기능하는 데서 다양한 양태와 수많은 대

62) J. Cournut, *op.cit.*, p. 169.

상관계를 볼 수 있다. 구조화 기능을 수행하는 안정적 대상관계들이 있는 반면, 커플의 우여곡절은 물론 파트너 각인의 정신적 삶의 상황들에 내재된 가변적 대상관계들도 존재한다.

구강기적 대상관계와 항문기적 대상관계와 관련해서는 그룅베르제와 모리스 부베Maurice Bouvet의 개념들이 특히 유익하다. 자아/대상 간의 일차적, 구조적 갈등에 관해서는 앙드레 그린의 이론을 중심으로 살펴보자.

먼저 부베의 개념들을 간략히 정돈해 본다.

부베는 먼저 자아, "욕동의 균형", 대상관계들 사이에 서로 얽히는 관계가 존재한다고 보았다. 그는 이 얽힘의 관계를 주체가 "유의미한" 내적, 외적 대상들과 맺는 관계체계라고 정의했다. 그는 이런 대상관계들을 고착, 퇴행, 투사, 내사, 환상 활동, 대상관계의 도구들, "대상과의 거리두기"(이것은 "가까이 가기"와 "밀쳐내기"를 통해 이뤄지는데, 이는 조정과 "조절"의 기제들로 특히 이인증의 출현을 막기 위한 방어기제다) 등에 따라 크게 전성기기 대상관계와 성기기 대상관계로 구분했다. 부베는 또한 동일한 주체 안에서도 다양한 대상관계의 수준과 자아 구조가 존재한다는 것을 언급했는데, 이는 커플을 이해하는 데 특히 유용하다.

부베에 따르면 대상관계는 대상적 관계임과 동시에 자기애적인 관계로, 이중의 욕동 리비도투여가 일어난다.

성기적 대상관계는 정상 상태임을 명시해 주며, 오이디푸스 갈등 위주의 신경증적인 구조물들은 타자성을 인정하는 가운데서 대상의 현실을 받아들이는 총체적 대상관계로 발전해 나간다. 전성기적 대상관계들은 구강기, 항문기 등의 전성기기 단계들에 고착됨을 의미한다.

부베에 따르면 전성기적 대상관계는 대상에 대한 절대적 필요와 숨 막히는 속박을 그 특징으로 한다. 인격의 상당 부분이 성기기 이전 단계에 고착됨으로 인해 정상적이고 충만한 성적 관계, 곧 사랑은 주체가 자기 인격의 경계를 포기하고 타인과 일시로 융합하는 밀접성을 띠게 된다. 전성기기 단계에 고착된 주체들에게 사랑은 실제로 파괴이자 주체의 통합을 위협하는 것이다. 이것이 전성기적 대상관계의 전형적 딜레마다.

그룅베르제는 구강기와 항문기적 대상관계(부베가 전성기적 대상관계로 간주한)에 대해 숙고하면서 변증법적 역동성을 지닌 전성기기성prég ?nitalité의 존재, 곧 구강기성과 항문기성의 대립을 언급했다. 그는 구강성이 나르시시즘, 곧 출생 이전 시기에 기원을 두고 있으며, 출생 이전과 출생 이후 사이의 "경계"에 위치한다는 점을 고려해야 한다고 말했다. 구강성은 양가성 이전 단계 즉 대상없음anobjectale의 단계에 해당하며, 양가적 단계는 가학-항문기의 가학적 요소들의 침투와 관련이 있다.

구강적 대상관계는 주체/대상 간 융합이 특징적이며, 구강성은 주체로 하여금 "그의 보완물과의 진정한 합일"을 형성하게 한다. 구강적 대상관계는 모호하고, 불확실하나 절대적이고 무제한적이다. 구강성은 대상을 있는 그대로 보지 못하게 하며, 대상 고유의 속성이나 대상의 자아 즉 대상의 경계들을 보지 못하게 만든다. 구강성의 세계는 열린 세계이며 따라서 구강적 대상관계에서는 이러한 열림과 경계 없음이 우세하다. 이러한 구강적 융합관계에서는 주는 것과 받는 것이 등가적이다. 구강성은 교환 원칙이나 가치의 위계질서를 모른다. 구강성은 즉각적이고 완전한 만족을 추구한다. 구강적 사랑관계는 욕동 성숙의 측면에서 볼 때 피상적이다. 이러한 사랑관계는 본연의 성적 차원보다는 정서적 수준에서 강렬하게 경험된다.

항문기적 대상관계는 어떠한가?

그룅베르제에 따르면, 항문기적 대상관계는 항문 통제와 괄약근의 움직임을 토대로 한 보유rétention를 그 기본 요인으로 한다. 그룅베르제는 또 모든 대상관계에는 항문기의 에너지를 바탕으로 한 항문기성 요인이 존재한다고 본다. 이러한 배변적 대상은 그 기원을 멀리 항문기에 두고 있지만, 이런 항문기성은 이제 당연한 것이 된다. 대상은 자기애적이면서 동시에 대상성을 지닌 배변적 대상으로, 조종 가능한 대상이자 통제와 쾌락의 원천이다.

그룅베르제에 따르면 이러한 항문기적 대상관계의 본질적 특징은 주체에게 자기애적 통합감을 가져다주는 대상에 대한 통제에 있다. 항문기성은 대상의 전면, 혹은 대상보다 상위에 위치한다. 따라서 항문기성은 대상에게 주체로서의 지위를 허락하지 않으며, 대상과의 관계에서도 일정하게 거리를 유지한다. 대상은 주체의 특정 기능들을 지지하는 지지대에 불과하고 호환이 가능하므로, 대상 고유의 속성이나 본질은 별로 중시되지 않는다. 이러한 항문기적 대상관계는 전형적인 주체/대상 간의 관계로, 구강기적 관계와는 달리 차등과 가치 위계 및 미래의 조직과 위계 구조를 토대로 한 전형적인 사회적 관계다. 모든 인간 활동의 구성 형태는 이 항문기성과 관련이 깊다.

위의 설명들을 바탕으로, 우리는 구강기적 요소와 항문기적 요소가 다양한 조합비율로 서로 대립하거나 시너지를 일으키면서 커플 구성에 기여한다고 볼 수 있다. 커플의 구성에 있어서는 특히 구강적 요소가 커플의 환상적인 면인 "집단적" 측면-하나의 몸과 공동의 정신으로 이루어진 상상적 표상-에서 강하게 작용한다. 반면 항문기적 대상관계는 간주체적, 갈등적 측면이 우세하고 이것들이 커플의 삶과 "작업 집단으로서의 커플"을 조직하는 기능을 담당한다. 이 점에 관해서는 이후 다시 다룰 것이다.

앙드레 그린과 자아/대상 갈등, 경계성 환자의 예

먼저 그린에 따르면 대상관계는 대상 표상, 대상표상에 상응하는 정동, 자아 표상과 결부되지 않은 자아의 정동을 포함한다. 사실 자아의 표상들은 자기애성 리비도투여를 통해 자아 표상들로 변신하는 대상 표상들이다.

자아는 일련의 작동들(지각, 표상, 동일시)을 비교적 항구적인 리비도투여 체계와 연결시킨다. 이 항구적 리비도투여 체계는 대상 상실에 의해 동요될 수 있다. 본래 이드 만족의 목표물이었던 대상은 여러 면에서 자아 불균형, 곧 외상의 원인이 된다. 바로 여기에서 외상-대상objet-trauma이라는 표현이 나왔다. 실제로 자아는 두 개의 상반된 경향에 이끌린다. 하나는 자아의 해체 위험에도 불구하고 대상과 완전한 합일을 추구하는 경향이고, 다른 하나는 자아가 의존하는 그 대상으로부터 자아 자체를 분리하려는 경향이다(이러한 의존 상태는 수용할 수 없는 것이자 자아 해체의 효과를 발휘하므로). 자아와 대상 간의 관계 문제는 자아/대상의 공존에 관한 문제이자 자아/대상 간의 내적, 외적 경계의 문제다. 자아와 대상 간의 이러한 경계는 이드와 자아 사이의 경계와 공명한다. 따라서 대상이 자아에게 자아 기능 방식의 변경을 강요하거나, 대상의 통제 불가능성으로 인해 자아에게 외상의 원천이 되는 한에서, 대상은 자아에게 하나의 위협이 된다. 따라서 자아가 고통스럽게 의존하고 있는 대상은 변화무쌍하고 알 수 없고 예측이 불가능한 대상이 된다. 이러한 대상은 자율적 대상이지 자기애적인 대상이 아니다. 결국 대상을 수용한다는 것은 대상의 가변성과 변천사를 수용하는 것이다. 즉, 대상이 주체의 자아를 침습하고 또 떠나감으로써 침습 불안과 분리 불안을 다시 활성화할 수 있음을 받아들이는 것이다. 자아와 외상-대상 간의 갈등이 불가피한 것은 바로 이 때문이다.

3장

커플의 "자연사적" 변천

모든 커플에는 광대하고 복잡한 역사가 따르기에, 본장에서는 커플 변천사에서 중대한 변화와 성숙의 단계들을 중심으로 살펴보기로 한다. 첫 만남, 파트너 선택 조건, 커플의 구조화 방식, 커플의 초기 단계, 갈등의 정신적 과정과 커플 진화의 측면을 생각하게 해주는 위기 단계 등을 살펴보고, 또 가정 내의 세계와 역할 분담, 소통, 갈등, 부부 리듬과 성생활 등을 중심으로 커플 고유의 문화와 정체성이 형성되는 과정도 살펴볼 것이다. 자녀를 갖고 싶은 욕망과, 자녀 출산과 더불어 커플이 가족의 지위로 옮겨가는 이행기 및 이것이 커플 및 각 파트너의 경제와 정신 역동에 미치는 영향 등도 탐구의 대상이다. "선택" 에 의한 것이건 불임에 인한 것이건 무자녀 커플의 형성 원인과 그것의 영향 등도 살펴볼 것이다. 자녀의 출생과 더불어 가족이 확대된 경우도 살펴볼 것인데, 자녀들의 생애 주기에 따라 그리고 각 가족 구성원이 경험하는 다양한 사건들로 인해 야기되는 가정 내 정신역동의 불균형 및 이것이 커플과 가족 경제에 미치는 영향도 살펴볼 것이다. 마지막으로 커플의 노화라는 중대한 변화의 시기를 고려하면서 노화가 가져오는 영향들과 노년기 부부의 핵심 문제도 짚어보기로 한다.

일반 사회학적 관점에서 바라본 커플의 주기

사회학자들에 의하면 생애 주기는 아동기, 청년기, 장년기, 노년기 등 연령대에 특이적인 사회화에 의해 구분된다. 부부의 생애 주기는 전반적인 생애 주기 안에 포함되는데 대개 청년기에 시작된다.

사회학자 J.-C. 카우프만은 커플의 주기에 여러 단계가 있다고 말했다. 1. 발견의 시기 2. 모호함의 시기 3. 안정의 시기.

앞에서도 언급한 바 있듯이 개인주의로 팽배한 현대 서구사회는 사회 주민들에게 사유, 자기 발견, 진정한 자기감각, 개인적 성취, 자율성, 제도적인 구제 없이 사생활과 일상생활을 조절하는 것 등의 미덕을 요구한다. 청년들에게 중요한 것은 자유로운 삶과 젊음의 유지이며 그들이 고민하는 것은 너무 빨리 안락한 커플 생활에 갇히거나 잘못된 파트너를 선택하는 일이다. 요즈음 청년들이 결혼을 미루고 커플 생활에 "서서히 조심스레" 들어서는 것도 바로 이 때문이다.

발견의 시기

커플 주기의 첫 번째 단계는 바로 발견의 시기, 쌍방 모두의 '인생을 바꿔놓는' 만남의 시기다. 이제 막 태어나는 커플은 마치 시공간 밖에 있는 것처럼 들떠있는데 이게 바로 커플 초기의 고유한 속성이다. 모든 것이 강한 감정으로 투여된 둘 관계를 위주로 돌아가고 이런 관계가 두 사람을 연합시키고 각인의 정체성을 완전히 바꿔놓는다. 이는 또 불안을 야기하는 요인이기도 하다. 요즘 시대에 커플의 형성은 결혼을 대신한 성적 관계의 시작으로 특징지어진다. M. 보종이 지적한 것처럼 때 이른 성은 관계의 시작, 유대의 형성을 뜻하며 커플의 형성을 지연시킨다. 보종은 이런 현상을, 커플 관계를 연장할 의도가 없는 현대의 "성적 개인주의"라 명명했다.

모호함의 시기

이 두 번째 단계는 "정체성을 상호 재규정하려는 모험"(이상적인 경우는 바로 사랑의 모험)을 통해 이러한 관계를 충분히 경험하려는 두 파트너 간의 관계적 역동으로 특징지어진다. 동거라는 진정한 커플의 삶으로 이행하면서 커플은 각 개인에게 속한 물건들을 한 공간 안에 기꺼이 합치기 시작한다. 그러나 이런 가벼운 살림 합치기는 모든 물건을 정리하는 데 이르지 못하고 각자의 다른 라이프스타일이 충돌하는 지점이 될 수 있다. 카우프만에 의하면 공동의 가제도구 중에서 "가정의 공동체화"를 촉진하고 커플 생활에 새 시기를 도래케 하는 것은 바로 세탁기다. 여태껏 혼자 감당했던 빨래감들이 배우자 간에 서로 섞이는 것이다. 빨래를 중심으로 누가 무엇을 하고, 어떤 방식으로 얼마나 자주 세탁할까, 청결의 기준을 무엇으로 할까 등 많은 결정을 내려야 한다. 커플 파트너들은 점점 견고해지는 상호작용의 규칙과 안정의 요소인 역할 분담을 통해서 체계 잡힌 가정 내에 정착하게 된다. 반려자들의 욕망과 상관없이 커플 파트너들은 이런 대립적인 과정을 통해 점점 제약적인 틀 안에 갇히게 된다. 이 시기에 파트너들은 그들이 추구했던 경쾌한 삶과 창조적 자유로움에 반하는 이런 과정을 의식하지 못하는데, 카우프만이 이 시기를 모호함의 시기로 간주한 것도 바로 이 때문이다.

안정기와 부부간 마찰

이 시기에는 가사 분담이나 상호작용의 규칙이 확립되고, 관행들이 형성되면서 부부 생활에서 가정은 큰 비중을 차지하게 된다. 그러니까 이 시기는 안락한 가정의 시기이자, 부부가 공동으로 사용하는 공간에 물건들, 가제도구 등이 쌓이는 시기다. 카우프만에 따르면 이 시기는 정체성이 확립되는 시기이기도 한데, "왜냐하면 이제 서로가 어떤 사람인지도 파악했고, 서로에게 기대할 수 있는 것과 미래에 대한 청사진도 나와 있는 상태이기 때문이다. 이렇게 얻은 안정 때문에 치르는 대가는 자기 개발의 자유인데, 이것이 커플 초기의 삶이다. 즉, 자유를 희생시키고 안전을 얻는 것."[63] 이러한 커플의 상황에서 결혼은 커플 주기의 한 단계를 매듭짓는 것, 즉 커플의 위상 변화이자 내적 변화의 결정화로 볼 수 있다. 이 단계는 또 자녀 계획을 세우면서 커플에서 가족으로의 확대를 소망하는 시기로 긴 동반자의 길로 들어서려는 시기다.

하지만 이 시기는 "감정에 현격한 변화"가 일어나는 시기이기도 하다. 커플 초기에 토대가 되었던 사랑의 감정 대신 새로운 조망이 들어선다. 이제 사랑은 "자유 선택"의 성격을 띤다. 실제로 일상생활의 반복이나 긴밀한 상호작용과 더불어 생겨난 가정 내 안정과 안전은 서로 배려와 온유함을 갖게 하고 사그라진 열정과 불가피하게 생기는 대립을 완화시키는 기능을 한다. 이 시기는 또 "부부간 마찰"의 시기이기도 하다. 이러한 마찰은 '현대인의' 자기 자신으로 살고자 하는 욕구와 '우리'를 만들어내기 위한 커플 유대에 필수적인 자기 포기 간의 모순으로 특징지어진다. 이때 개인주의가 표층으로 올라온다. 각 파트너는 각자 침범할 수 없는 영역을 표시하고 사적인 시간과 공간을 조성하고 보호해 나간다. 보다 사적인 순간과 더욱 커플다운 순간이 공존하게 된다. 카우프만은 "이러한 개인성의 재출현은 이미 안정된 커플 내의 너무 뜨거운 열정과는 양립될 수 없다"[64]고 본다. 이때 커플은 "이중의 게임"을 통해 상호작용의 방식을 새롭게 창출한다. "현실적이면서도 진솔하게" 각자 맡은 역할에 충실하면서도 주어진 역할에서 멀어진다. "이는 역할 분담이 확립되고 감정이 제한됨으로써 얻어진다."[65] 이런 시스템은 이 시기에 경험하는 모순들을 잘 관리하도록 해주는

63) J.-C. Kaufmann, op.cit., p.71.
64) *Ibid.*, p.74.
65) *Ibid.*

반면, 커플 붕괴의 원인이 되기도 한다. 이 시기는 새로운 열정과 이미 확립된 안락함이 경쟁하는 시기다.

카우프만에 따르면 서양에서 부부관계 붕괴의 근본적 원인은 서구사회 내 개성화의 역사적 과정에서 찾아야 한다. 즉, 서구사회는 개인의 자율화가 현재를 비판적으로 바라보게 하고 이미 획득된 상황에 대해 덜 만족하도록 만드는 경향이 있다는 것이다. 부부관계 붕괴의 즉각적 원인은 일상생활을 무겁게 하고 갈등상황으로 몰아가는 파트너 간 조율의 어려움, 반복되는 삶에 대한 불만, 열정의 소멸과 같은 커플 고유의 기능에서 찾아야 한다. 반복적인 일생생활은 커플 초기에 있었던 창조성, 새로움, 미래에 대한 기대 등이 다시 사그라지게 한다. 이는 부부간 소통 감소와 함께 일어나는 현상이다. 커플 위기에 관해서는 이후 다시 논하기로 하자.

커플 파트너 각자의 과거나 내력에 따라 커플의 건설 작업 또한 그 난이도가 달라진다.

만남, 파트너 선택, 커플의 구조화 방식

만남, 파트너 선택에 대한 사회학적 접근

프랑스 내 주류 연구A. Girard 1964, M. Bozonr et F. Héran 1987는 사회 계층의 보존 및 재생산의 요소로서 파트너의 선택을 결정하고 제한하는 중요한 사회적 메커니즘을 밝혀냈다. 다양한 지리적, 직업적, 문화적 요소에도 불구하고 "아무나 하고 결혼하지 않으며 끼리끼리 결혼한다"는 유사계급간 결혼 현상을 이들은 지적했다. 이러한 연구 결과는 커플들이 사랑과 우연을 토대로 형성된다는 지배적인 생각에 역행한다. 그렇다고 이러한 유사성에 대한 추구가 시스템적인 것은 아니며 사회적 작용인자들과 분리될 수 없는 "계급 일치성의 사회적 원리" 내에서의 다름에 대한 추구 역시 크게 작용한다. 사회 집단 간의 관계가 진화되면서 취향과 양식의 쇄신과 함께 일치성에 대한 사회적 원리 또한 역사 속에서 변화한다. 상보성의 추구, 즉 여러 면에서 다름을 추구하는 것은 파트너 각인에게 자신이 갖지 못한 것을 갖추게 함으로써 풍요로움을 가져다준다. 커플의 형성에서 동질성/이질성의 연결은 역동적이고 복잡한 과정이다. 사회학자들은 이렇게 질문한다. "결혼시장은 점점 개방화되고 이질적 결혼에 대한 여론도 점점 호의적으로 변하는데 왜 동질적 결혼이 여전히 안정적으로 남아 있으면서 서서히 감소하는 것일까? 자유연애에도 불구하고 계급 일치성의 원리들은 왜 전복되지 않는 것일까?"[66] 이러한 질문들은 구체적으로 어떻게 파트너 선택이 이루어지는지를 탐색하게 한다.

이 질문에 대한 첫 번째 설명은 만남의 구체적인 조건과 커플 형성 초기에 관한 것이다. 보종과 에랑은 아무나가 아무를 만나지 않는다는 식, 즉 사회적으로 구성되어진 만남의 장소에 대해서 분석했다. 이들은 "공공의 장소" "제한된 장소" "사적 장소"로 구성된 "만남의 삼각형"을 언급했다. 사회 및 직업 계층에 따라 세 가지 장소에서 만남이 이뤄진다는 것이다. 평범한 소시민들은 공적 장소(파티장, 시장, 대중무도회, 거리, 카페, 쇼핑센터 등)에서 만남을 갖고 상위층에 속하는 지식인들은 상징적 혹은 물리적으로 접근이 제한된 장소(협회, 학회, 사교장, 문화 및 스포츠 센터)에서 만나는 반면, 민간기업 중역이나 사장이나 전문자유직업 군은 사적 장소(가족행사, 가정, 친구간 모임)에서 만남을 가진다. 정해진 장소에 자주 드나듦으로써 만남의 장소 또한 결정된다.

만남에 대한 두 번째 설명은 파트너 선택의 기초가 되는 범주들에 관한 것이다. 보종은 출신배경이나 성별에 따라 달라지는 "지각 범주"에 대한 내

66) *Ibid.*, p.26.

재화를 바탕으로 한 사회적 척도들이 존재함을 밝혀냈다. 보종은 신체적 기준, 정신적 심리적 질에 대한 평가 등이 어떻게 이성 파트너 간 상호 매치에 작용하는가를 보여주었다.

카우프만은 다음과 같은 가정을 내놓았다. "일시적인 만남의 기회들이 점점 더 많아지고 넓어지지만 만남 초반에 서로의 이해 능력을 확인하는 것이 하나의 필터가 된다. 아주 비전형적인 만남들은 사라지는 반면 유사한 (또는 상보적인) 사람들의 만남은 더 잘 유지된다. 역설적이게도 연애의 자유나 부부간 불안정이 유사부류 간 결혼 형태가 지속되는 것을 방해하지 않는다. 이 점에 관해서는 역동적인 시각이 필요하다. 왜냐하면 동질적 결혼의 경향성이 단순히 지속되는 것만은 아니기 때문이다. 같은 결과에 이르렀지만 과거와 현재에 동질적 결혼에 이르는 과정은 사뭇 다르다. 현대에는 이 과정이 당사자의 행위 능력과 결정 능력에 훨씬 더 많이 의존한다."[67]

만남, 파트너 선택, 커플 구조화 방식에 대한 정신분석적 접근

만남과 파트너 선택

사랑의 만남은 당사자들에게 정신의 경제적, 역동적, 지형적 측면에서 커다란 변화를 낳는 침습과 외상을 불러온다. 파트너 각자의 자아가 공격을 받고 해체되는 이러한 침습의 측면을 통해, J. 앙드레(1995)는 "타자성에 대한 사랑어린 개방성"이라 할 수 있는 여성성과의 깊은 유사성을 엿볼 수 있다고 하였다.

만남 그리고 애정 관계와 커플의 구조화는 앙드레가 정의한 바대로의 여성성의 심리적 형성 조건과 유사점이 있다. 만남 그리고 유혹적이고 매혹적인 대상과의 정신내적 상호 침투가 갖는 이런 외상적이고 침습적 차원은

67) *Ibid.*, p.27-28.

개방 움직임과 욕동의 수동화 움직임과 조합되면서 “원초적 여성성” 이라는 근원적 상황을 재활성화하며 애정어린 만남과 커플 형성의 근원적 조건이 된다. 각인에게 일어나는 이중의(간주체적이고 정신내적인) 움직임 간 연결은 상대 파트너 안에서 작용하는 이런 이중의 움직임 간 연결과 조합된다. 이러한 상황은 커플 당사자 각인에게 여성성을 동원시키지만 또 침입적이고 “욕동적으로 침습적인” 남성적 요소 또한 동원시킨다. 결국 C. 다비드가 주장하듯이, 애정어린 만남을 가능케 하는 것은 파트너 각자의 정신적 양성애다. 사랑 대상은 자기애적인 만족과 에로틱한 만족, 다정한 만족과 공격적인 만족의 근원이 되는 동시에 자아 강화에 기여하며, 결코 길들여지지 않는 욕동의 균형 문제에 직면하여, 결함 있는 자아 부분에 방어구조가 형성되도록 해준다 (Lemaire 1979). 이렇게 해서 사랑 대상은 정신적 안정(결코 전적으로 획득되지는 않는)을 가져다준다(M. Klein 1937).

파트너 각자의 오이디푸스가 두 단계에 걸쳐 대상 선택을 결정짓는데, 이는 마치 두 단계(유아의 성 즉, 잠재기와 이후 사춘기)에 걸쳐 성이 발달하는 것과 같다. 이러한 발달 과정에서 두 가지 흐름(다정함의 흐름과 육욕적인 흐름)이 동일 대상 속에서 수렴되며, 성기기적 욕동이 우세한 가운데 전성기기적 부분 욕동들이 조합되어 성기기적 사랑 및 목표에 도달하게 된다.

르메르의 연구를 토대로 분류한 대상 선택 유형

부모의 원형적 이미지를 찾아 이뤄진 파트너 선택, 즉 오이디푸스적 파트너 선택

부모 이미지와 연관된 대상 선택의 경우, 부모 중 성이 같거나 성이 다른 인물과 관련하여 이는 긍정적일 수도 있고 부정적일 수도 있다. 이런 경우는 정신적 양성애와 여성적 동일시 및 남성적 동일시가 특히 현저한 역할을 한다. 여기서 K. 아브라함이 도입한 개념인 “족외혼 신경증” 을 상기해 보자.

아브라함은 이 신경증을 이렇게 정의했다. "남성이 자신과 동일한(보다 정확히는 어머니와 동일한) 종족이나 민족에 속하는 여성과 가까운 관계를 맺는 것에 대해 느끼는 혐오감. 이는 근친상간이 이뤄지지 못하도록 하는 특별 조치들이다. 족외혼 신경증에 걸린 남성은 모성적 유형으로부터 도망쳐 어머니(혹은 누이)와 가능한 한 정반대의 모습과 태도를 지닌 여성에게로 피한다. 이런 피신은 근친상간에 대한 극단의 두려움에서 기인한다."[68] 그러나 아브라함은 혼혈 결혼은 근친상간의 회피일 수도 있고 자기 본 가족에 대한 적대적 거절일 수도 있다고 보았다. 결국 아브라함은 이런 신경증 환자들의 "내적 필연성"과 원시부족의 법제화된 족외혼 간에 유사성이 있다고 본다.

1. **대상선택과 전성기기적 욕동** : 여기서 사랑 대상은 전체 욕동에서 분리된 부분 욕동들(이때 부분 욕동들은 억압되거나 역리비도투여의 대상)의 다양한 표출에 대한 방어 수단으로 사용된다. 따라서 이는 방어적 대상 선택이다.

2. **부모의 부정, 긍정 이미지와 연관된 대상 선택** : 이러한 유형은 원초 장면에서 영감 받아 이뤄진 대상 선택이지만 이 역시 방어적 대상 선택이다.

3. **자기애적인 대상 선택** : 대상은 자기 현재 모습이자, 자기 과거 모습이며 또 자기가 되고자 하는 미래 모습이다. 대상이 고유한 자기의 일부분이었다는 환상이 있다.

4. **결합의 선택** : 자기애적인 대상 선택에서 오는 유익은 파트너의 부정적인 특징을 택함으로써도 얻어질 수 있다. 여기서 대상이 갖고 있는 잠재적

68) K. Abraham, "À propos de l'exogamie névrotique. Contribution à l'étude comparée de la vie psychique des névrosés et des primitifs"(1914), *Oeuvres complètes*, vol. I, Paris, Payot et Rivages, 2000, p.350-352.

결함에 대한 선택은, 주체 자신이 이런 결함을 갖게 되지 않을까 염려하는 가운데서 행해진다. 이런 선택은 무의식적인 역할 분담을 통해 커플의 체계적 조직화에 기여한다.

5. **대상은 내재화된 나쁜 대상들의 지지물** : 대개 이런 대상은 처음에는 욕망 대상이자 좋은 대상으로서 리비도 투여되지만 매우 양가적인 방식으로 리비도 투여가 이루어져 후에는 리비도투여 방식이 전복된다. 자기애적이면서도 에로틱한 리비도 투여라는 이런 이중적 리비도 투여는 대상이 좌절과 박해의 원천이 되면서 공격적 리비도 투여가 일어나는 기간보다는 적어도 일정 기간 우세하게 나타난다. 대상은 두 파트너에게 특정 가치를 지닌 "나쁜 대상" 으로서 리비도 투여된 상태로 "대상화된" 채 남아있다. 평소 관계 문제가 많은 사람들은 마치 그들에게 미워할 수 있는 파트너가 필요하다는 듯이, 이런 대상이 없다면 박해 망상과 같은 더 큰 곤란에 빠지기라도 할 것처럼 행동한다. 이 경우는 피학적 자아에 동일시된 대상과 가학적 초자아에 동일시된 주체 사이에 생기는 가피학적 게임이 일어난다.

6. **강렬한 사랑의 위험에 맞서고, 너무 매력적인 사랑 대상에게 삼켜지는 것을 피하기 위해 대상 선택이 이뤄진 경우** : 강렬한 사랑의 위협은, 부베에 따르면 전성기기에 머물러 있는 수많은 주체들에게 위험의 원천으로 경험된다. 일부 사람들에게는 이런 위험에 대한 지각에 정신적 증상(불안이나 공격성 등)이나 신체적 증상(무기력, 불감증, 두통 등)이 동반된다. 또 일부 사람들에게는 이런 위험에 대한 지각이, 선택된 대상과 거리 유지하기, 수많은 활동들에 참여, 주된 파트너 이외의 관계에 정서적으로 연루되기 등과 같은 행동화로 표출되기도 한다. 이런 방어적 전략들은 주체로 하여금 자신도 모르게 이러한 위험성을 지각하도록 만드는 파트너를 택하게 한다. 이런 식으로 형성된

커플의 경우 그들의 관계적 공간 안에 보호 기능이나 분리 기능을 수행하는 제 3자가 개입하는 것은 바로 이 때문이다.

형제간 콤플렉스에 관한 카에스(2008)[69]의 연구를 덧붙여야겠다.
7. 어떤 여성들은 남자 형제의 이미지를 가진 사람과 애정 관계를 형성해 결혼에 이른다. 이 형제는 여성에게 "보완적인 자기애적 대상" 혹은 "남성적 분신, 혹은 양성적 분신"이다. 여성은 이렇게 형제에 대한 대체물로 기능하는 남편과 더불어 남매 커플을 형성하는데, 이들이 성생활에서 실패하고 근친상간 환상과 연결된 억제 등의 증상을 보이는 것은 바로 이러한 유형의 대상 선택에서 기인한다고 볼 수 있다. 이러한 자기애적 분신 혹은 양성애적 분신에 대한 표상은 성별 차, 세대 차, 거세 환상 등에 대한 방어 전략일 수 있다.

위에서 열거한 다양한 대상 선택 유형들은 여러 개가 서로 조합되거나 파트너들 사이에서 다양한 방식으로 연결고리를 형성한다는 것을 기억하자.

파트너 선택에 관한 체계적 이해와, 무의식적 결속 개념의 재확인
빌리와 르메르에 따르면 서로에게 매력을 불러오는 것은 대개 공통적인 문제에 대한 무의식적 지각, 파트너 각자가 그 문제들에 반응하는 상호보완적 방식 등이다. 두 파트너의 무의식적인 문제를 서로 연결시키는 이러한 결속은 커플 구조화에 토대가 되는 동시에 커플의 체계를 이해하도록 해준다. 무의식적인 역할 배분(안정적 배분이건 대안적 배분이건)이 다양한 차원에서 다양한 방식으로 정착된다. 이러한 역할 분담은 파트너 각자의 무의식적 과정, 특히 투사와 동일시 과정을 통해 일어난다. 따라서 깊은 욕망들과 억압된 욕

69) R. Kaës, *Le complexe fraternel*, Paris, Dunod, 2008.

망들의 일부에 맞서 동원된 개인적 방어들은 이런 역할 분담을 통해서 충족된다. 이때 방어기제들은 대치적 만족과 환상적 만족이 크다는 조건하에 동원된다.

이러한 커플들로 구강적 결속의 예는 엄마-아이, 간병인-병자, 보호자-피보호자/ 가학-항문기적 결속의 예는 지배자-피지배자, 능동인-수동인, 가학자-피학자, 질투하는 자-절제 없는 자/ 남근-오이디푸스적 결속의 예로는 여성적인 자-남성적인 자/ 책망하는 자-자책하는 자, 처벌자-범법자 등의 커플에서는 한쪽이 초자아 역할을 다른 한쪽이 자아의 역할을 담당하며/ 자기애적 결속의 경우는 한쪽이 자아이상을 표상하고 다른 한쪽이 약하고 결함 있는 자아를 표상한다.

소위 '남근-오이디푸스적 결속'의 예로 남성적인 자-여성적인 자 커플을 고려해 보자.

이런 커플 가운데서는 남자가 남성의 역할을 맡고 그의 여성적 욕망은 위험하기에 무의식적이 되거나 억제 혹은 역리비도 투여의 대상이 된다. 여자의 경우는 여성의 역할을 하게 되고 자신의 남성적인 욕망은 억제한다. 남성은 투사적 동일시를 사용해 여성 파트너의 정신 안에 자신의 여성적 요소를 담아둔다. 이렇게 해서 남성은 자신이 억압한 것의 부담을 덜며, 내사적 동일시를 통해 여성 파트너가 억압하고 있는 남성적 요소를 내사함으로써 그의 남성적 역할을 강화하고 그가 억압하고 있는 여성적 요소에 대해서는 역리비도투여 하게 된다. 한편 투사적 동일시를 통해 환상 가운데서 그의 여성적 욕망들이 충족될 수 있다. 반면 여자는 자신의 여성성을 강화시켜주는 억압된 여성적 요소들, 자신의 남성적 욕망에 대한 역리비도투여, 투사적 동일시 등을 내사하는데, 이렇게 함으로써 그녀는 자신의 억압된 남성적 욕망을 남성 파트너의 정신 안에 담아두고 환상 가운데서 억압된 자신의 남성적 욕망의 충족시킨다. 이렇게 한쪽 편의 투사적 동일시가 상대편의 내사적 움직임과 쌍을 이루는 것을 볼 수 있는데, 이 두 과정이 커플을 이루는 두 사람의 방어적 욕구를 만족시키는 것이다.

이러한 결속의 경우 파트너 각자의 양성애 경향bisexualité 은 자유롭게 표출되지 못하며, 여성적 동성애 경향과 남성적 동성애 경향은 위협적인 것으로 경험돼 억압되거나, 혹은 커플 내에서 역할 분담이 경직되게 구조화됨으로써 역리비도투여 되기도 한다.

무의식적 동맹

여기서 무의식적 동맹과 이것이 커플 구조화에 미치는 영향에 관한 카에스의 언급을 다시 떠올려 보자.

카에스는 커플 관계에 들어가기 위해서는 두 파트너가 둘을 묶는 동맹을 형성해야 하며, 이 두 사람은 "정신적 질료"와 이 정신적 질료에서 나오는 정신적 실체를 건설하게 된다. 간주체적 정신의 형성은 (억압 기제에 의해) 억압되거나 (거절, 부정, 폐제 등을 통해) 억압되지 않은 무의식을 형성하며, 이 무의식 가운데서 구조화 및 방어를 담당하는 기능들을 갖추게 된다. 모든 동맹에는 욕동 리비도가 투여되며, 또 동맹의 역동적 구조적 조직체로서 기능하게 되는 무의식적 환상들이 이러한 동맹을 지지한다.

동맹의 조건이자 결과물인 상호적 동일시는 다양한 기능을 담당하며 공동의 산물을 만들어낸다. 이러한 무의식적 동맹은 또 무의식적인 목표를 성취하기 위한 과정이자 수단이다.

무의식적 욕망(어떤 이도 혼자서는 실현할 수 없는)의 성취 장소이자 수단인 커플 가운데서 카에스는 욕망 실현을 위한 동맹들, 곧 "방어적 협약" 혹은 "억압된 욕망이 자기 것이 아니라고 부인하는 협약"(1985~1989) 등이 존재함을 발견했다. 카에스에 따르면 이러한 협약은 당사자들이 동맹을 형성하고 이 동맹을 유지할 때에 그들의 방어적 욕구를 보장하기 위하여 체결된다. 따라서 이 협약들은 커플 유대가 형성되는 과정 내내 일어나는 정신내적 갈등에 대한 해결책으로 간주돼야 한다. 이러한 무의식적 동맹들의 대부분은 결여, 거세, 분리, 상실을 다루는 수단으로서 형성될 뿐 아니라 파괴, 생각조차 할 수 없는 것, 불가능한 것을 다루기 위한 수단으로서도 체결된다. 카에스에 의하면 집단들 내에서 이런 무의식적 동맹들은 억압되거나 억압되지 않은 내용물, 증상 형성, 말실수, 알 수 없는 신호들이나 행동 등을 통해 드러난다.

카에스는 이러한 결과로 간주체적 유대는 두 개의 극을 중심으로 조직화된다고 본다. 한 극은 다양한 방어적 조작들을 토대로 긍정적으로 형성되며, 다른 한 극은 이런 방어들을 토대로 부정적으로 형성된다는 것이다. 커플 유대의 이러한 이중적 기능과 관련해서 결국 르메르와 카에스의 개념화가 서로 접근함을 볼 수 있다.

이런 무의식적 동맹들 자체는 개인의 정신을 테두리 짓는 "초심리적 담보물들"과 사회적 구성체들을 테두리 짓는 "초사회적 담보물들"을 바탕으로 한다. 모든 집단은 한 쌍의 정신적 사회문화적 조직체가 있다는 것이 특징적이다. 이 한 쌍의 조직체를 시발점으로 하여 집단의 정체성과 집단원 간의 동일시가 안착된다. 이 점은 커플에도 적용될 수 있는 부분이다.

사례 : 주디트와 알베르 커플

주디트와 알베르는 둘 다 삼십대로 그림 수업에서 처음으로 만났다. 아버지가 다른 두 딸을 키우는 엄마인 주디트는 교사로 일하며 스스로를 지성인, 문화인, 정서 조절이 되는 사람으로 소개하였다. 딸 하나를 둔 아버지인 알베르는 상인이다. 그는 자신을 유치하고, 별나고, 교양 없고, 특히 충동적인 사람이라고 소개했다.

이 커플은 앞서 기술된 다양한 파트너 선택 유형들이 조합돼 있는 사례에 해당한다. 부모 인물에 대한 경험이 주디트에겐 긍정적인 반면 알베르에겐 부정적이었다. 주디트에게 알베르는 결함을 추구한 경우였다. 주디트가 갖고 있지 않은 정서와 감정의 취약성은 알베르에게서 충동성과 폭력성으로 표출되었는데, 이것이 주디트에게 어필한 것이었다. 물론 주디트에게 무의식적으로 이런 충동성과 폭력성을 불러일으키는 경향이 있을 것이었다. 사실 주디트는 그녀를 향한 알베르의 폭력성에서 유익을 얻고 있었다. 그녀는 폭력적인 알베르에게 자신을 동일시하면서 환상 가운데서 그의 폭력성을 즐겼고, 이와 동시에 그를 비난하면서 자신은 알베르보다 더 나은 사람, 더 진지하고 강한 사람임을 확신했기 때문이었다. 주디트도 알베르와 같은 기질을 갖고 있다는 것을 발견할 수 있었지만 이러한 기질이 주디트에겐 억압돼 있었고 역리비도 투여되어 있었다. 주디트는 자신이 상상하는 것 이상으로 폭발하는 것이 불가능했다. 알베르는 분노를 터뜨릴 때, 그가 두려워했던 아버지와 동일시하고 있었다. 알베르는 모성적이면서도 비난적인 초자아 인물인 주디트 앞에서 마치 부산하고 성마른 아이처럼 행동했다. 실제로 알베르는 충동적인 행동 후에 불행과 수치와 죄책감을 느꼈고 자신이 나쁜 아들, 나쁜 파트너라고 느꼈지만 전체적으로 이 모든 것은 피학성이 강한 알베르의 기질을 만족시켜 주었다. 주디트가 알베르의 이런 취약성에 끌렸다면 교양과 지성과 정서적 안정을 갖추고 있고 달변인 주디트는 알베르에게 이상적인 인물이었다. 그러나 주디트는 말이 너무 많았고 알베르에게 '쏟아내는' 장광설로 그를 압도하였다. 알베르는 이런 격렬한 사랑의 위험으로부터 피신할 필요를 느껴 관계의 공백을 가져오는 출장을 며칠씩 떠나곤 했다. 주디트는 각기 다른 두 딸의 아버지들(이들과 주디트는 소중한 우정관계를 유지해 알베르에게 질투를 유발시켰음)을 자신과 알베르 사이에 끼어 넣음으로써 필요한 거리조절을 했다. 이 두 커플에서는 동성애적인 요소가 상당히 강하게 나타났다. 주디트의 남성성은 알베르에게 매력으로 작용했고, 알베르의 여성성은 주디트에게 특히나 매력적이었기 때문이다. 그들은 마치 서로 잘 어울려 노는 두 남자 친구들 같았다!

"신혼의 단꿈"과 커플의 위기: 정신분석적 접근

달콤한 신혼과 애정 생활 초기

한 쌍의 신혼커플에게 이 시기는 구조를 형성하고 성숙을 가져오는 시기다. 이때 두 사람 간에는 완전한 공격성의 소멸 및 배제가 일어나는데, 이는 서로와 애정관계에 대한 강한 이상화로, 또 정신적인 경계의 전적 혹은 부분적인 소멸로써 표현된다. 파트너는 서로의 일부로서 느끼며 상당한 융합 상태를 경험한다. 대상에 대한 어떤 비난도 존재하지 않으며 모든 공격성은 외부를 향하게 되고, 제 3자는 커플 공동의 경계로 작용하여 커플과 세계 사이를 가로지르는 새로운 경계가 형성된다. 이렇게 해서 융합적이고 공생적인 커플의 밑그림이 형성되는데, 이는 하나의 "자기애적인 연합 Grunberger"으로 커플의 2자관계dyade에 구조를 형성시켜 주는 중대한 역할을 담당한다.

그러나 사랑 대상은 부분적으로만 보인다. 좋은 파편만 보일 뿐, 박해적인 나쁜 부분은 부인되거나 외부로 투사된다. 이러한 상태는 멜라니 클라인이 고안한 개념인 편집-분열 포지션과 유사하다.

이러한 현상은 디디에 앙지외(1971)가 기술하고 개념화했던 "집단적 착각"과 관련지어 생각해 볼만하다. "집단적 착각"은 집단원들이 일정한 시기에 경험하는 유쾌한 정신상태를 가리키는 것으로, 이것은 집단원들에 의해 다음과 같이 표현된다. "우린 함께야. 우린 좋은 집단을 형성했고, 우리 지도자도 좋은 지도자야." 집단적 착각은 집단원들에게 집단이 리비도투여의 대상이 된다는 것을 전제로 한다. 이런 착각은(개인들은 모두 동일하다는 확신과 함께) 개인의 정체성을 집단 정체성으로 대치시키며 집단 나르시시즘을 창조한다. 이러한 집단적 착각은 공유된 박해불안에 대항한 집단적 방어이며 준조증적 방어 형성을 뜻한다. 또한 이런 착각은 집단 내에서 이상적 자아가 기능하고 있음을 보여준다. 이렇게 해서 개인의 자아 이상은 공동의 이상적 자아로 대치된다. 즉, 집단은 구성원들의 정신 장치 내에서 이상적 자아로 기능하게 된다. 이러한 집단적 착각에는 그것의 반대급부로 분열 환상 (이런 환상 속에서는 대상-집단이 여러 형태의 파괴적 욕동으로 덧입혀진 듯 보인다)이 뒤따른다. 하지만 이러한 집단적 착각은 보편적인 과정의 하나다. 왜냐하면 "집단은 착각을 불러오기" 마련이기에.

따라서 이러한 "달콤한 신혼기"는 파트너 각자에게 신생 집단으로서의 커플을 창출해내는 시기다. 개인적 나르시시즘과 관련하여 그륑베르제가 쓴 표현을 빌자면 갓 태어난 신생 커플에는, "커플 나르시시즘" 이나 "커플 자기"를 창출해내는 본질적으로 자기애적인 리비도가 투여된다.

위니캇의 가르침에서 영감 받아, 한창 생성 중에 있는 살아있는 존재(유아가 그 대표적 예)와 비교해 본다면 갓 태어난 커플도 "선천적 창조 욕동"(이것은 집단적 착각과도 관련 있으며 유아에게 창조적 잠재력을 불어넣음)에서 기운을 얻고 유아처럼 선천적인 성장, 통합, 성숙의 잠재력을 갖추었다 할 것이다.

커플 위기와 정신적 애도 작업

커플 위기는 자신의 욕망에 모두 응해주지 않는 것처럼 보이는 대상의 결점들에 직면하여 생기는 실망감에서 비롯된다. 사랑 대상이나 파트너가 외적 대상으로서 변한 것이 없다 할지라도 내적 대상으로서의 사랑 대상은 이제 시들하고 불만족스럽게 느껴진다. 결국 변한 것은 주체의 정신적 실제이지 사랑 대상의 객관적 실제가 변한 것은 아니다. 이러한 실망은 이상화의 중단과 분열 과정을 불러오고, 자신이나 상대방에 대한 공격성의 재출현, 건강한 대상관계 기능에 필수적인 자연스럽고 진정어린 양가적 태도의 재구성을 불러온다. 이러한 현상들이 나타날 때 견디기란 쉽지 않다. 이런 실망을 통해 새로운 비판적 시각, 새로운 형태의 현실 검증이 열리면서 이제 더 이상 대상에 대한 잘못된 지식에 근거하여 기능하는 일은 멈추게 된다. 사랑 대상은 이제 총체적 대상으로 인식되고, 애정 관계도 양가적 성격을 띠면서 죄책감, 회복 욕구, 상대방에 대한 심려 등을 동반한 "우울 포지션"에 도달한다. 파트너 각자는 사랑 대상인 상대방이 지닌 타자성, 그의 변화무쌍함, 그의 권력, 그를 통제할 수도 소유할 수도 없는 무능력, 상대방이 속한 고유의 장소 등을 자기애적인 상처와 함께 수용할 수밖에 없게 된다.

A. 뤼피오(1984)에 의하면, 커플의 위기는 양자관계 내에 언제라도 정신증을 불러일으킬 수 있는 정신 상태를 형성시킨다. 즉, 부인의 기제와 대상과 자아를 나쁜 대상과 좋은 대상으로 각기 분열시킴 등의 기제가 동원된다. 이러한 분열은 자기의 일부로서 경험되는 내재화된 사랑 대상(이때 사랑 대상은 주체의 정신적 통합성을 위협하는 존재로 경험됨)에 대한 편집증적인 경험과 관련이 있다. 사랑 대상은 이제 파트너 각자에게 박해하는 내적 대상이 된다.

이러한 위기를 피하고 극복하기 위해 사랑 대상에 대한 이상화의 유지 등의 방어 기제들이 동원된다. 또한 위기에도 불구하고 좋은 대상과 나쁜 대상으로 분열시키는 기제도 동원된다. 좋은 대상은 커플 형성의 근원이며, 나쁜 대상은 외부 요인 탓으로 돌려진다. 이러한 투사는 제3자에게 공격적인 행동으로 나타나며 사랑 대상을 향해서는 소유인 행동으로 나타난다. 또 스스로 반성하지 않는 대상을 향해서는 적대적 움직임으로 나타난다. 자신과 타자를 향한 이 모든 움직임은 결국 파트너 서로에 대한 자기애적 비난을 불러온다.

커플 치료 임상에서 볼 때 이러한 위기 출현에는 두 가지 원인이 작용한다. 한 가지는 시련이나 과정과 같이 잠재적 중요성을 가진 외부적 사건들로 커플 역사에서 파트너 두 사람이 거치고 경험하는 것들이다. 한편으로는 처음에 지금의 파트너를 택함으로써 자신의 개인적 욕동을 억눌렀던 커플중 한 사람에게 다시 본인의 욕동을 따라가도록 "부추기는" 성숙 과정이 커플 위기의 또 다른 원인이 되기도 한다. 이것은 억압된 내용(오이디푸스, 동성애적 경향, 전성기기 욕동 등)의 재출현이며 이로 말미암아 연애 초기에 상대방에게 큰 장점으로 칭찬했던 그 점을 도리어 비난하게 된다.

커플의 역사에서 잠재적으로 위험한 시련과 과정

자기애적인 상처, 애도, 외상 등과 같이 고통스럽지만 또 행복한 사건들의 예를 몇 가지 들어보자. 이러한 사건들은 사고를 낸 파트너에게는 오이디푸스적 죄책감을 불러오고, 또 다른 쪽 파트너에게는 질투를 불러옴으로써 커플의 위기를 불러올 수 있다. 아래 열거될 수많은 상황은 정신적 갈등, 전성기기적 불안, 오이디푸적 불안 등 다양한 불안을 불러올 수 있으며 동시에 성취욕, 자기애적 충만, 전능 환상 등을 만족시키기도 한다.

같은 공간에서의 동거나 정착(공동의 공간은 일심동체의 환상으로 작용), 결혼이나 계약관계를 통해 커플 관계를 공식화함, 가족이나 친구들에게 상대 파트너를 소개함, 소망의 설계, 커플 일방이 자녀(혹은 무자녀) 계획을 세움, 아이(혹은 첫 아이)의 출산으로 커플이 가족으로 확대되는 과정에서 부모 커플과 사랑의 커플 간의 차이로 인해 잠재적 갈등이 배태됨, 후속의 출산이나 가족의 확장 외에도 자연유산이나 임신중절로 인해 기대했던 출산들을 애도함, 불임으로 인한 무자녀 커플, 자녀가 사춘기를 겪거나 부모에게 오이디푸스 콤플렉스가 재출현하면서 생기는 가족적 과도기, 개인적 직업적 성패 및 관계 내 혹은 여가적 측면 또는 부부나 가족 차원에서의 실패와 성공, 파트너 일방에게 갑자기 신체적 질병이 닥침. 이러한 신체적 사건은 그 원인과 근본 요인들을 커플의 기능 차원은 물론 개인의 정신적 균형 차원에서도 검토해야 한다. 또 개인의 신체적 사건이 불러오는 여파들은 커플의 경제적, 역동적 측면에서도 고려해 볼 수 있으리라. 중한 질병의 경우는 자녀들에게 영향을 주며 부모인 커플과 가족 역동에도 큰 여파를 미친다. 그 외 커플의 역사에서 위기를 불러올 수 있는 일들로는 자녀의 독립, 파트너 일방 혹은 쌍방의 은퇴(이는 승화 활동의 상실로 인해 퇴직자나 커플 모두의 정신적 균형에 영향을 줌), 모두 떠나고 커플만 남게 됨, 자녀들의 결혼, 손자손녀의 탄생으로 커플이 조부모가 됨 등이 있다.

혼외 행동화 혹은 혼외 관계–위기의 요인인가 커플의 증상인가?

소위 혼외 관계는 여성이나 남성 파트너에게 다양한 순간에 등장할 수 있다. 여기서는 혼외 관계, 소위 외도를 불러오는 복합적 요인을 고찰할 것이다.

실제로 외도는 예방적 차원에서 일어날 수 있다. 즉, 사랑 대상에게 압도될 위험성과 대상-커플에 의한 침습을 예방하기 위해 애정 관계의 강도를 제한하려고 취해지는 조치일 수 있다. 이런 조치는 수많은 이차적 파트너들을 갖게 할 수 있다. 만약 파트너 일방이 자신의 외도를 상대방이 알도록 하거나 보여준다면 이는 상대 파트너가 거절하거나 암묵적으로 수용하는 도착적 게임일 수 있다. 이런 사례에서는 상대 파트너에 대한 동일시로 인해, 상대편 외도로부터 어떤 만족을 얻을 수 있다. 이 시나리오는 무의식적 역할 배분에 부응하는 것으로, 이때 일방은 상대방의 환상을 행동화하는 것(이것이 카에스가 제안한 감응 기능 개념임)이며 이때 커플의 양자는 직접적으로 만족을 얻거나 환상 가운데서 만족을 얻는다. 이 시나리오는 비밀로 남아있으며 커플 차원에서는 어떤 주목할 만한 요소도 없다. 오히려 이 시나리오는 거세 불안에 대한 방어 양상으로 간주될 수 있으며 동요된 초기 구강적 관계(수유 문제로 인한)가 강박적인 성관계들로 다뤄짐, 많은 이성을 거느리고자 하는 욕구, 근친상간에 대한 공포 등을 동반한 보다 개인적 차원의 증상적 의미를 갖는다고 하겠다. 이는 또 파트너에 대한 불만족의 신호로도 볼 수 있다.

위기 동안 자기애적인 상태에 있는 파트너가 상대 파트너에게 조력하지 않으면 지지를 잃은 파트너는 다른 대상에게서 이 지지를 찾는다. 이 경우 협조와 지지에 대한 자기애적 추구는 에로틱한 만족보다 우선시된다. 한편 무뎌진 "달콤한 신혼" 과 "집단적 착각" 을 배우자와 다시 경험할 수 없음을 애석해하며 사랑 회복을 추구할 수도 있다. 이렇게 되면 자기애와 에로티즘의 추구가 혼합된다.

이러한 혼외 관계의 행동화에는 이제 자신의 싫고 나쁜 부분을 투사하는 대상, 증오의 대상이 된 상대방에게 그의 위신을 실추시키고자 하는 공격적 의도가 담겨있을 수 있다.

외도는 자녀 출산으로 커플이 부모가 되면서 발생할 수 있다. 출산으로 부모 커플이 되는 일은 커플의 정신 경제에 급격한 변화를 가져온다. 새로 엄마가 된 여성 파트너는 자녀(들)에 대한 과도한 리비도투여로 인해 상대적으로 남성에 대해 자기애적 리비도와 에로틱한 리비도를 철회하게 되는데, 이때 아버지가 된 남성은 다시금 근친상간적 환상을 갖게 되며, 여성도 남성에 대해 근친상간적 환상을 갖게 된다. 언어로 표현되기 어려운 이러한 환상이 특히 외도로 표현되는 것이다. 물론 외도에 대한 다른 설명도 가능할 것이다.

르메르는 위기 이후 커플이 세 가지 방식으로 진화할 수 있다고 보았다.

어떤 경우는 상호간 공격성과 리비도 철회가 계속돼 커플 와해나 커플의 종료를 가져오기도 한다.

또 어떤 커플들은 위기 대처의 일환으로 어떠한 갈등도 새로 일어나지 않게 갈등을 원천 봉쇄한다. 그러나 상호간 리비도투여나 새로운 "결속" 은 불가능하기 때문에 이들은 개인의 자아실현을 희생시키면서까지 커플 외의 어떤 것에도 리비도투여를 제한함으로써 그들의 관계를 보호하려 한다. 흔히 병적인 상태에서 어려움을 반복하는 이런 커플의 경우는 자녀들이 커플의 기능을 중재한다. 이렇게 되면 자녀를 중심으로 환상과 정서가 맴돌 뿐, 부부간에 환상이나 정서가 소통되지 못한다. 특히 본래는 파트너 서로에 대한 증오였던 것을 자녀에 대한 공동의 증오로 전치시킴으로써 커플 관계를 유지하기도 한다. 이는 커플의 진화에 극심한 장애를 초래한다.

세 번째 경우는 가장 흔한 반응으로, 커플은 고통스럽고 파괴적 현상으로 외도를 경험했다 하더라도 위기의 역동적 효과와 재창조 효과가 여실히 드러나는 방식으로 새 유대를 만들어낸다. 앙지외의 생각 틀에서, 우리는 집단으로서의 커플 생활에 존재하는 "집단적 착각"과 "파손 환상" 사이를 오가는 움직임을 고려해 볼 수 있다. 위기 중에는 커플이라는 집단 자체가 집단 구성원들에게는 피해야 할 박해적인 나쁜 대상으로 경험되기 때문이다. 하지만 위기는 유익한 재조정을 위해 파트너들의 창조성이 요청된다는 면에서 간주체적 관계에 성숙을 가져온다. 또 위기는 충분한 자기애적 리비도투여 수준을 유지해야 하는 '집단으로서의 커플'의 성장에도 유익하다.

바로 이런 이유로 우리는 르메르가 말한 것처럼 인간 커플을, 각 구성원이 계속해서 상대방에 대해 이상화와 애도 작업을 번갈아가며 해야 하는 하나의 구조화된 집합체로 보아야 한다. 커플은 조직화-탈조직화의 과정과 파트너들 간의 관계 재조직화를 계속 해나가면서 커플에 역동적 균형을 제공한다. 그러나 이것은 커플에 대한 간추체적 접근이지 집단적 접근은 아니다. 이 두 관점을 통합하는 것이 바람직하다.

함께 살아가기, 커플 문화와 커플 정체성의 확립

함께 산다는 것은 공동의 시공간을 창조한다는 것을 의미하며, 이는 파트너들 간에 구별되고 분리된 시공간들과 긴장관계를 형성할 수밖에 없다. 시공간의 공유는 환상을 자극하고 순환시키는 영역이며, 승화와 상징화의 영역으로 이러한 영역 가운데서 커플 차원이나 개인 차원의 타협 형성이 이뤄진다. 타협 형성은, 각자의 차별화되고 분리된(직업적, 직업 외적) 활동뿐 아니라 공동의 활동에 대한 투자를 통해서 이뤄지거나, 여성과 남성에 대한 생각이나 표상, 혹은 커플 당사자 각자의 가족에 대한 생각이나 표상의 구조화를 통해 이뤄진다. 이러한 타협 형성은 또 다양한 의사소통의 형태나 행동 규범들, 가정의 규범 등을 세움으로써 이뤄지며(이에는 파트너 양자의 항문기성이 동원됨), 또 가치관과 공동의 이상을 형성하거나 커플 공동의 신화와 성생활을 포함하는 커플의 관례들을 정립해 나감으로써 이뤄진다. 그리고 이러한 타협 형성은 "커플의 제도화"를 성취함으로써도 가능해진다.

수입, 예산, 지출, 소비 방식, 저축투자 등을 포함한 커플 경제의 조직화에 대해서도 고려해 볼 수 있다. 권한 배분, 권한 행사 방식, 권한의 구분된 영역들에 관해서도 고려해 볼 필요가 있다. 리비도투여의 방식과 커플 주거지에 대한 그들의 의식적 표상들과 무의식적 표상들(이 표상들이 곧 '커플의 몸 싸개enveloppe corporelle' 다), 내밀한 커플의 영역과 외부 세계 사이에서 이뤄지는 리비도투여 게임, 사적인 커플의 모습과 공적인 모습 간의 관계와 이 두 모습간의 분열 가능성도 탐색해 볼 수 있다. 또 공유되거나 비공유된 시간투자, 파트너 각자의 시간리듬이나 커플 공동의 시간리듬(과거, 현재, 미래)도 커플의 삶에서 중요한 영역일 수 있다. 이러한 커플 문화는 커플에 고유한 커플 정체성의 확립으로 이어진다. 이러한 커플 정체성은 다음의 심급들로 구성된다. 1. 커플 자기Soi conjugal : 이것은 자기애적인 심급으로 커플이라는 집단 욕동의 저수지이자 커플 파트너 각인의 에너지가 공동으로 투여되는 지점이다. 2. 커플 자아Moi conjugal : 이것은 커플의 일상적, 사회문화적 실제에 개입하는 심급으로 커플이 '작업 커플'이 되도록 촉진한다. 3. 커플의 이상과 커플의 초자아.

이러한 커플 문화 및 커플 정체성의 확립에 관해 더 분명히 이해하기 위해서는 가정생활의 조직화, 역할 규정, 의사소통과 소통방식들, 커플 갈등, 커플의 리듬, 현대 커플에게 매우 중요한 커플의 성 등과 같은 특정 영역들에 관한 다학제간적 접근이 필요하다고 본다.

가정생활의 조직, 역할 규정, 커플 각자의 영역 배분

사회학적 접근

가정생활의 조직은 커플에 기본이 되는 기초적이고 일상적인 삶의 제스처들이 갖는 역동과 별개로 이해될 수 없다. 왜냐하면 가정생활의 조직은 커플 파트너 각자에게 달리 표상될 수 있는 필수 이행 과제들에 속하기 때문이다. 예를 들어 주택이나 자녀교육 문제는 귀족처럼 계획하고, 가사처럼 반복적이고 자동적인 일에는 대체로 무심할 수 있다. 식생활에 대해서는 가정마다 조금씩 다를 수 있다. 그런데 역사 속에서 변천해온 커플이나 가족의 일들과 관련해 카우프만은 근래 경향을 이렇게 지적했다. "지속적으로 외부화되는 경향 즉, 실제로 커플이나 가족의 일들이 점점 더 공공기관이나, 기업, 단체 등에 의해 대행됨으로써 공식화되고 사회화되고 있다."[70] 이런 현상 때문에 다음과 같은 질문이 제기된다. "대행될 수 있는 것이 무엇이고 대행되지 말아야 할 것은 무엇인가?"[71]

또한 카우프만은 가사일의 의미를 자문하면서, 이런 여러 과제들의 수

70) J.-C. Kaufmann, *op.cit.*, p.88.
71) *Ibid.*, p.88.

행이 커플 관계의 일상적 구성에 기여하며 커플 내에서 '사회화된' 파트너들의 정체성 형성에도 기여한다고 보았다. 이러한 가사 작업의 개념은 비온이 제시하고 앙지외가 수용하여 발전시킨 개념인 '작업 집단groupe de travail'을 근거로 도입된 '작업 커플' 개념과 그 궤를 같이 한다.

사적 영역의 문제는 어떠한가? 가사 균등 배분이란 생각은 최근의 사고이기 때문에 역할 배분 문제는 함께 고민해나갈 문제다. 누가 무엇을 할까? 영역별로 배분하는 것(예를 들어 요리는 누가 하고, 청소는 누가 하고 등등)이 대세인데, 이러한 영역별 배분과 평등사상은 이론상 배치되지 않는다. 그러나 카우프만에 따르면 이러한 평등의 기준에도 불구하고 현실에서 더 공정한 가사 분담은 너무 느리게 진행된다. 카우프만은 가사 분담의 상보성이 두 개의 요인(성별 차와 커플 차원의 기능)에서 비롯된다고 보았다. 하나는 파트너가 여성이냐 남성이냐에 따라 가정 체계의 상반되는 두 부문에서 가사 분담이 이뤄지며, 다른 하나는 커플 고유의 기능에 의해 파트너 각자에게 "정체성의 통일"을 담보해 주고 각인의 영역을 보다 뚜렷이 보장해 주는 방식으로 가사 분담이 이뤄진다는 것이다. 그는 가사는 여성, 물자 공급 역할은 남성이 주로 하는 등 두 영역에서 성별 특이성이 나타난다고 본다.

문화적 모델이나 부모 모델의 내재화가 커플의 간주체적 관계에 특이적인 역동과 서로 맞물리면서 부부 주기의 흐름 속에서 역할의 조종은 복잡하고 가변적이 된다. 모든 커플의 정체성은 가정 체계 내에서의 역할 분담에 의해 또 개성을 띠게 된다.

정신분석적 접근

가정생활의 조직과 역할 분담, 그리고 사적 영역의 분할 문제에 대해 정신분석가들은 어떤 담론을 형성할까?

그룅베르제에 따르면 가사의 조직화에는 파트너들의 항문기성이 요구되며, 또 수행할 과제들에 대한 리비도투여 능력이 요구된다. 이러한 리비도투여는 자기애적인 차원(가정 내부를 자기의 연장선으로 또 커플의 몸 싸개나 커플이 공유하는 자기애적 대상 등으로 바라보는 것)과 동성애적이고 승화된 가학-항문기적 측면을 동시에 갖고 있다. 이러한 역할 분담이나 영역 분할의 근저에서 작용하는 커플간 환상의 소통과 마찬가지로, 오이디푸스기 이후 부모 인물들과 그들 각각의 가정내 역할 및 그들의 관계 방식에 대한 동일시뿐 아니라 그들의 장소에 대한 역동일시도 커플의 가정 내 역할 분담과 사적인 영역 분할에 영향을 미칠 수 있다. 또 파트너들의 간주체적 관계 내에서, 커플이라는 집단의 실제 안에서 이런 과제들의 성취가 지닌 다양한 의미도 이러한 역할 분담과 영역 분할에 영향을 미친다. 과제의 성취는 자기애의 재확인을 가져오고, 승화된 전성기기적 만족으로 인해 서로에게 매력을 느끼도록 해준다.

비온이 발견하고 앙지외가 발전시킨 바 있듯이, 커플 생활이라는 영역은 모든 커플에게 두 가지 기능 수준을 동원한다. 이 두 기능 수준은 '작업 커플couple de travail(=테크닉적인 극)' 수준과 '기본 커플couple de base(=환상적인 극)' 수준을 말한다.

이러한 작업 커플은 과제 성취의 면에서, 현실 원리와 이차과정의 논리를 따르는 자아의 특성을 나타낸다. 그렇다고 이러한 의식적 협동이 완전히 이성적인 것, 이차과정적 산물만은 아니다. 이러한 협동도 의식적인 것이건 무의식적인 것이건, 감정과 환상의 순환에 영향을 받거나 동요될 수 있기 때문이다. 이러한 감정과 환상의 순환은 자극제가 되기도 하고 장애물이 되기도 한다.

위에서 언급한 승화된 리비도 에너지 외에 사용된 에너지의 형태나 원천과 관련하여, 이른 바 욕동의 실제 에너지의 기여나 커플의 '기능적 삶'에 봉사하는 자기보존적 기능을 고려하는 것은 적절하고 타당할까?

커플 소통의 다양한 형태와 방식

사회학적인 접근

사회학자들처럼 나도 '재화와 서비스'의 교환 및 이것들의 복잡한 '흐름'의 차원을 커뮤니케이션의 형태나 수준과는 구별할 것이다.

한 사람에게서 다른 한 사람에게로 혹은 서로 간에 매일 다양하고 수많은 '재화와 서비스'가 커플 가운데서 순환하며 커플의 씨줄날줄을 조직한다. 사회학자들은 이미 두 파트너들이 차지하고 있는 위치에 의해 규정되는, 구조화의 원칙이나 상보성의 작용에 대해 밝힌 바 있다. 사회적 출신이나 성별에 따라 기대하는 '재화나 서비스'도 달라진다. 남성은 신체적이고 성적인 매력과 자기중심적이고 즉각적인 정서적 지지를 원한다. 여성보다도 남성이 자신의 파트너를 베스트 프렌드로 간주하는 경향이 더 크다. 반면 여성은 경제적 재산, 감성, 친밀한 소통을 중시하며 정서적 지지도 앞서 열거된 것들에 통합된 형태로 주어지길 바란다.

복잡한 간주체적 역동 가운데서 이뤄지는 이러한 교환은 "집단적 상실과 획득"을 야기하며, 커플의 만족은 커플의 불만족과 함께 이러한 교환을 조절하게 된다는 것이 카우프만의 견해다.

소통의 형태, 채널, 메시지, 수위 등은 다양하며 커플 변천사의 단계에 따라, 또 삶의 여건이나 상대방의 정서 및 감정 상태에 따라 어떤 커플들에게는 이러한 것이 안정적이고 또 다른 커플들에게는 이러한 것들이 가변적이다.

전달되는 메시지에 특히 관심을 가진 카우프만은 고정관념과 달리 커플 가운데서는 아무렇게나 혹은 아무거나 말할 수 없다는 점을 우리로 하여금 주목하게 한다. "매우 제약적인 규칙들이 의사의 소통과 교환을 구조화하고 제한한다."[72] 그는 우리가 이해할 수 있도록 미리 메시지의 다양한 유

72) *Ibid.*, p.111.

형을 소개한다.

양적으로 가장 많이 사용되는 소통방식은 대소사에 관한 일상의 대화다. 대화는 간주체적 관계를 살찌우고, 커플이라는 집단의 실제를 구성하고 산출하고 유지할 뿐 아니라 집단의 정체성을 조직화하고 공고화하는 주요 수단이다. 그러나 대화의 어떤 대목에서 커플은 단순한 수다에서 다른 종류의 메시지로 옮겨갈 수 있는데, 언어화되거나 아직 언어화되지 않은 비공식적 '몽상' 의 맥락에서 어떤 방향 전환이 일어날 수 있다. 그 결과 미래 계획에 대한 작업 커플의 결단이 내려질 수도 있다.

세 번째 유형의 소통은 커플 관계의 정서적 차원과 관련이 있는데, 이것은 상대방에 대한 애정어린 리비도투여, '타인에 대해 염려할 수 있는 능력', 그리고 이러한 능력과 결부된 자기애의 확인 등을 보여준다. 네 번째 유형은 불만족, 갈등, 분노의 말들, 갈등시 사용되는 '차가운' 설명의 말 등을 관리하는 것과 관련이 있다. 다섯 번째 유형은 커플 관계 자체를 분석하고 평가하려는 시도와 관련돼 있다. 물론 이것은 가장 사용하기 어려운 소통의 방식이다. 왜냐하면 이러한 소통은 커플의 기초가 되는 것들을 건드릴 위험성이 있기 때문이다.

표현 방식들은 전달되는 메시지의 유형에 따라 달라진다. 언어적 소통은 가변적일 수 있으며, 제스처 등의 비언어적 소통은 정서나 관계적 차원에서 특히 사용된다.

카우프만은 커플간 의사소통의 영역에서 성별간 차이점을 발견했다. 실제로 남성과 여성은 자신을 표현하는 방식이 같지 않다. 여성은 커플이나 가족에 관한 대화를 훨씬 더 자주 시도하지만 여성이 차지하고 있는 지위 때문에 이러한 시도는 실패로 돌아가기 십상이다. 반면 남성은 이러한 주제에 관해 대화를 훨씬 더 드물게 시도하지만 대화에 진전을 가져온다. 여성은 말을 더 많이 한다. 왜냐하면 여성이 더 할 말이 많고 요청할 것이 더 많기 때문이다. 남성은 커플에 덜 집중돼 있고 '침묵 속 도피' 나 '은밀한 탈퇴' 에 더 능하다. 남성들의 커플내 대화는 보다 중립적이고 공적인 사실을 더 많이 다룬다. 커플 자체에 거는 기대가 더 큰 여성의 경우는 덜 중립적이고 보다 극단으로 치닫는 소통을 한다. 정서적 경향으로 인해 여성은 극히 긍정적(웃음과 미소가 더 빈번함)이며 또 기대와 관련해 설명을 요구하는 경향으로 인해 극히 부정적(비난)이다. 동일한 이유 때문에 여성은 보다 명확하고 이해가 분명한 메시지를 보낸다.

정신분석적 접근

의사소통은 그것의 다양한 기능적 형태, 수준, 계열 안에서 커플의 형성에 기여하며 커플의 간주체적 관계 내에서 파트너들의 역할 및 커플 정체성의 조직화에 기여한다. 또 의사소통은 커플의 현실을 '살찌우는 재료' 를 생산하고, 커플의 '존재적 정합성' 에도 기여한다. 물론 의사소통에는 '화용론적' 기능도 있는데, 이에 관해서는 여기서 다루지 않겠다. 여기서는 의사소통이 지닌 간주체적이고 집단적 측면에 관해서만 다룰 것이다. 어떤 형태의 소통 형태들은 무의식적 역할 배분의 면에서 특히 커플 당사자들에 의해 선호되는데, 이러한 배분이 직접적인 만족과 간접적인 만족은 물론 환상적인 만족도 가져다주기 때문이다. 언어적 소통에서는 '행동 대장', '환상 배포자' 의 기능과 마찬가지로 대변인의 감응적 기능도 커플 중 한 사람에 의해 수행된다. 커플 중 한 사람에 의해 매우 중시되는 언어적 의사소통은 제스처, 촉감, 시각 등을 중시하며 소통 언어로서 행동을 사용하는 상대방(언어 소통을 별로 중시하지 않는)의 태도와 공명하게 된다. 이러한 무의식적 모티프 중에서 어떤 문화적, 개인적 표상들은 언어적 소통을 여성적인 것과 결부시키고, 행동은 남성적인 것에 결부시킨다. 신경증적인 동기에서 언어적 소통이 지나치게 에로틱하게 리비도투여 돼 있을 경우, 언어적 소통은 무의식적 타협으로서 억제 대상이 될 수 있다. 커플의 환상이 융합과 공생적 표상으로 가득할 때 이러한 언어적 소통 형태는 개인의 정신적 통합성을 위협하는 것으로 경험될 수도 있으며, 이리하여 커플 관계에서 다양한 측면들이 빈곤해질 수 있다. 대개 투사적 성격이 강한 가학-항문기적 차원인 공격적 차원은 언어화가 힘든 부부 위기 가운데서 우세하게 작용할 수 있다. 이는 자기애적인 상호간 부정에서 기인하고 또 이것을 강화하면서 결국 '부부간 폭력' 으로 비화될 수 있다. 이러한 폭력에는 재활성화된 편집-분열 포지션의 환상들이나 '가학적 원초장면' 의 환상이 그 근저에 있을 수 있다.

갈등 시기에는 소통들이 파트너 각자에게 '개별성'의 재확인, 정신적 경계의 강화 등과 같이자기애적인 만족을 가져다주는 방식으로 이뤄지거나, '재조정을 향한 충돌'의 맥락에서는 가학-항문기나 남근기와 같은 전성기기적 차원의 만족을 가져다주는 방식으로 소통이 이뤄진다. 갈등기 의사소통은 세 가지 차원에서 즉 집단적, 간주체적, 개인의 정신내적 차원에서 '조정'이 일어나게 한다.

정체성의 한 요소가 되는 커플의 습관적인 소통 유형 외에, 소통의 유형은 파트너 중 일인이나 이인이 경험한 변화들로 인해 시간 속에서 진화할 수 있다. 그러나 또 소통의 유형은 존재론적 사건이나 파트너 각자의 감정 변화 등에 내재된 가변성의 영향을 받아, 전달되는 메시지가 특정 형태나 유형을 띠게 될 수 있다. 실제로 모든 커플은 그만의 고유한 소통의 레파토리를 가지며 다양한 요인에 따라서 상황에 알맞은 소통 방식을 택한다.

갈등

사회학적인 접근

갈등의 형태와 원인은 다양하다. 이태리인 사회학자 도나 프란체스카토(1992)는 갈등의 주된 원인으로 두 가지를 꼽는데, 하나는 파트너 간 차이점

관리의 어려움이고 다른 하나는 사랑의 환멸이다.

초기에는 서로 상보성을 추구한다는 점에서 커플간 차이점은 그 자체로서 문제되지 않는다. 이런 차이점이 파트너간 이해 대립으로서 표현될 때, 혹은 커플간 미래계획의 엇갈림이나 서로 생각하고 행동하고 느끼는 데서의 차이점이라는 고통스런 현실 앞에서 매일 '짜증이나 신경질'로 표현될 때에만 문제가 된다. 그래서 도나 프란체스카토는 갈등의 대다수는 '배우자의 행동 방식이 갑자기 참을 수 없게 되는 것' 때문에 생긴다고 주장했다. 카우프만은 이러한 커플간 차이점들이 부딪침으로써 생기는 효과의 다양성을 '정체성의 작업이 갖는 모순적 성격'으로 설명한다. 카우프만은 이렇게 쓰고 있다. 실제로 "커플은 자기의 확장이자, 두 사람이 동시에 경험하는 구체적 경험 안에 나라는 것이 녹아들어 상대에 대한 비판을 거절하는 것이며, 차이점을 부인하는 능력도 바로 여기에서 나온다. 그러나 개인은 자기 고유의 경계를 재확증함으로써 부상하지 않을 수 없다. 갈등이 지닌 유쾌한 해방자적 측면은 이렇게 개인의 자기가 확고히 발현되는 것과 관련이 있다 (흔히 이러한 해방의 측면은 개인의 이익에 대한 권리주장과 연결된다). 그러나 이것은 커플이 파괴될 우려가 있기 때문에 너무 자주 반복돼서는 안 된다. 그래서 언제나 갈등에는 주저함이 있으며 이로 인해 커플간 모순은 매우 복잡해진다."[73] 이러한 담론은 엄격하게 사회학적인 것이라기보다, 르메르의 생각들에서 영감 받은 매우 사회심리학적인 담론이다.

이에 반해 사랑의 환멸은 훨씬 더 단순해 보일 것이다. 커플의 주기는 초반의 강렬한 사랑 감정에서 다정함, 공모, 관대함의 형태로 변모된다. 바로 여기에서 상실이나 향수의 경험이 생겨나고, 과거에 대한 애도 작업의 필요성도 생긴다. 여성은 부부 소통에서 친밀감의 상실을 불만스러워하는

73) *Ibid.*, p.118.

반면 남성은 여성 파트너의 매력이 떨어지고 그녀에 대한 관심이 줄어들고, 서로 비교적 분명하게 성을 거부하는 데서 오는 성적 상실이 더 불만스럽다.

게다가 카우프만에 따르면, 수십 년 전부터 커플의 불안정성이 늘면서 부부 갈등의 위상도 바뀌었다. 왜냐하면 예전에는 제도적으로 안정된 결혼의 틀 안에 갈등이 위치했지만, 근래에 부부 갈등은 부부 해체로 이어질 수 있기 때문이다. 과거에 부부 갈등은 배우자를 바꾸는 것이 아니라는 조건하에서 폭력적일 수도 있었다. 반면 요즘에는 부부 폭력이 부부 해체를 가져올 위험이 있으므로 자제될 수밖에 없다. 그러므로 커플을 문제 삼지 않고서는 갈등에 돌입할 수 없게 되었다. 의례화된 진정한 가정살림의 풍경이 만들어지고, 명백히 규율 효과가 있는 이러한 의례화는 커플 붕괴의 위험을 예방하게 될 것이다. 불만을 다루거나 표현하는 것인 이러한 갈등들은 '방출해소' 의 기능이 있으며, 문제가 있음을 나타내는 표지자의 기능도 하는데, 이러한 문제의 외현화가 커플이나 커플 당사자 모두에게 유익한 변화를 가져올 수도 있다.

정신분석적인 접근

커플의 현실은 모두 역동적이며 구조적으로 갈등을 가져오게 돼 있다는 점을 기억하자. 사실 커플의 구성과 그것의 지속성은 타협 형성과 다음에 열거되는 대립쌍 간의 주된 갈등을 완화 혹인 부인하는 것을 전제로 한다. 1.자아 vs 사랑 대상 2. 자아 vs 대상-커플 3.동질성 vs 이질성 4.자기애 vs 대상성 5. 에로스 vs 파괴욕동 6. 자기보존 vs 성 7. 전성기기성 vs 성기기성 8.남성성 vs 여성성 9. 정신적 양성애 vs 성적 동일성 10. 커플 vs 외부 현실 11. 사적 커플 vs 공적 커플. 다양한 방어기제들을 동원하는 정신내적 혹은 간주체적 타협은 작동할 수밖에 없으며 그것 자체가 역동적이고 경제적인 성격을 띤다. 즉, 변화무쌍하고 가변적이므로 또한 취약하다. 바로 이런 이유 때문에 커플의 갈등을 정신분석적으로 이해하는 데에는 반드시, 무엇보다 살아있는 실제로서의 커플을 상정하는 것이 필요하다. 살아있는 실제라는 것은 곧 역동적이고, 경제적이고, 지형적이며, 유익과 불행의 근원이 되는 커플 바깥 세계에 동참하고 있다는 것이다. 불충분한 타협, 개인이나 커플의 위기 상황에 대한 통제 부족으로 '양적인' 경제적 요인이 우세함 등의 현상은 개인이나 커플 차원의 고통을 야기하며 이러한 고통은 정신적, 신체-성적, 사회문화적 차원에서 다양하게 '커플의 갈등'으로 나타난다. 부부 갈등은 다양하고 가변적인 형태를 띠거나 규칙성을 띠면서 의례화의 방향으로 진화한다. 갈등은 다양한 소통 수단을 통해서 표현되지만, 무의식적인 걸림돌들이 갈등의 표면화를 저해함으로써 잠재 상태로 남아있을 수도 있다. 우리는 이러한 걸림돌의 존재를 작업실 내에서 내담자에게 느끼는 역전이 감정들(긴장, 무거움, 지루함 등)을 통해서 상상해 볼 수 있다.

커플 갈등은 모든 커플에 내재된 갈등의 역동을 '소란스런 방식'으로 보여주는 것이지만, 이것들은 또한 커플 작업travail de couple의 실패를 보여준다. 커플 작업이라는 개념에 대해서는 다음 장에서 다룰 것이다.

커플 갈등의 기능 중 르메르는 불충분한 개인적 경계들의 설정 및 강화 기능을 언급했다. 자기애적인 확신과 정체성의 재확인이 위협 받으면 커플의 갈등으로 표출된다. 갈등은 또한 커플 기능에 변화가 필요함을 표현하는 방법일 수 있다. 커플이나 커플 각 구성원이 커플-대상과 맺는 관계에 변화가 오거나 재조정의 순간에 기능하는 갈등의 역할도 바로 여기에 있다.

커플의 리듬

모든 커플의 삶에는 공간, 시간, 개인 및 커플 차원의 다양한 활동 등을 규칙적으로 분할하는 리듬이 있다. 이러한 것들의 교차가 다양한 대립적 요소들을 통합하면서 커플에게 고유한 리듬을 부여한다. 이러한 리듬의 예로는 공적 커플(가정 외에서의 커플, 사회적, 직업적 커플, 우정어린 커플)/사적 커플(가정 내 커플, 사랑의 커플, 부모 커플, 작업 커플), 낮 커플/밤 커플, 사랑의 커플/부모 커플, 주중 커플/주말 커플, 일상 커플/바캉스 커플 등이 있으며, 파트너 각자에게도 개인적인 시간과 커플을 위한 시간이 연속적으로 교차할 수 있다.

일례로 일상/바캉스 리듬을 한번 살펴보자. 이것은 뚜렷한 대조가 특징적이라 할 수 있는 현대 커플에 특이적인 어떤 리듬을 보여준다. 사실 일상생활은 직장 일과 가사, 반복적이고 지루한 관행들, 뚜렷이 분리된 커플의 시공간, 불안을 야기하는 수많은 갈등 대상 등으로 채워지며 작업 커플은 현실원리와 현실원리가 부과하는 제약이나 좌절, 그리고 이차과정적 정신기능 논리가 지배적이다. 이에 반해 바캉스 시기에는 표상들을 불러일으키고 다음과 같이 매우 상이한 커플의 경험이나 관습들로 채워진다. 쾌락원리가 지배적이며 일상생활이 부과하던 방어적 억압을 내려놓음으로써 유아적이고 퇴행적인 만족을 주는 행동들과 전성기기적 욕망들에 에너지를 투자하게 되며 그간 미뤄두었던 성에 대해서도 리비도의 재투여가 일어난다. 파트너 각자에게 자기애적 회복이 일어나며 '집단적' 착각이 일깨워진다. 커플이라는 집단에 자기애적이고 에로틱한 리비도가 재투여되는데 이것은 공유된 쾌감과 함께 머물면서 '뭔가'를 함께 경험하고 행하려는 욕망들로 표현된다. 이처럼 바캉스 기간은 커플과 커플 구성원에게 정기적으로 재활과 회복을 가져다줌으로써 또 다른 현실인 일상을 견디도록 하는 기능이 있다. 하지만 이러한 유쾌한 바캉스 기간도 위험할 수 있으며, 취약한 커플들에게는 다양한 불안을 불러올 수 있다. 취약한 커플은 일상에서 서로를 분리해주던 바로 그 거리를 되찾을 필요가 있기 때문에 바캉스 기간이 불편할 수 있다.

성생활, 커플의 성

인류학적인 관점

먼저 여기서는 고들리에M. Godelier와 에리티에F. Héritier를 중심으로 성에 관한 몇 가지 개론적 내용을 소개하겠다.

고들리에에 따르면 모든 사회에서 성은 정치, 경제, 종교 등과 같이 섹스나 성의 재생산과는 전혀 상관없는 다양한 실제들이 기능하는 데에 활용된다. 도처에서 몸들과 섹스가 "자기도 모르는 곳에서 오는 담론들을 청중을 향해 뱉어내는 복화술 인형"[74]처럼 기능하며 "사회는 성sexualité 속에서 환상을 갖는다."[75]

또 각 사회마다 몸에 대한 표상은 '개인을 제약하는 사회적 고리'를 형성하여 그가 누릴 수 있는 내밀함(성적 관계)의 형태를 한정하게 된다. 아이는 태어나자마자 이러한 한정된 '사회 틀' 내에서만 타자를 향한 자신의 욕망을 향유할 수 있고, 가까운 사람 중 일부는 금지 대상이라는 것을 알게 된다. 이것이 바로 근친상간에 대한 금기이며, 사회문화적으로 다양하게 표출된 것이다. 사회적으로 용인된 이러한 내밀함의 형태가 모든 주체들에게 있어 타자와의 만남을 조직하게 된다.

에리티에(1996)에 의하면 전통적인 사회, 특히 아프리카의 경우는 성교를 맺고 재생산을 할 수 있는 권리는 성적으로 활발한 세대가 독점한다. 그리고 이러한 권리는 적절한 의례, '알 수 없는 어떤 자발성'를 통해 다음 세대로 이양된다. 그러므로 아들의 '생명력'은 아버지의 생명력이 후퇴함으로써 오고, 딸의 생식력은 어머니 생식력의 후퇴로부터 온다. 어느 쪽도 먼저 '나서는' 자발성을 보여선 안 된다. "이것은 선대 어른들에게 무례를 범하는 것이며 세대 간에 부딪침이 없는 조화로운 계승을 규율하는 사회 법규

---

74) M. Godelier, *Métamorphoses de la parenté*, Paris, Fayard, p.342.
75) *Ibid.*

를 위반하는 것이다" 라고 에리티에는 말한다. 이러한 규칙 위반은 사회적으로 처벌되거나, '신비한 방식으로' 응징된다.

사회학적 관점

보종이나 고들리에를 포함한 다른 학자들에 따르면, 성은 성으로도 생물학으로도 설명되지 않는다. 시간 속에서 일어나는 성의 변형은 다른 사회적 변형들과도 연계해서 이해해야 하며, 나라별로 성적 관행을 비교할 때도 각 역사에 뿌리를 둔 사회적 차이점들을 고려해야 한다. 20세기에는 성이 재생산, 결혼 제도, 이성애라는 세 요소와 동일시되던 관념이 후퇴하는 큰 변화가 있었다는 점을 기억하자. 이러한 변화는 또 개인들이 온갖 타협을 통해서 해결해야 하는 많은 모순적 명령들이 부상하고 있다는 점과도 연결돼 있다. 상호성에 대한 요구와 개인의 자아실현에 대한 요구를 서로 조화시키고, 자발성과 자기조절능력을 동시에 보여줘야 하며, 상황 속에서 유연성을 보여주면서도 자기일관성을 유지해야 하는 등 수많은 타협들이 필요하게 된 것이다. 보종은 각 나라는 그 나라 고유의 역사와 그 나라가 형성해온 틀이나 의미들과 관련해서 서로 다른 성 변천사를 보여준다는 점을 지적하고 있다. 중요한 차이점은 각 사회의 결혼 제도, '사회 연령층의 조직', 남녀 성별 간 관계에 내재돼 있다. 남부 유럽 국가들에서는 전통적으로 여성과 남성의 세계가 분리돼 있음으로 인해 여성의 낮은 고용시장 참여도, 결혼 제도의 견고성, 매우 불공평한 가사 분담, 성적 행동에 대한 이중적 기준의 적용(첫 성 경험에 있어 남녀 간 큰 나이 차이) 등의 현상을 자연스럽게 동반한다. 북부 유럽의 경우는 모든 부문에서 남녀 간에 행위 차이가 적고 결혼이 줄고 있다는 점이 특징적이다.

보종과 함께 현대적 성이 지닌 대표적 특성과 이러한 특성이 커플에 미치는 영향에 대해 살펴보자.

성과 재생산의 분리

시간 속에서 크게 변화발전해온 내밀함과 정서의 영역에서, 성은 이제 주체의 건설에 근간이 되는 개인적 관행으로 보이기 시작했고, 이러한 성적 관행 가운데서 재생산이 차지하는 위치는 축소되었다. 1960년대부터 시작된 '제2의 피임 혁명'은 출산에 대해 전혀 다른 시각을 불러왔다. 이제 출산은 두 사람 간에 이뤄지는 사적 설계이자, 직업적 설계와 같은 다른 프로젝트들과도 조화시킬 수 있는 하나의 프로젝트로 인식된다. 또 아이를 가질 것인지, 안 가질 것인지, 빨리 가질지 늦게 가질지, 첫 아이와 둘째 사이의 터울은 어떻게 할 것인지 등에 대해서도 다양한 선택이 가능한 프로젝트로 인식되게 되었다. 아이에 대한 욕망은 이제 아이를 갖는 것(너무 많이 낳는 것)에 대한 공포로 대치되었다. 의료적 도움으로 출산하는 것(인공수정, 시험관 아기) 등도 성을 탈자연화하는 기술로서 성과 재생산이 분리되는 과정에서 부가적인 역할을 했다.

성에 대한 의학적, 심리학적 인식의 증가

근래에 성에 관한 경험에서 의학, 심리학, 성의학의 담론과 관행이 차지하는 위치는 매우 크다. 이러한 담론이 성에 관한 행동에 준거로서 작용하게 되었고, 1960년대 이후 마스터나 존슨의 주장과 더불어, 이제 개인 및 사회적 안녕의 원천인 성 기능에 대해 관심을 쏟고 가꾸는 것은 의무처럼 생각되었다. 이제 정상적인 성 기능은 오르가즘을 경험한 두 파트너를 만족시키는 행위가 되었다. 이러한 금시대의 현상은 사회에 대한 의학적, 심리학적 인식과 궤를 같이 하며 전에는 사용되지 않던 의학과 심리학 용어로 삶의 경험들과 관행들을 설명하려는 특징이 있다. 보종에 따르면 이렇게 의학이나 심리학 차원에서 문제를 재규정하려는 현상은 검사, 진단, 치료 등과 같은 병원 진료로 이어지는데 이는 남성보다는 여성에게서 더 많이 볼 수 있는 현상이다.

커플의 성적 과정

보종에 따르면 커플의 성은 초기 단계와 안정화 단계라는 상당히 규칙적인 단계들을 따른다.

초기 단계는 다양한 레퍼토리를 구사하는 강렬한 성적 활동들로 특징지어지며, 상대 파트너만을 배타적으로 원하는 충실함이 그 특징이다. 이런 초기 단계의 커플들의 상당수가 성적 역기능을 경험하면서도 자신들의 성생활에 만족을 한다는 것은 특기할 만하다. 파트너들의 동거는 커플의 유대를 더욱 강화시키며 성생활의 강도를 높이는 데 촉진제로 작용한다. 게다가 이러한 성적 활동은 간주체적 관계로서의 커플뿐 아니라 하나의 집단으로서 커플을 건설하는 데 기여한다.

보종은 이렇게 썼다. "성적 욕망과 사랑의 감정 간의 접속은 물론 두 파트너 간 욕망 수렴 정도가 커플의 전 역사에서 이때를 능가하지는 못할 것이다."[76]

초기 몇 년이 지나고 소위 안정기에 접어들면 성적 활동은 점점 '커플을 관리하는 관행' '커플의 존재를 주기적 상징적으로 재확인하는 의례' 정도로 변화된다. 이 시기는 카우프만이 '평안의 시기'라 정의한 시기로, 안정되고 평안한 생활방식과 공유된 물건들이나 엄밀하게 사적인 물건들에 대한 애착을 중심으로 형성되는 '커플 문화 및 정체성'의 확립이 특징적이다. 자녀 출산, (동거 이후) 결혼식 거행, 자산(특히 부동산)의 구입, 공동의 사회적 네트워크 등은 특히 커플의 구조를 공고히 한다. 사랑 감정의 약화, 상호간 성욕 일치 감소, 보모 역할과 직업 활동에 대한 집중 등은 부부간 성생활

76) M. Bozon, *op.cit.*, p.54.

약화로 이어진다. 이제 성생활은 상징적으로 여전히 중요하다 해도 비중이 줄어 성욕이 전혀 없는 시기도 빈번이 있게 된다. 또 혼외 관계가 혹시 생긴다 해도 커플 초기 단계에 비해 커플의 미래에 미치는 영향이 덜 심각해진다. 부모 위상과 관련해서, 여성과 남성에게 부모가 된다는 것은 다른 의미를 갖는다. 따라서 부모가 되면 성적 에너지투자 면에서 남녀 간에 차이가 생기고 이로 인해 성교의 빈도 또한 감소된다.

성 영역에서 나타나는 남녀 차이

오늘날 대부분의 선진 국가에서 성적 여정과 태도 면에서 남성과 여성 간에 격차가 줄고 있음을 볼 수 있다. 이런 현상은 라틴 문명권보다는 북유럽에서 우세하다. 이는 전통적으로 여성에게 기대되었던 수동적 사랑의 태도가 후퇴하고 여성들에게 새로운 가능성이 열리고 있음을 시사한다. 그렇다고 실제 경험의 측면에서까지 확실한 격차의 감소가 있는 것은 아니다. 왜냐하면 실제 경험은 파트너들 간 권력 관계와 행위들에 대한 사회적 판단에 달렸기 때문이다. 여성들이 수세에 처해 있는 모든 나라들에서 이루어진 성적 행위에 관한 앙케이트 조사에 따르면, 여성과 남성의 응답 사이에 큰 차이가 있다.

부부 이전 시기에는 남녀 간에 큰 차이가 없지만, 여성에게서 더 흔히 보이는 부부 이전의 성생활 초기 모델과 남성에게서 더 흔히 나타나는 부부 이전 모델 사이에는 격차가 있다. 전자의 모델에서는 관계가 즉시 지속성을 띠는 반면, 후자의 모델에서는 파트너들이 서로 따르면서도 성생활 없이 지내는 기간이 더 빈번하다. 출산은 '서로 수렴하는 초기 커플'에서 '서로 분기되는 안정적 커플'로의 이행기에서 결정적 사건이 된다. 남녀간 기대 격차는 매우 어린 자녀를 둔 커플들에서 가장 크게 나타난다. 성생활 리듬은 감소되고 커플 초기에 비해 훨씬 약화된 수준에서 안정된다. 배우자간 작업 분담도 매우 불평등한 방향으로 전개된다. 성적인 부분에서는 남성이 관계를 이끌어가고 가사와 양육 면에서는 여성이 주된 역할을 한다. 커플 초기에는 관계가 상당히 공평하다가, 출산과 더불어 '성별 질서'가 당사자들에게 환기되는 것이다.

특히 60 이상의 장년들에게서 성에 대한 더 현저하고 지속적인 관심이 나타난다. 반면에 여성은 파트너가 있다 하더라도 남성보다 훨씬 일찍 성에 대해 무관심해진다. 여성에게 성생활은 개인적 균형에 필수적이라고 지각되지 않기에 성적 후퇴가 큰 문제로 간주되는 일은 드물다.

성이 경험되는 방식은 사회적 표상들로 표현되는데, 이러한 사회적 표상은 여성적인 것과 남성적인 것을 분명하게 구분한다. 여성적인 성은 무엇보다 정서, 관계, 출산, 부부애 등으로 간주되는 반면 남성적인 성은 자연적 욕구, 개인적 욕망, 쾌락 차원으로 생각된다. 남성의 욕망은 긴급하고 독립된 것으로 생각되며 여성의 욕구는 완만하고 남성의 욕구에 의해 활성화되는 것으로 간주된다. 우리는 항상 남성과 여성의 성적 삶을 서로 다른 기준에 따라 판단하는 경향이 있으며 이러한 기준은 파트너들을 위계화하며 파트너들은 이러한 기준을 내재화한다. 보종이 "서구 여성들에게 상당히 많은 가능성이 열려 있음에도 불구하고 성의 영역은 표상과 실제 두 측면 모두에서 평화로운 불평등의 땅으로 남아있다. 이 불평등의 지대에서는 성별 간 차이와 비대칭이 훌륭한 성적 교류의 조건 그 자체라도 되는 것처럼 보인다"[77]고 말한 이유도 바로 이 때문이다. 이러한 비대칭은 "내밀한 영역에서 성 불평등이 계속 재구성되고 있음을 나타내는 하나의 표현"[78]일 것이다.

77) *Ibid.*, p.76.
78) *Ibid.*

성의학자의 시각

이제 정신과의사이자 성의학자인 윌리 파시니Willi Pasini의 견해를 검토해 보자. 최근 수 십년 동안 '로맨틱한 커플'에서 '육감적인' 커플로의 이동이 있었음을 알 수 있다. 육감적 커플은 정서보다는 성욕을 중시하며, 이들의 성은 '관계적' 이라기보다 '욕동적'이며, 사랑을 훼손하고 커플 내에서 성이 꽃피는 것을 저해할 수 있는 성의 소비가 바로 그들의 논리다. 실제로 남자들과 여자들은 흥분시키는 새로운 감흥을 추구한다. 그러나 파시니에 따르면 오직 성적 교환만을 토대로 한 관계는 자멸하게 돼 있다. 왜냐하면 성은 그 정의상 안정적이지 않기 때문이다. 성적 갈망의 차원에서 커플이 '위험지대'인 것도 바로 이 때문이다. 그러나 욕망의 관리가 커플의 역사에서 유일한 문제는 아니다. 권태의 문제가 또 있기 때문이다. 바로 이 때문에 파시니는 파트너 상호간의 매력이야말로 커플을 지키는 가장 큰 수호자라고 보았다.

그는 또 이제 욕망의 표현은 더 이상 남성들만의 권리가 아니라고 본다. 사회문화적 제약들로부터 여성적 욕망이 해방되면서 여성들 역시 '욕망할 수 있는 권리'를 찾고 그것을 자유롭게 표현할 수 있게 되었다는 것이다. 오늘날 여성은 다른 형태의 새로운 성을 원하는 반면 남성은 '안정되고 일상적인 부부관계' 내로 피신하려는 경향이 있다. 바로 이런 이유로 여성들이 반려자의 약한 욕망에 대해 불평한다고 파시니는 지적했는데, 이러한 불평은 예전에는 남성들의 전유물이었다. 또 여성들은 '성 소비자'가 됨으로써 성을 정서나 재생산과 분리시키고, 남편과 더불어 한 명 혹은 여러 연인을 갖으려는 경향을 보인다. 여성들은 새로운 성적 자극을 기대하고 자신들의 매력을 확인하고 정서적 만족까지 얻고자 한다. 이제 더 이상 은폐되지 않고 명시적이 된 여성의 혼외관계도 남성들의 경우 못지않게 흔하다. 이는 역사적으로 새로운 현상이며, 스캔들과 불명예라는 사회적 법률적 차단막

이 사라지면서 이러한 현상은 서구에서 더욱 가능해진 상황이다. 파시니는 지난 몇 십 년 동안 가장 크게 진화된 것은 바로 여성들이라며 마치 '경향의 전복' 현상을 보는 것 같다고 논평한다.

그는 또 '위생상의' 성과 '에로틱한' 성을 구별할 필요가 있다고 본다. 마치 스포츠를 하듯이 위생을 위해 하는 성교는 환상과 매혹을 겸한 에로틱한 성과는 다르다. 한편으로 성은 상대편이 수용하지 못하는 다양한 성적 '실험', 도를 넘어서는 성을 다른 상대방이 도입하고자 할 때 커플을 불안하고 취약하게 만들 수 있다.

파시니는 성의학자로서의 임상 경험을 토대로, 흔히 사용되는 성적 관행들을 열거했다. 성기, 항문, 구강 등을 사용한 성교 외에도 커플이 '가정용 포르노 영화'를 사용해 관음증-노출증을 즐기거나, 가정내 혹은 클럽 차원의 파티에서 가학-피학증 시나리오를 연출하거나 권태를 극복하기 위해 스와핑을 하는 경우도 상당이 많다고 그는 말한다.

정신분석적인 접근

인간의 성은 '생물신체적' 성이자, '사회적 성'이며, 또 정신적 성임을 알 수 있다. 이제 성의 이러한 주된 측면을 살펴보자.

근본적으로 갈등이 있고 파트너 각인과 커플 모두에 의해 가변적으로 리비도가 투여되는 커플의 성은 앙드레 그린이 정의한 바 있는 '에로스 사슬'의 다양한 고리들을 동원한다. 자기애적인 흐름, 다정함의 흐름, 에로틱한 흐름, 공격적 흐름 등이 있고, 유쾌-불쾌 상태가 있으며 리비도의 전성기기적 요소와 성기기적 요소가 모두 동원되며 파트너 각인의 정신성성 psychosexualité과 양성애가 다양하게 조합되어 개입한다. 또 정서와 전성기기적 환상(주체/대상의 융합, 양성애, 함입되거나 함입해버리는 것 등) 및 오이디푸스적 환상(유혹, 원초장면, 거세, 근친상간 환상 등)을 적재한 의식적 무의식적 표상들에 의해 남성적 욕망과 여성적 욕망이 특정화되고, 이러한 전성기기 및 오이디푸스 환상들은 또 파트너간 동일시의 교차에서 오는 전성기기적 불안과 오이디푸스적인 불안을 불러온다. 열거된 이 모든 것이 사랑 행위 가운데 작용하지만 파트너 각인의 역사에서 시기와 순간에 따라 이것들 중 특정한 측면이 우세하게 작용하게 된다. 따라서 성은 전성기기와 성기기, 이성애와 동성애가 공존하고, 욕동이 직접 방출되거나 억압될 수 있으며 또 환상이나 승화 혹은 상징에 의해 간접적으로 표출되기도 한다. 따라서 커플의 성 스타일은 두 배우자가 함께 창출하는 것이며 모든 진화 가능성을 안고 있다.

욕동의 직접적인 만족 외에도 성행위가 구현하는 '자기애적 합일' 상태에서 경험되는 충만감에서 비롯되는 자기애적인 만족도 있다. 실제로 성행위는 동체라는 이미지적 환상을 실현하는 것이며, 이러한 동체 환상은 정신적 집단적 단위로서의 커플을 구조화해주는 자기애적 환상이다. 또 성행위는 양성성의 환상을 구현하는데, 양성성을 가졌다는 이러한 환상은 전능환상이며 성별 차나 다른 모든 차이들을 부인하는 환상이다.

성적 장애들은 개인적, 간주체적, 집단적 동기가 개입된 다원결정적 측면이 있음을 기억하자. 간주체적 차원에서 성 장애를 해석한다면 '증상-대변자porte-symptôme'의 개념이 필요하다. 성 장애에 관여하는 의미작용 중 대표적인 것으로는 근친상간 환상, 관계의 격렬함 정도를 제한, 이인증을 불러오는 융합 위험에 대한 경계, 함입하거나 함입 당하는 환상, 타자 욕망에 복종하는 것에 대한 거부, 몰입으로 인한 자기상실에 대한 두려움, 여성의 경우 파괴적으로 느껴지는 위험한 페니스와 관련된 활성화된 무의식적 환상, 남성의 경우는 위험한 질에 대한 환상 등을 들 수 있다.

성에 관해서는 단일한 담론의 형성이 불가능하기 때문에 여기서는 일부 연구자들의 이론적 견해를 소개함으로써 이 분야의 복잡성을 일별하는

데 그치겠다.

• 프로이트는 성적 활동의 욕동적 목표들 가운데는 만족이 항상 용이하지만은 않은 도착적인 요소(항문기성과 가학성)와 근친상간적 환상이 존재한다고 지적했다. 그가 "애정 생활에서 진정으로 자유롭고 행복하려면 여성에 대한 존경심을 극복하고 엄마나 누이에 대한 근친상간적 표상들과도 친숙해져야 한다" 고 말한 것도 바로 이 때문이다.

• 멜라니 클라인은 남녀의 성성과 관련된 환상의 차원을 숙고하면서, 성을 특히 유아가 어머니나 아버지에게 가졌던 다양한 가학적 환상들과 연결시켰다. 클라인은 성욕과 공격 욕동이 서로 얽힘으로써 생긴 죄책감과 성이 연결돼 있다고 보았으며, 이러한 죄책감은 상처 입은 사랑 대상을 복구하려는 욕구로 이어진다고 보았다. 성적 만족은 성이 가져다주는 쾌락 외에도 정신적인 안전감을 주며 자신의 성기와 상대방의 성기가 위험하지 않고 좋은 것이라는 확신을 준다. 이렇게 해서 두 사람은 좋은 사람이 되고 이러한 감각은 실제로 성적 쾌감을 증대시킨다. 또 여기에는 남성적, 여성적 욕망도 관여하지만 좋은 자녀, 좋은 부모에 대한 동일시 욕망도 존재한다.

시기심은 감사의 마음을 불러오는 희락jouissance의 능력을 훼손한다. 멜라니 클라인에 따르면 페니스 시기심은 어머니 젖가슴에 대한 시기심과 연결된다. 이러한 시기심이 성생활에 미치는 영향은 어떠할까?

여성의 경우는 남성 편력이 어머니 페니스와 어머니 젖가슴에 대한 승리일 수 있다. 남성의 경우 시기심이 지나칠 경우 그의 시기심은 정상적인 만족에 반대해서 그의 증오와 불안을 여성의 질에 전치할 수 있다. 수유 관계가 불안정하면 여성들과의 성기적 관계에 실제로 영향을 미쳐 성불능이나 강박적인 성기적 만족 추구의 증상을 보일 수 있다.

• 성적 자율성의 상실과 관련된 주체의 자기애적 고통을 언급하면서 그룅베르제는 성적 합일의 기능 중 하나는 주체에게 자기애적 충만감을 회복시켜주는 것이라고 말했다. 이러한 자기애적 충만감은 여성과 남성 모두의 무의식 속에서 남근phallus으로 표상된다.

• 앙드레 그린에 의하면 '에로스의 사슬chaînes d'Éros'이란 표현은 모든 개인이 자기 에로티즘에 종속된 상태, 곧 성적인 것을 통해 추구되는 목표를 지니고 있는 각인의 에로티즘에 종속돼 있는 상태를 나타낼 뿐 아니라 신체가 대상에게 몸으로 묶여있는 상태를 가리킨다. 성과 자기애의 관계로 말할 것 같으면, 성은 마치 자기애적 리비도가 대상 리비도투여로 인해 빈곤해질 위험성이라도 있는 것처럼 자기애와 경쟁관계에 있다고 경험되지만, 때론 성이 주체의 자기애를 풍성하게 할 수도 있다. 그는 자아 병리를 숨기고자 하는 '방어적' 성화sexualisation도 존재할 수 있다고 언급했다. 따라서 '편력이 심한' 성은 자신과 배우자 사이에 다양한 파트너들을 끼워 넣게 만드는데, 이러한 현상에 관해서는 이미 르메르가 잘 설명해 놓았다.

• 쿠르뉘는 사랑과 삶에서 성의 중대성을 강조했다. 그는 "욕동의 작용에 경계를 세워주는 극성과 경향성들을(직간접적으로 또는 타자에 대한 동일시를 통해) 탐색하고 활용할 수 있는 가능성, 가용성, 역량 등을 촉진하는 행위"로서의 사랑 행위를 개념화했다. 그는 또 이렇게 말했다. "사랑 행위를 '하는 것'이 정신적 기능에 접속돼 있는 한 온갖 환상들(극히 원초적 환상들로부터 극히 오이디푸스적인 환상들까지)이 사랑 행위를 위험에 빠트리거나 방해하거나 억제한다. 여기서 우리는 이미 잘 알려진 대립 쌍들을 재발견하게 된다. 통합시키는 에로스/파괴하는 타나토스, 성욕/자기보존, 이드/자아, 성기/자기 자신 등등. 여기에 또 '여성적' 신비를 체화하고 있는 여성들에 대해 남성들이 갖는 근본적

두려움을 덧붙일 수 있겠다."[79] 쿠르뉘에 의하면 오르가즘은 정신신체적인 절정의 순간들로 분류해야 한다. 억압 혹은 상징화될 수 있는 정서적 자료들을 표상화하는 정신 기능이 마비된, 즉 생리적인 현상을 표상으로 번역할 수 있는 정신적 역량을 넘어서버린 순간이라고 할 수 있다. 이러한 '에너지 넘치는 격렬함' 은 주체에게 이인증을 불러올 위험이 있다.

쿠르뉘에 따르면 애정생활의 동요에서 기인하는 성인의 성적 장애들-과거 아동기의 성욕이건 현재 성인된 자의 성욕이건-은 자신이나 커플 파트너 모두에게 위험스런 욕동적 파탄을 예방하기 위한 병적이고도 값비싼 대가들이다.

• 이제 M. 팽과 D. 브라운슈바이크[80]의 연구를 토대로 욕망의 특성을 살펴보고, 방출성욕이나 융합-무구분의 자기애적 갈망과는 대립되는 에로스적 성욕의 특성을 살펴보자.

이들은 욕망의 구조화가 일어나는 과정은 다음 두 가지-부재한 대상에 대한 표상을 보유, 즉각적 방출(이런 방출은 대상 표상을 유지하는 데 따른 즐거움, 곧 욕망의 즐거움을 증가시킴)에 대한 욕구 자제-를 통해 가능해진다고 본다. 이렇듯 욕망의 즐거움은 욕망의 구조, 즉 소유욕적 자가-에로티시즘의 핵을 이루며 이 핵은 항문기 고유의 소유욕적 기쁨의 전조가 되는데, 이런 자가-에로티시즘이 형성되려면 자기애적 융합에 대한 회피가 그 필수 조건이다. 그러나 자기애적 융합을 회피한 후에는 욕망의 구조 안에 다시 자기애라는 이 대립적 요소를 재도입해야 한다.

그러므로 성적 관계의 에로스적 측면은 최적의 기간 동안 성적 욕망을 최고 수준으로 유지하는 데 있다. 팽과 브라운슈바이크에 따르면 성적 에로

79) J. Cournut, *op.cit.*, p. 154-155.
80) M. Fain, D. Braunschweig, *Éros et Antéros*, Paris, Payot, "Petite Bibliothèque Payot", 1971.

티시즘의 본질은 따라서 실제 실행된 성적 해소라기보다 욕망 해소 가능성에 대한 느낌이다.

이들은 사랑 커플 가운데 모순이 작용함을 알아보았다. 한편으론 자기애들의 상호적 투사와 파트너와의 경계 없는 융합에 대한 갈망이 있는가 하면, 커플이 욕망 해소 가능성에 대한 느낌을 획득하기에 충분한 기간 동안 (가학증, 피학증 등) 부분적 매혹 경향을 띤 에로틱한 욕망을 유보하려는 갈망 역시 존재하기 때문이다. 욕망 해소 가능성에 대한 느낌이 일단 성취되고 나면 하나가 되겠다는 생각이 다른 모든 감각을 지배하게 된다. 오르가즘은 이렇게 서로 마주본 목표들이 만나는 지점으로, 앞서 언급된 구조적 모순이 해소되는 순간이다.

• 이제 남, 여 두 개인의 갈등 차원과 성별 차라는 차원에서 커플의 성이 갖는 복잡성을 잘 드러내준 자클린느 쉐퍼 1997[81], 2002[82], 2007[83]의 치밀하고 독창적 이론을 살펴보자.

우선 쉐퍼는 여성도 남성처럼 일생 동안 "에로틱한 성생활, 모성, 사회적 실현이라는 세 가지 극 사이에서 어쩔 수 없이 갈등" 한다고 보았다. 그리고 커플 파트너간 갈등이나 조화는 다양한 양상으로 확립된다고 본다. 쉐퍼는 여성의 경우 특히 에로틱한 삶, 모성, (남근적 의미에서) 사회적 실현 간에 갈등이 심하고 또 지속된다고 보았다. 그리고 이는 리비도 발달, 에로틱한 삶, 사회적 실현, 운동력, 정복, 남근적 성취 등이 동일한 방향으로 흐르는 남성의 경우와 대조된다고 보았다.

---

81) J. Schaeffer, *Le refus du féminin*(1997), Paris, PUF, "Quadrige", 2008.

82) J. Schaeffer, "Le parcours des antagonismes entre féminin et maternel", *in* L. Solis-Ponton(dir), *La parentalité*, Paris, PUF, "Le Fil rouge", 2002.

83) J. Schaeffer, "D'une possible co-création du masculin et du féminin", *in* P. de Neuter et D. Bastien(dir), *Clinique du couple*, Ramonville-Saint-Agne, Eres, "Actualités de la psychanalyse", 2007.

쉐퍼는 남성과 여성의 에로틱한 만남, 곧 "희락의 성"은 남성성과 여성성의 상호적 개발을 포함하여 진정한 정신적 작업에 해당하고, 이 작업은 성별 차라는 비대칭성 속에서 서로 '성기적 성격을 띤다'고 보았다. 그리고 이는 여성의 에로틱한 피학증과 짝을 이룬 '여성성의 작업travail de féminin'에 의해 구현 가능해진다고 보았다.

쉐퍼는 『여성성의 거부』(1997)라는 책에서, 트라우마를 주지는 않지만 '양분이 되는 파괴인자들effracteurs nourriciers' 세 가지를 거쳐 구조 형성에 중대한 현실검증능력을 갖게 되는 정신성성psychosexualité의 과정을 밝힘으로써 이론가로 데뷔했다.

양분이 되는 첫 번째 파괴인자는 '내부의 낯선 존재'인 리비도가 지속적으로 상승하는 것이다. 이 낯선 존재는 자아에게 타격을 주어 자아로 하여금 일하게 한다. 두 번째 파괴인자는 성별 차이에서 오는 시련과 이것이 부과하는 현실이다. 바로 이 두 번째 파괴인자가 전성기기적 모델들에서 페니스와 질을 거칠게 뽑아내버리며, 리비도의 지속적 상승이 가장 많이 작업되는 곳도 바로 이 성별 차라는 영역에서다. 세 번째 피괴인자는 '희락적 성관계 내에서의 남자 연인', 여성의 성기적 '여성성'을 발굴해내는 바로 그 남자가 세 번째 파괴인자다. 이때 앞의 두 파괴인자에 의해 이미 준비된 여성의 성기적 여성성은 파괴적 리비도, 양육적 리비도, 욕동적 리비도, 대상리비도 등 리비도의 모든 이전 행태를 종합해서 보여준다.

이들 매 순간마다 자아/욕동 간의 전투가 일어나며 이러한 전투는 (주체의) 구조 형성에 기여한다. 욕동에 의해 지배될 수 없는 자아는 따라서 스스로 시간적 주기를 갖는다. 즉, 자아는 지속적으로 올라오는 리비도를 '분절시키고, 분류하고, 수락하고 또 보류한다.' 그러니까 자아는 아래 세 극을 조합해서 꾸준히 상승하는 리비도에게 자신을 개방한다고 볼 수 있다. 이 세 가지 중 무엇이 우세한가는 항문기성analité의 성질과 그것의 개방성 정도에 달렸다.

1. '항문기적인' 극 : 자아는 욕동의 침입을 일부 받아들이고 타협한다. 이것은 '신경증적인' 해결책이다.

2. '배설물적인' 극 : 자아는 욕동의 침입을 거부하고 스스로를 닫는다. 이것은 '억압적' 해결책이며 부인의 의한 해결, 욕동을 증오함으로써 해결하는 것이다.

3. '리비도 또는 성기기적' 극 : 자아는 스스로를 열고 모든 대가를 지불한다. 이는 '욕동적 내사적 해결책' 이다. 이때 자아는 '붕괴' 되거나 대량의 리비도를 자아 속에 받아들이게 된다.

쉐퍼는 자아의 이 세 극을 성생활의 다양한 양태들에 적용했는데 매우 설득력이 있다.

항문기적 극에서는 남성이 이따금씩 갖는 긴장/방출의 성관계로 만족한다. 이때 상대 파트너는 쾌락을 얻기 위한 대상, 희락jouissance이 아닌 오르가즘을 얻기 위한 대상이다. 희락은 상대방의 희락까지도 추구한다는 것이 함축돼 있기 때문이다. 이때 오르가즘이나 쾌락은 관계 유지를 위한 끈이며, 다시 자아로 돌아오는 데 사용된다. 반면에 희락은 (항문기의 대상들이 그러하듯이) 해체, 자아로부터의 이탈, 경계 상실이며 교체가능한 다수의 대상들을 얻는 것이 그 목표다. 여성의 경우는 타협한다. 적절하게 자신을 내주었다 거절했다 하며, 사랑을 상실할 위협이 있을 때만 복종하고 성적인 평등을 추구한다.

배설물적인 극에서는 남성이 상대 파트너를 더럽히고 폄하하고 자기 권력 앞에 복종시키고자 한다. 여성의 성기는 공포의 대상이며 이때 도착적인 형태들이 나타날 수 있다. 여성은 자기 남자를 거세하려고 온갖 수단을 찾으며 페니스의 힘을 부인하고 페니스를 '배설물 속 구더기' 정도로 치부한다.

지속적으로 상승하는 리비도가 자아로 들어오는 것이 자아를 풍성하게 한다고 경험되는 것은 바로 리비도적 극, '희락의 성 관계' 내에서다. 여성성과 남성성의 공동창조와 성적 희락은 변형적 경험의 일부가 된다. 이때 자아가 견딜 수 없는 것은 자아 스스로 통제력 상실이나 굴복, '패배' 등과 연결시키는 성적 향락에 기여하는 모든 것이다.

성인의 리비도적 '성기기성'이야말로 가장 어렵고 격렬한 것이며 항문기적, 배설물적, 남근기적 방어들을 가장 강력히 동원하는데 쉐퍼는 이를 '여성성에 대한 거부'라 명명했다. 왜냐하면 이것은 성욕 가운데서 지속적으로 상승하는 리비도에 직면하여 자아 작업에 각고의 노력이 요구되기 때문이다.

쉐퍼는 '여성성의 작업travail de féminin' 개념을 도입했는데, 그녀는 이것이 여성은 물론 남성에게서도 작용하며 성의 구별을 불러오고, 언제나 갈등 상태에 있는 성별 차이를 유지하게 하고, 정신적 성정체성의 형성에 기여한다고 보았다. 하지만 정신적 성정체성은 안정적이지 않다. 왜냐하면 이것은 계속 작업되어야 하는 것이며 능동-수동, 남근-거세 등의 대립 쌍으로 퇴행할 위험이 항시 존재하기 때문이다.

여성에게 이 작업은 여성적 성을 구성하는 갈등들을 초월하는 과정 속에 있다. 여성은 서로 상반된 두 가지를 원한다. "여성의 성기는 패배를 강요하는데, 여성의 자아는 이 패배를 미워한다."[84] 남자 연인은, 그의 자아

84) J. Schaeffer, *op.cit.*, p.26.

가 리비도의 지속적 상승에 굴복할 수 있다는 조건하에서 그의 리비도를 여성의 몸 안으로 가져와 그녀의 '여성성'을 열어 드러내줄 것이다. 리비도 상승과 동일시된 남성이 여성을 그녀의 자체성애나 전성기기적 어머니로부터 해방시키는 것도 바로 여성의 질을 드러냄으로써 가능해진다. 여성이 자신의 성기기성에 접근하는 것이 더 용이한 이유도 바로 이 때문인데 여성은 이 지점에서 남성에게 도움을 받기 때문이다. 또 여성은 자신의 성기기성에 접근하는 일이 남성에 비해 더 문제시 되는데 이는 남성으로부터 그녀의 희락을 기다려야 되기 때문이다. 여성이 훨씬 더 의존적이고 성적 대상의 상실에서 위협을 느끼는 이유도 바로 이 때문이다.

남성의 경우 여성성의 작업은 계속 올라오는 리비도가 자신의 페니스를 점령하도록 내버려두고, 성적 대상에게 흠뻑 빠지는 데 있다. 이것이야말로 성적 희락에 진정으로 다가서는 것이며, 여성에게로 다가가 여성의 '여성성'을 드러내고 창조하는 '리비도적 페니스'를 가지고서 여성을 욕망할 수 있는 능력을 의미한다. 하지만 남성은 자신의 항문기적, 남근기적 방어들을 때때로 내려놓을 수 있어야 하며 '여성-어머니 몸의 위험성과 관련된 환상들'을 두려워하지 말아야 한다. 결국 남성은 '그를 사로잡고 있는 것, 즉 지속적으로 상승하는 리비도 그 자체가 될' 때 남성성에 접근하게 된다.

성별 차라는 비대칭성은 동일시에 의해 풍요로워진다. 남성은 '패배'할 줄 아는 여성의 능력에 의해 지배되는 자신을 경험하게 된다.

여성의 에로틱한 피학증의 역할은 무엇인가? 남자 연인에 의해 리비도가 투여된 여성의 에로틱한 피학증은 대량의 리비도에 복종하고 그것을 수용하는 능력을 뜻한다. 왜냐하면 이러한 피학증은 성적 대상에게 굴복하는 것이자 성적 희락의 수호자이기 때문이다. 자클린느 쉐퍼는 여성은 사랑에 의해 복종하고 사랑 없이는 자신을 온전히 내주는 것이 불가능하다고 강조했다. 여성이 사랑의 상실에 더 많이 노출돼 있는 것도 바로 이 때문이다.

바로 이 점이 성적 관계에서 여성으로 하여금 남성의 지배에 따르고 의존하게 한다. 이렇게 해서 우리는 성별 차이라는 비대칭성 속에서 '남성적인 것'과 '여성적인 것'을 관계로 엮는 '희락의 성'을 경험하게 해주는 두 파트너의 정신적 작업에 대해 더 잘 이해하게 된다. 이것은 '욕동의 내사' 경험이며 자아 확장의 경험이다. 따라서 이는 통합적이고도 변형적인 경험이며, 자기애적 차원과 대상적 차원을 재조직화하는 경험이다.

여성에게 희락적 관계를 맺는 데 걸림돌이 되는 것으로 쉐퍼는 자기실현 욕망과 모성을 든다. "여성이 자기실현 욕망에 의해 추동되는 한 [...] 그녀의 페니스 시기심과 항문기적 방어기제들은 경쟁어린 저항으로 인해 남자 연인의 파괴를 불러올 위험이 있다. 남자 연인에 대한 에로틱한 복종이나 패배는 참을 수 없는 것으로 보일 수 있으니, 오르가즘적인 자체성애적 활동에서 완벽한 불감증에 이르는 활동들이 자아에겐 더 만족스런 타협 형성일 수 있다. 그녀의 성기는 고통을 받고 있지만 좋게 보면 기다림, 잠재기에 있다고..."

"충만함까지 채워주는 모성, 여성의 개방상태가 남근적 충만과 성취로 채워지는 것 등은 남자 연인의 페니스 삽입을 막을 수 있다. 자녀[...]가 흔히 남성을 향한 에로틱한 욕망을 대치한다. 이때 남성은 보호자적 남편-아버지 기능으로 전락한다."[85)]

쉐퍼의 귀한 연구에 관한 소개는 이 정도로 마친다.

85) J. Schaeffer, "Le parcours des antagonismes entre féminin et maternel", *in* L. Solis-Ponton(dir.), *op. cit.*, p. 153-154.

커플과 자녀 욕구

인류학적인 요소들

F. 에리티에는 자녀가 경제적 자산이나 인생 보험이 될 수는 있어도 전통사회에서는 순전한 욕망이나 소유 대상, 소비재, 커플 및 개인 차원의 정서적 대상으로서 자녀를 바라지는 않았다고 본다. 전통사회에서는 자녀에 대한 욕구라기보다 성취 욕망이나 의무, 후손에 대한 욕망이나 의무의 차원이 더 컸다. 후계를 잇지 않는 것은 체인을 잘라 어떤 궁극적 성취도 불가능하게 만드는 것이다. 이것은 또 성인으로의 신분 상승을 스스로에게 금하는 일이다. 따라서 결혼과 출산은 자신이 존재를 빚지고 있는 선조들에 대한 의무다. 남녀가 만나 자녀를 갖고자 하는 욕구는, 선조를 기억하고 그들을 경외하려는 전승의 계획안에서 이뤄지는 지극히 사회적인 성취 욕구다.

정신분석적 관점

가족계획의 근저에 흐르는 가족 환상이 모든 커플들에서 암묵적, 명시적으로 작용한다는 것을 기억하자.

근본적으로 양가적이며 갈등을 내포한 자녀에 대한 욕망은 자기애적이면서도 대상관계적이다. 자신을 위해 자녀를 욕구하고 또 상대방을 위해서도 아이를 갖고자 한다. "나 당신 아이 갖고 싶어. 애 하나 만들어 줘/ 애 하나 낳게 해줄게. 애 하나 낳자." 그러나 파트너 각인의 오이디푸스가 자녀 욕구의 근본적 기초를 형성한다. 커플을 구성하는 남녀 모두는 자녀 욕구를 각 개인이나 커플 차원의 존재적 여정이라는 틀 속에서 바라봐야 한다. 또 파트너 각자 혹은 공동으로 리비도투여된 여러 대상들 가운데서 자녀가 어떤 위치를 차지하는지, 그리고 커플의 경제 및 역동 안에서 자녀가 어떤 기능을 할지도 물어야 한다. 여성의 경우 자녀 욕구에는 충만감과 자족감을 주는 자기애적 요소, 여성의 빈 틈새를 메워주는 남근적 요소가 있음을 기억해야 하며 또 자녀 욕구에는 에로티시즘, 대상관계성, 모성, 부성,오이디푸스 차원 등이 서로 공명하고 있음을 기억해야 한다. S. 포르-프라지에(1998)는 프로이트의 저술들—1925년 텍스트인 "오이디푸스 콤플렉스의 소멸"까지—에서는 여성의 자녀 욕구가 아버지를 향한 자연스런 감정 표현으로 기술되었다고 썼다. 1925년 '전환기' 이후 1931, 1933년 등을 지나면서는 자녀 욕구가 페니스 갈망의 대체물로 기술된다.

남성의 경우에는 성적 온전함과 기능이 지닌 자기애적 차원은, 자손 번창과 승계를 통해 보장되는(자기애적 성격의) 불멸의 차원과 마찬가지로 우세하게 나타난다. 커플 파트너 각인의 일차적 나르시시즘과 '커플이라는 집단 현실'이 갖는 나르시시즘은 환상 속에서 불가피하게 이상화되는 자녀, 곧 커플 공동의 자기애적 대상에 대한 이상화로 연결된다.

한편 두 파트너들의 취약한 자기애는 매우 융합적인 두 사람 가운데 자녀가 끼어들게 하는 자녀 계획이 둘에게 상처나 트라우마를 줄 수 있다.

자녀를 갖고 싶지 않은 커플의 욕망도 이후에 다시 다룰 것이다.

모니크 비들로브스키(2002)와 실비 포르-프라지에(1998)가 특히 불임을 중심으로 자녀 욕망의 문제를 다룬 바 있어 소개하겠다. 디디에 우젤(2002)의 연구도 참고로 덧붙인다.

『욕망의 자녀』[86]에서 비들로브스키는 프랑스에서 30대 전후 초산이라는 최근 현상과 연결해서 출산의 감소라는 서구사회의 복잡한 현상을 탐구했다. 이러한 출산 감소의 원인은 사회학자들이 이미 확인한 바 있는 최근의 사회적 변화들 때문인데 학업기간의 연장, 여성의 사회진출, 이로 인한

86) M. Bydlowski, *Les enfants du désir*, Paris, Odile Jacob, 2002.

여성의 지위 변화, 다양한 피임방법의 출현으로 인한 상대적 불임(최적의 임신 연령대는 18세~ 28/30세)의 증가 등이 특징적이다. 성과 재생산의 분리 외에도 이러한 변화는 임신에 따른 신체적 변화에 대한 거부 태도 등을 조장하며 자녀 욕구에 담겨 있는 근본적 양가감정을 부추긴다. 따라서 이제는 "출산을 원한다면 출산에 대한 거부적 태도를 멈춰야 한다. 출산은 일상화된 피임을 의도적으로 멈추는 데서부터 시작된다"[87]고 할 정도다.

오늘날 자녀 욕구는 개인 및 커플 차원에서의 자기실현의 연장이다. 이는 개인과 커플이라는 집단 차원의 창조적 몽상으로 표현되는 의식적이고도 무의식적인 환상 활동으로, 이 점에 대해서는 차차 살펴보기로 한다.

비들로브스키는 젊은 여성의 자녀 욕구는 다음 세 가지 요소가 조화된 결과라고 보았다. 1. 첫 번째 사랑 대상인 초기 모성적 대상에 대한 동일시, 이 모성적 대상을 자신으로 대치하여 아버지로부터 아기를 선물 받고자 하는 오이디푸스적 욕망, 매혹적이면서도 모성적인 한 여성에게 스스로를 동일시하여 현실적인 한 남성과 적절한 성적 사랑의 만남을 갖고자 하는 욕망.

비들로브스키는 또 하나 염두에 둬야 할 점으로, 여성은 자신에게 생명을 준 어머니에게 진 '존재의 빚'을 갚으려는 점이 작용하며, 출산이 말 그대로 이러한 빚을 갚은 게 된다고 지적했다. 따라서 출산, 특히 첫 아이의 출산은 여성들이 자신의 어머니에 대한 '감사의 책임'을 완수하는 게 되는데, 흔히 친정어머니에게 일정 기간 첫 아이의 양육을 맡김으로써 이 임무를 수행한다.

남성의 경우는 어떠한가? 남성은 무엇보다 자기애적으로 과도하게 리비도투여된 그의 성적 능력의 온전성과 이에 대한 재확인 욕구에 몰두한다.

87) *Ibid.*, p. 18.

따라서 저녀에 대한 욕망과 임신은 남성에게 재활성화되는 거세 불안에 대한 방어적 기능을 수행하며 '자기애적 통합성'을 공고히 해준다. 오이디푸스적인 의미도 분명히 있다. 남성이 자녀를 욕망한다는 것은 친아버지의 자리와 위상을 대치하려는 욕망이기에 오이디푸스적 갈등과 이 갈등에서 비롯되는 불안스런 죄책감이 활성화되기 때문이다. 자녀에 대한 욕망은 출산을 통해, 또 상징적인 계보와 계통 안에 자녀를 영입함으로써 실현될 수 있는 불멸에 대한 자기애적 욕망에도 합치한다. 이렇게 해서 죽을 수밖에 없는 유한한 인간 조건에 정면으로 맞서는 것이다! 자녀 욕구는 남성에게 여성적이고 모성적인 부분을 일깨우는데, 이러한 모성적 부분은 여성 파트너의 모성과 조화되기도 하고 잠재적으로 충돌하기도 한다.

『무의식의 아기들』[88]에서 실비 포르-프라지에는 여성에서 나타나는 자녀욕구의 문제와 그것의 무의식적 측면들의 복잡성을 탐구했는데, 이런 무의식적 측면은 특히 '피임약 실패사건이나 피임약 복용의 망각'을 통해 나타나며, 피임에도 불구하고 줄어들지 않는 빈번한 임신중절을 통해서도 나타난다. 프라지에는 먼저 근래에 등장한 '아기를 가질 권리'라는 요구와 아이에 대한 개인적 욕망을 적절히 구분했다. 이러한 '요구'나 '권리'는 많은 여성들에게서 정상성에 대한 염려와 사회적 기대에 대한 부응을 나타내지만 온전히 성인으로서 간주되고자 하는 욕망과, 배우자 및 자기 원가족에 대한 의무를 이행하고자 하는 욕망을 나타내기도 한다. 에리티에에 의하면 이 지점은 전통사회의 표상들과도 일치한다.

프라지에는 아기에 대한 욕망과 관련하여 두 조류-여성적 성에 대한 리비도투여와 자녀 욕구-를 구분했는데, 이 두 조류는 병행되기도 하고 어떤

88) S. Faure-Pragier, *Les bébés de l'inconscient*, Paris, PUF, "Le fil psychanalytique", 1998.

순간에는 서로 용해됨 없이 겹쳐서 나타나기도 한다. 이 점에서 프라지에의 견해는 셰퍼의 견해에 가깝다.

원초적 고통을 제기하기 위해서 추구하는 '변형적 대상C. Bollas'이라는 이 한 가지 방법 밖에는 없는 것일까? 변형적 대상도 이러한 원초적 고통에 대한 해결책은 아니다. 자녀 욕망은 프로이트가 가정했던 '여성적 거세' 에 대한 복구를 뜻할까? "그러므로 자녀는 그 자체를 위해 욕망되는 것만은 아닌 남근적 성질도 갖고 있다. 자녀를 통해서 환자들은 그녀들이 자기 어머니를 그렇게 지각했던 것처럼, 완전히 만족된 충만한 어머니 이미지에 자신을 동일시하고자 한다. 여성들은 남성적 페니스보다도 여성적인 남근성을 더 추구한다."[89] 프라지에는 자녀 욕망에 포함된 이런 자기애적 차원을 기술했는데, 그뢴베르제에 의하면 자녀 욕망이 추구하는 자기애적 충만이라는 목표는 여성의 무의식에서 남근으로 표현된다.

디디에 우젤이 말하는 "부모의 속성"

우젤은 자녀 욕망은 수많은 체계이론과 정신분석이론의 대상이 된다는 점을 환기하면서, 이러한 이론들은 공통적으로, 정신이 온전히 성숙된 개인은 물려받은 생명을 전승시켜야 한다고 가정한다. 정신분석에서는 자녀 욕구가 오이디푸스적 발달의 성취(임신을 하거나 임신하게 하려는 것은 오이디푸스가 성취되었음을 함축)라고 보는데, 이 외에도 자녀 욕망은 주체의 "환상 속에서 파괴당했다고 생각된 부모 인물들을 복구하려는 욕망" 에 해당한다. "생명을 전승한다는 것은 이러한 복구 과정의 일부로, 출산을 통해 각 파트너의 부모 원상이 환상 속에서 잉태되는 것이며, 이로 인해 커플 당사자들이 회복되는 것이다. 체계이론에서 보자면, 이것은 '생명의 부채' 개념에 해당한다. '가족의 항

89) *Ibid.*, p. 108.

상성' 90)을 복구하기 위해서는 전수 받은 것을 물려주어야 한다는 것."

커플에서 가족으로 : 자녀 출산

인류학적 관점

M. 고들리에는 이렇게 말했다. "아이의 출산에 한 남자와 한 여자만으로 충분한 곳은 세상 어디에도 없다. 사회마다 그 배합 비율은 다를 수 있으나 두 사람이 (정자, 월경혈, 호흡 등) 다양한 물질을 합하여 만들어내는 것은 하나의 태아이지 결코 살아남을 능력을 갖춘 온전한 인간 유아는 아니다."[91] 인간적인 것보다 더 강한 요소들—죽은 자들, 조상, 영혼, 신령한 것 등—이 개입하여 인간적인 요소들과 합력한다. 영이나 혼 등 대개 보이지 않는 부족한 것을 추가해서 태아를 한 인간 유아로 변형시킨다.

또한 '보통의 인간'을 만들어내는 데 사회마다 여성적 성분과 남성적 성분에 할애하는 몫은 다르겠지만, 성교가 전제돼 있다는 점은 어디서나 마찬가지다. 물론 다른 인간 존재와의 성교 없이도 한 여성에게 출산이 일어날 수 있다는 것을 모든 사회가 수용하고 있다는 점은 확실하다. 이것은 예외적 출산으로 사회의 정치-종교계 건설이라는 측면에서 큰 중요성을 갖지만 보편적인 룰은 아니다.

더구나 고들리에에 의하면 인간 출산과정에 대한 이러한 집단적 표상은 태어날 아이를 세 가지 관계 유형 안에 미리 등재하는 중요한 사회적 기능을 담당한다. 아이는 예를 들어 에스키모족에게 우주 통치자로 통하는 실

90) D. Houzel, "Les enjeux de la parentalité", *in* L. Solis-Ponton(dir), *La parentalité*, Paris PUF, "Le fil rouge", 2002, p. 66.

91) M. Godelier, *Métamorphoses de la parenté,* Paris, Fayard, 2004, p. 325.

라Sila의 아들이라는 사회-우주적 차원의 지위를 차지하거나, 사회적 도덕적 차원에서 후계 계승 원리에 따라 여러 인척 그룹 중 하나에 속하여 다양한 권리 의무들 속에서 다른 인척 집단과 관계를 맺는다. 또 아이는 성별에 따라 다른 성별에 속하는 개인들과의 관계 속에서 우성(지배자의 위치) 혹은 열성(종속자의 위치)을 띤다.

"우주적 차원, 사회-도덕적 차원, 성별 차원이라는 이 세 차원은(평범하거나 비범한) 인간 자녀들이 생성되고 귀속되는 과정이다. 사회에서 지배적 힘을 발휘하는 바로 이 질서(혹은 무질서)의 세 차원은 개인이 태어나면서부터 그의 주관성 안에 각인되며, 출생과 더불어 그가 사회에서 차지하는 현실적인 위치에서 그에게 종합적으로 작용한다."[92)]

사회학적 관점

현대의 가족과 부모의 새로운 교육 원칙

F. 드 셍글리는 현대의 가족-사랑과 신뢰를 바탕으로 한 정서적 사적 관계 공간-은 제도로서 사회의 생물학적 사회적 재생산에 지속적으로 공헌하는 한편 개인주의화된 현대 사회에서 중대해진 또 다른 기능인 개인의 정체성 구축, 곧 '유아기적 자기 발현' 의 기능을 수행한다. 현대의 가족은 '모던한' 개인들을 재생산할 책임을 지고 있다.

성에 관해 이미 말한 바 있듯이, 사회가 의료화되고 심리화되는 움직임은 부모의 자녀 교육에까지 확대되고 있다. F. 드 셍글리는 심리학이 몇몇 정신분석가들(F. 돌토)의 담론을 통해 교육적인 신념과 품행 규범 등을 형성하는 데 크게 기여했음을 알았다. 돌토에게 영감 받은 표준적 규범은 다음과 같다: 아동은 그 자신일 권리를 갖고 있으며 그는 온전한 균형에 도달하

92) *Ibid.*, p. 340.

고 자기 개성을 꽃피워야 한다.

그러나 이러한 개화와 개인적 창달은 타협하기 어려운 학업 성취에의 요구와 공존하면서 서로 갈등한다. 현대 교육에서 가르쳐야 할 또 다른 가치인 평등도 차별화 욕구나 자녀들 각각에 대한 특별한 관심과는 서로 갈등 관계에 있다.

프랑스에서 1960년대에 도입된 새 교육 규범 모델은, F. 생글리에 의하면 아동기에 거는 사회적 기대의 이중성이 현대의 개인에 대한 정의만큼이나 복잡하다. 이러한 현상은 가족에게도 영향을 주지만, 가족이란 틀은 아동의 개인적 개화만을 위한 것이 아니라 사회에서 경쟁을 이겨나갈 수 있도록 준비시키는 틀이기도 하며 무엇보다 구성원의 개인적 성공이 최대 관심사다.

부모의 교육 임무가 이렇게 복잡해지는 것은 자녀의 조화로운 발달에 부모가 충분조건이 아니라는 사실 외에도 외부 도덕이나 행위 규범이 상대적으로 사라지고 있으며 이러한 규범들이 (전적으로 개인적인 도덕인) 내부 조절원리로 대치되고 있다는 사실에서 기인한다. 가족 내에서 지위가 변동된 아동들은 이제 부모의 대화 상대자가 되었으며 이들은 모든 면에서 부모와 협상할 줄 안다.

이러한 교육 목표의 복잡성은, 청소년기에 (어떤 문제에 직면해서) 이것이 어린이 고유의 영역인지 아니면 부모가 개입할 영역인지를 고민하게 되는 이중의 문제와 관련성이 있다.

또 생글리는 이러한 두 교육 원리의 갈등을 해소하는 데서 성별 차이를 확인했다. 실제로 암묵적 규범에 따르면 여성의 직업 활동은 삶의 우선순위가 아니다. 바로 이 때문에 딸들은 남자 형제들만큼 능력을 개발하지 않는다. 직업적인 삶이나 사적인 삶에서 여성은 협력과 관심 기울이기를 위주로 하는 반면 남성들은 경쟁 관계에 돌입해 지적이고 학문적인 능력을 입증할 필요가 있다.

현대의 어머니 역할과 아버지 역할

정신의 형성에 초점을 두던 교육에서 개인의 개화와 실현을 중시하는 교육으로의 이동은 가족 관계를 전반적으로 변화시켰다. 이러한 새로운 교육 원리나 목표에 합치하기 위해서는 아버지와 어머니가 고전적인 역할-가정의 중심에서 어머니는 아이들 가까이에 머물며 순종과 예절을 가르치고, 아버지는 물자를 공급하는 권위 인물-에만 머물 수 없게 되었다. 오늘날은 '복종-권위' 로 특징지어지는 구시대의 아버지 모델이 사라지고 외부 세계로의 중개, 규범에 대한 사회화 기능이라는 새로운 역할이 아버지들에게 부과되고 있음을 볼 수 있다.

F. 드 생글리는 가족내 교육을 통해 이루어지는 세 가지 기능을 구분했다.

1. 관리 및 복구 기능 : 과거에 가사의 대부분을 조직하고 행하던 일에 해당하며 주로 어머니들이 담당한다.
2. 지지와 위로 기능 : 쓰다듬고 들어주고 놀아주는 것으로 부모의 역할이지만 가정에 따라 다르다.
3. 발달 기능 : 부모나 전문가들의 개입을 포함해 대개 어머니가 담당한다. 그러나 한계의 설정, 자녀에게 금지된 행동을 공표하는 것 등의 '규범적 조절' 기능은 부모 두 사람의 몫이다.

남성은 그의 지위인 '권위주의적이지 않은' 권위자 역할을 담당하는데, 현실에서는 배우자와 협력하여 이 임무를 수행한다. 자녀들과는 특권적인 2자 관계를 맺는 일이 드물다. 또 아버지는 교육 기간에 들이는 시간이나 양육자로서 머무는 시간 혹은 시간 자체와의 관계성 면에서 어머니와 구별된다. 남성들은 공간을 분리하고자 하며, 업무 시간과 비업무적 시간, 가족, 부부, 자신을 위한 시간을 서로 분리하고자 한다. 그는 시간을 뒤섞는 일을 피하며 가정사와 분리된 자신만의 사적인 시간을 보유하고자 한다. 셍글리에 따르면 많은 남성들은 업무로 보내는 시간을 간접적으로 양육자로서 보내는 시간으로 간주한다. 따라서 아버지의 업무상의 일은 아버지 역할의 일부가 되며 아버지는 가정의 생활수준을 보장할 책임을 일차적으로 떠안는다. 남성이 업무에 몰입하는 것은 우선적이며 여성적 정체성보다는 남성적 정체성을 구축하고 어머니-여성 정체성보다는 아버지-남성 정체성을 구축한다. 따라서 여기서는 성별 차가 뚜렷하다. 남성은 스스로에게 성공 목표를 설정함으로써 다소 역설적인 방식으로 가족에 헌신한다. 따라서 남성의 '가족적 자기self' 는 여성과는 달리 '사적인 자기' 일 수 있도록 허용하는 그러한 자기다. 남성의 가족 정체성은 그에게 지속적인 현존을 요구하지 않는다.

아버지의 시간과는 대조적으로 어머니의 시간은 훨씬 덜 경계가 뚜렷하다. 사회적으로 구성되고 사적으로 내재화된 정의에 따르면, 어머니는 곧 시간을 낼 수 있는 가용적인 사람이다. 여성의 시간이 갖는 이러한 특징은 업무에도 영향을 주는, 경계의 부재로 표현된다. 이러한 여성의 돌보는 일은 적어도 가정 내에서 그녀의 모든 시간을 차지하는 경향이 있다. 이것은 가정에서 가용적이 되는 일에 해당한다. 어머니의 직업적 삶은 이차적인 것으로 아버지들의 직업적 삶과 동일한 의미를 갖고 있지 않다. 이 점은 이미 설명한 바 있다. 여기서 우리는 정체성 구축에 필요한 존재의 지속감을 아이들에게 전달하는 여성들은 남성들과 달리 '지속하는' 경향을 갖고 있다고 본 위니캇의 개념을 재확인할 수 있다.

여기서는 셍글리도 지적한 바 있는 "두 가지 존재 방식"[93]이 문제 된다. 남성들은 '만인의 만인에 대한 투쟁'에 더 적절하며, 여성은 분리되면서도 함께하는 관계 방식에 더 적합하다. 현대적 개인주의의 이중성은 사

93) F. de Singly, op. cit., p. 186.

적 영역에서 이런 남녀 간의 권한 배분을 통해 그 긴장 요인이 감소되는 것 같다."[94]

정신분석적 관점

한 아이의 출생은 외상적 사건으로, 커플과 그 가족 구성원의 정신작용에 급격한 변화를 불러온다. 이러한 변화는 정신의 경제적 측면뿐 아니라 역동적인 측면에도 작용하여 다양한 갈등의 재활성화, 불안, 연관된 방어, 리비도 흐름의 다양한 전치, 무의식/전의식/의식 차원의 환상 활동의 자극, 동일시 움직임의 재조정 등을 동반한다.

커플 구성원 각자의 오이디푸스 문제의 재활성화와 관련해서, 우리는 다음 사실을 상기할 필요가 있다. 아이 아버지는 오이디푸스적 아버지와 (어렵게) 동일시할 수 있고 아이 어머니는 오이디푸스적 어머니와 동일시할 수 있는 가운데서, (아이 아버지의 경우에) 아이를 본인의 어머니와 만들었다거나, (아이 엄마의 경우에) 본인 아버지와 아이를 만들었다는 근친상간적 환상이 동원될 수 있다. 따라서 자녀에 대해 형제간 경쟁 혹은 두 커플 파트너의 형제간 콤플렉스가 재활성화된다는 점을 주목하자. 특히 아이 아버지의 자식에 대한 형제간 콤플렉스와 질투가 두드러지는데, 이때 아이 아버지는 어머니를 통해 아이를 배제시키려는 감정을 가질 수 있다.

부인의 모성에 대해, 남편이 모성에 대한 그 자신의 여성적 욕망이 재활성화되면서 명시적 혹은 묵시적 시기심을 가질 수 있음도 감안하자. 파트너간의 적대적 움직임이 새로 태어난 자녀에게 전치될 수도 있고, 새로 태어난 아이가 어머니와 아버지를 만족시킴으로써 그간 파트너간에 불가능

94) *Ibid.*, p. 186.

했던 사랑 감정이나 이상화 움직임이 자녀에게 전치될 수도 있다.

여기에서 다음 몇 가지 질문이 제기된다. 부모 각자의 정신 공간과 커플이라는 집단적 정신 공간 내에서 새로 태어난 자녀는 어떤 위치를 차지할까? 자녀에게 어떤 유형의 리비도투여가 일어날까? 이 자녀에 대해 어떤 표상들이 형성되고 이 표상들에 어떤 정서가 결부될 것인가? 어떤 동일시 및 투사가 작동할까? 커플로서 또 부모로서 자녀에게 어떤 기능과 역할을 기대하는가?

어머니, 아버지, 그리고 커플 차원에서 부모 정체성을 어떻게 경험하고 실천하는가? 어떤 무의식적 동맹이 부모-자녀 사이에 형성되며 이러한 경제적, 역동적, 지형적 영향이 각 개인과 새로운 가족 공간에게 어떤 영향을 주는가?

사랑 커플, 커플로서의 커플, 부모로서의 커플이라는 이 세 차원은 어떻게 서로 대립하면서도 새로운 관계를 형성하는가? 위 질문들에 답하기 위해 주요 저자들의 연구를 소개해 볼까 한다. 부모 정체성을 다룬 C. 파라, M. 팽, D. 브라운슈바이크, S. 르보비치, L. 솔리스-퐁통 등의 연구를 소개하고 끝으로 구조화의 기능을 가진 무의식적 동맹에 대해 다룬 R. 카에스의 업적을 소개하고자 한다.

카트린 파라

<성기기 단계에서의 오이디푸스 구조화L"organisation oedipienne du stade génital(1967)>

카트린 파라에 따르면 오이디푸스 구조는 세 명으로 이뤄진 체계 내의 이중적 관계로 특징지어진다. 즉, 커플중 이성 파트너와 맺는 이성적 관계, 그리고 아이가 속해 있는 커플 외부에 있는 "타자들과" 맺는 동성적 관계로 특징지어진다. 이런 관점에서 아이는 부모의 이중적 리비도투여 대상이 된다. 한편으로 아이는 태어나자마자 하나의 '타자'로서 부모의 리비도투여 대상이 되며, 또 한편으로는 아이 고유의 발달과정과 병행적으로 부모의 리비도투여 또한 발전하게 되는 그런 대상으로서, 결국은 원래대로 부부에게 한 명의 타자로서 리비도투여 대상이 된다. 독립적이 된 아이는 하나의 '타자'가 되며 '타자들'의 세계에 속하게 된다.

태어나자마자 아이는 어머니와 아버지 모두에게 이중의 가치를 지닌다.

1. 우선 어머니에게 아이는 어머니 신체의 일부를 형성하며 직접적인 자기애적 대상이 되므로 자기애적 리비도투여 대상이 되는데, 바로 이것이 아이의 나르시시즘 형성에 결정적인 요소가 된다. 그 다음에 아이는 전성기기적(구강, 항문, 남근기) 대상이 되는데 왜냐하면, 발달 과정에서 표현되는 아이의 요구와 필요 등이 어머니에게(때로 아버지에게도) 어떤 공명을 일으키기 때문이다.
2. 한 남자와 한 여자의 사랑 관계 안에 들어온 오이디푸스적 대상, 즉 커플의 자녀로서 아이는 또 다른 가치를 지닌다.

아이가 받는 이러한 이중적 리비도투여는 부모에게 있어 이중적 기원을 갖는다.

• 하나는 여성이 유아였을 때 자기 어머니와 맺었던 관계 안에서 그 기원을 찾을 수 있다. 파라에 의하면, 아이를 갖고자 하는 욕망이나 환상은 페니스 시기심이나 아버지 아이를 갖고 싶다는 욕망이 아닌, 어머니와의 어떤 2자관계를 재발견하고자 하는 초기의 기원을 다룬다. 즉, "자기 어머니의 아이가 되는 것, 그리고 아이를 위해 그녀 친어머니를 갖는 것"이다. 남성의 경우는(이후 갈등에 의해 죄책감을 느끼게 된 경우나 억압된 경우가 아니라면) 아이 어머니와 유사한 기원이 작용해, 그의 친어머니가 수행했던 모성적 역할에 대한 동일시로 인해 그가 사랑하는 여인과 함께 이러한 모성적 역할을 수행할 가능성이 있다.

• 또 다른 기원은 커플을 이룬 한 남성과 한 여성의 만남에서 기원하는 대상 상황과 관련이 있다. 아이는 비교적 뚜렷이 오이디푸스적인 의미에서 리비도가 투여되며, 커플 사랑의 증거이자 결실을 체현하는 존재다. 하지만 아이에 대한 부모의 리비도투여가 본질적으로 오이디푸스적인 경우, 아이는 심한 좌절을 느끼며 다른 욕구들을 갖게 된다.

아이에 대한 리비도투여의 이러한 두 기원적 유형이 자기애성－전성기기성에서 오이디푸스－성기기성으로 진화하면서, 아이는 점차 여러 타자들 중 한 타자의 위상을 가지면서 완전히 제3자로서의 가치를 갖게 되는데, 이러한 경험이 아이로 하여금 후일 자신도 진정한 3자적 관계와 오이디푸스적 구조화를 갖게 한다. 따라서 자녀들은 3자 체계 유지에 기여하며, 이러한 면에서 커플의 오이디푸스적 균형에도 기여하는 셈이다.

미쉘 팽과 드니즈 브라운슈바이크

팽과 브라운슈바이크는 『에로스와 안티에로스Éros et Antéros(1971)』에서 자녀의 성별에 따라 부모의 모성적, 부성적 리비도투여의 성격 및 역할 변화에 대해 설명했다. 이들에 따르면 두 가지 힘이 작용하는데, 하나는 모성적 본능으로 이는 여성적 성의 한 측면이다. 또 다른 힘으로는, 최대한 빨리 어머니-유아 관계에 오이디푸스적 구조를 부과하려는 아버지의 욕망이 있다.

위 저자들은 여성, 곧 미래의 어머니(“자연히 영원한 전투의 장소” 인)의 갈등을 고려하고 여성의 성에 관한 프로이트적 개념화와 클라인적 개념화가 서로 대립되는 것이 아니라 갈등하는 방식으로 공존한다고 보았다. 클라인이 개념화한 어머니-딸 갈등과 프로이트가 개념화한 오이디푸스적 갈등이 존재한다. 여성에게 아이를 갖고자 하는 욕망은 원초적인 욕구로 출산은 여성에게 자신의 성기를 온전히 소유하도록 해준다. 아버지의 경우 자녀를 갖고자 하는 욕망은 전능한 남근에 대한 시기심을 대치하는 대용물이다.

팽과 브라운슈바이크는 전성기기 단계들을 거치는 동안 딸과 아들이 동일한 발달을 거친다는 개념을 거부했다. 아이를 자신의 자궁 안으로 되돌리려 하는 어머니의 무의식적 욕망에서 일부 파생된 모성적 리비도투여는 일차적 나르시시즘을 형성하는데, 이 나르시시즘은 또한 흥분-억제 기능을 통해 일차적 억압을 형성한다.

이들은 유아의 자체성애와 어머니라는 여성에 대한 성적 관심이 함께 일어난다는 점을 지적했다. 그러므로 아기는 아버지 겸 남편인 한 남자에게 이제는 애인이 된, 과거에 어머니였던 한 에로틱한 여성을 검열하는 태도가 일순간 생겨난다. 이것은 모성의 부재에서 오는 해체적 효과를 물리치려는 투쟁이자 아이가 갖고 있는 흥분 억제 체계이기도 하다. 이런 상황은 아기에게 있어 어머니가 보장해주던 자기애적 담요 하나를 빼앗긴 상태라 할 수 있다.

"아이 어머니와 아버지의 아내 사이에는 공통점이 거의 없다. 어머니가 그녀 남자에게로 가기 위해 아이로부터 리비도를 철회할 때, 먼저 그녀가 리비도투여 하는 대상은 자기 남자가 아닌 바로 그녀 자신이다. 이렇게 그녀는 화장을 하고 그녀 남자에게로 가기 위해 아이의 나르시시즘을 일부 벗어버린다."[95] 일반적으로 아버지의 법, 남근적 자기애의 매개자인 어머니는 딸과 아들의 여성성은 덮고 아들의 남자다움은 '드러낸다'. 실제로 어머니는 아들의 여성적 경향을 우선적으로 억압하는 데 최대한 힘쓴다. 아버지는 아들에 대해, 특히 장자에 대해 근본적으로 양가적이며 근본적으로 오이디푸스적이다. "아버지는 아들을 남자답게 만들기 위해 그의 오이디푸스적 증오를 사용하며" "장자를 향한 어머니의 표현할 수 없는 사랑을 기억하면서 최대한 일찍부터 금기 개념을 강조한다."[96]

95) D. Braunschweig, M. Fain, *op, cit.*, p. 39.
96) *Ibid.*, p. 36-37.

딸의 경우는, 아버지 나르시시즘이 그녀에게 투사되는 것이 딸의 여성적 나르시시즘 강화에 기여한다. 또한 페니스의 부재로 인해, 딸은 자신의 질이 아닌 그녀 몸 자체를, 상당한 분량의 자체 성애를 가지고서 그녀 몸을 사랑 대상으로서 리비도투여 하게 되는데, 이러한 자체성애는 자기애적 상처로 경험되는 것(페니스 부재)에 대한 보상이다. 청결과 혐오 등의 반응 형성이 어머니에 의해 부과될 경우 딸은 교태를 부리며, 항문기적 특성은 비교적 뒤늦게 통합되고, '더럽다'와 '추하다' 개념이 근저에서 작용하게 된다.

결과적으로 역할 구분, 곧 모성적 리비도투여와 부성적 리비도투여의 구분이 (잠재적으로 갈등상태에 있기는 하지만) 여아인가 남아인가에 따라 전성기기의 발달 차원에서는 물론 유아적 나르시시즘의 "성별에 따른" 기질 차원에서도 그 차이점을 결정하고 구조화한다.

부모성품의 형성

솔리스-퐁통(2008)[97]에 의하면, 자녀를 갖고자 하는 욕망이나 자녀 계획은 정신적 과정으로서 부모성품이 형성되는 출발점이며, 이런 부모성품은 자녀들이 부모를 부모화 함으로써 완성된다.

르보비치(2002)는 이렇게 말했다. "부모성품은 생물학적인 부모됨 parentalité과는 전혀 다른 것이다. 왜냐하면 부모가 되기 위해서는 자기 자신에 대한 예비적 작업이 필요한데, 이러한 예비적 작업은 먼저 나 자신이 부모로부터 무엇을 계승했나를 이해하는 데 있다."[98] 이것은 세대간 전승 차원이며 상상속 자녀가 짊어지고 갈 후대에 대한 생각과 관련돼 있다. 이 점에 관해서는 나중에 다시 논하겠다. 르보비치는 임신이 부모의 일차적 나르

97) L. Solis-Ponton, "Du couple conjugal au couple parental: un parcours semé de mines interpersonnelles", *Dialogue*, Toulouse, Eres, 2008, p. 19-30.

98) S. Lebovici, "Dialogue Leticia Solis-Ponton - Serge Lebovici", *in* L. Solis-Ponton(dir.), *op. cit.*, p. 10.

시시즘을 자극하며 이 나르시시즘이 그들로 하여금 행복하고 좋은 부모됨을 실천하는 부모가 되도록 만든다고 보았다. "일차적 나르시시즘이 부모성품을 결정한다. 부모가 되기 위해서는 그 아이가 자신이 바라던 아이였다는 느낌을 받을 수 있도록 해야 한다. 나는 부모성품을 부모됨의 산물이자 부모들의 부모화에서 비롯된 산물이라 정의한다 [...]. 부모들이 자신들의 자녀 욕구를 충분히 작업하지 않고 자녀를 출산하면 자녀가 부모를 부모답게 하는 기능을 맡게 되는데, 때로 자녀는 부모가 부모화를 거절하는 사건에 직면할 수도 있다."[99] 르보비치는 부모성품이라는 광대한 영역에 대한 이해를 돕기 위해 세대간 역사, 세대간 사명, 생명의 계보 등과 같은 개념을 도입했다. "세대간 역사는 부모, 조부모의 역사적 요소 그리고 때로 갈등들이나 신화적 자녀까지 포함한다." 이 모든 요소들이 세대간 전승의 사명 속에서 자녀에게 계승된다."[100] 따라서 이 자녀는 이런 사명을 지고 자신의 부모와 더불어 이 사명을 변경해 나갈 수 있다.

부모 각각의 머릿속에서 아이는 어떤 표상을 지니는가?

세르쥬 르보비치의 개념화를 종합하면서 솔리스-퐁통은 각 부모의 개인사 및 유아기의 역사, 그리고 부모 각각의 다양한 동일시들과 관련해 (실제로는 매우 복잡한 형성과정이 있음을 감안하며) 아이에 대한 네 가지의 표상이 형성된다고 지적했다. 상상속의 아이bébé immaginaire, 환상화된 아이bébé fantasmatique, 자기애적인 아이, 본문화권 내 아이라는 네 가지 표상이다.

상상속의 아이는 어머니가 갈망하는 아이에 대해 전의식, 무의식, 의식적 방식으로 상상하는 아이로, 어머니 자신이 유아기로부터 건설해온 자녀 욕망의 결정체다. 르보비치에 의하면 임신기간 동안 어머니는 그녀가 자신의 남편에게 낳아줄 아이를 상상한다. 아이 이름을 선택하는데, 여기서 성

99) *Ibid.*, p. 10-11.
100) *Ibid.*, p. 11.

별이 중요한 역할을 한다. 따라서 선택된 아이 이름은 많은 것을 담게 되는데, 여기에는 때로 고난, 비밀, 자살도 담게 되며 아이가 무의식적으로 참조하게 되는 영웅을 이름 안에 담기도 한다. 아이는 결국 자신의 미래에서 큰 역할을 하게 될 이 모든 유산들을 이름 안에 지고 가게 된다. 르보비치가 상상속의 아이는 바로 세대간 역사의 담지자라고 주장했던 이유도 바로 이 때문이다.

환상화된 아기는 어머니의 무의식적 환상의 담지자이며, 이러한 환상들은 대개 어머니의 오이디푸스적인 문제와 연결돼 있다. 힘든 아동기를 경험한 여성들의 경우, 이런 환상화된 아기 표상은 기형아, 사산아, 혹은 자궁 안에서 그녀를 모두 빨아먹어버릴 적대적인 아기에 대한 두려움으로 표현된다. 자기애적인 아기 표상은 어머니의 나르시시즘과 관련이 있다. 문화권 내 아기 표상은 각각의 어머니가 모성과 유아기, 아기가 집안 내에서 자리를 차지하는 방식 등과 같은 문화적 표상이다.

출산시에 실제 태어난 아기는 어머니와 아버지 모두에게 다양한 정서를 불러일으키며, 불가피하게 '배속 아기'에 대한 여러 표상들과 충돌하게 된다. 배속 아기에 대한 표상들은 현실의 아기와의 상호작용 가운데 뒤섞이고 교차하게 되는데, 배속 아기 표상들에는 상상속 아기 표상들이나 환상화된 아기 표상들도 포함된다. 이러한 출생은 가족간의 3자관계를 개시하며, 사랑 커플에서 가족 커플로의 이동이라는 중대한 '변형적' 과정을 거치게 되는데 이때 출생된 아이에 의해 가동되는 '부모화 과정'이 일어난다. 이 3자관계는 행동, 정서, 환상, 상징 차원의 다양한 상호작용들에 의해 활기를 띠게 되며, 아기는 다양한 요인에 따라 이러한 상호작용 가운데서 자기 자리를 찾게 된다.

이러한 삼각구도에서 어머니는 어머니와 여자라는, 서로 갈등하는 이중의 역할을 감당한다. 어머니의 현존은 아기와 남편 양자 사이에 배분되는

데, 남편은 이 기초적 삼각구도에서 어머니와 번갈아가며 또 하나의 제3자로 작용한다. 따라서 어머니는 '일차적 모성 몰두'를 비롯한 그 이상의 기능과 "정부情婦에 대한 감시" 사이에 놓인다. 위니캇이 이러한 <일차적 모성 몰두>(1956)에서 임신 후반기 3개월과 출산 후 첫 달간의 어머니 상태를 정신병과 비교했던 것을 기억하자. 실제로 어머니는 외부적인 것, 특히 부부 생활에 대한 리비도투여를 희생하고서라도 아기와 모성적 돌봄에 모든 리비도를 집중한다.

아기의 욕구들에 대한 어머니의 일차적 순응은 모아 2자관계를 형성하며, 이 관계 안에서 아버지는 제3자 역할을 하며 모아 소통에 맥락을 부여한다. 그러나 이때 아버지 역시 어머니 머릿속에서는 정신적 존재, 환상화된 존재로 아이 어머니의 아버지 표상까지 포함하는 존재다.

하지만 별 탈이 없는 경우에 부부의 내밀한 사랑 욕망은 어머니로 하여금, 아이가 잠들도록 한 후 아이를 두고 자신의 남편 곁으로 가서 다시 자기 남자의 연인으로 돌아가도록 결심하게 한다. 이것이 팽과 브라운슈바이크가 정의했던 "정부에 대한 감시"다. 사실 아기가 그의 부모 커플이 사랑 커플이기도 하며 자신이 그 결실이라는 점을 아는 것은 중요하다. 또 초기 3자구도를 정신적으로 구조화시켜주는 어머니의 부재를 아이가 받아들여야 한다는 것도 아기에게 있어 중요하다. L. 솔리스-퐁통에 의하면 아이는 '정부에 대한 감시'를 통해 부모성품의 세 차이점(자아/비자아의 차이, 성별 차이, 세대 차이)을 인식하게 된다. 솔리스-퐁통은 "부부 커플에서 부모 커플로의 이동은 (생물학적인 힘에 의해 일어나는 것이므로) 자연적인 이행이지만, 커플이 비록 자녀 계획을 세웠다 하더라도 이것은 때 이른 것이다. 왜 때 이른 것이냐 하면, 아직 무르익지 않은 인간 조건이 이러한 이행기를 하나의 시련으로 받아들이기 때문이다. 이 시련은 역설적인 시련이다. 부모가 퇴행과 전진의 움직임 가운데 결국 정신내적 정신상호간 기능이 완숙한 수준에 이르기까지 퇴행과 전진의 움직임을 반복하는 부모의 무의식적 삶의 요소들 때문에 역설적이라 할 수 있다."[101]

이제 사랑 커플과 부모 커플이 지닌 구조적 갈등성의 긍정적 측면과 부정적 측면을 살펴보자.

부모 커플과 가족은 사랑 커플을 파괴할 수 있다. 두 파트너 간에 에로틱한 관계는 거의 없고 거의 형제애와 우정 어린 친밀감만 남게 된다. 이제 커플은 양육 팀이 된 것이다.

그러나 부모 커플은 자녀에 의해 "정립될 수 있다. 왜냐하면 자녀가 위기를 맞고 취약해진 부모 커플을 유지해나가기 때문이다. 부모 각자는 '채워주는' 모성과 부성을 통해 개인적으로 개화할 수 있다. 한편 너무 위험하고 침습적이고 심지어 이인증까지 불러오는 것으로 경험되기에 사랑관계는 포기된다. 분리자-구분자라는 제3자 역할을 하면서 자녀는 사랑하는 두 파트너 사이에 보호적이고도 건전한 거리를 형성한다. 따라서 자녀와 부모 성품이 부부간 사랑을 희생시키고 이상화된다. 역으로 부모됨으로 인해 위험에 처한 사랑 커플이 부모 커플과 가족을 공격하기도 한다. 그리하여 침습자, 방해자로 느껴지는 아이를 유기하기도 한다. 이때 폐쇄적인 두 파트너 사이에는 자녀가 낄 자리가 없다. 자녀가 받는 소외, 학대, 어루만짐의 부족, 자녀에 대한 강한 공격성 등은 지나치게 공생-융합적 부모 커플의 기능과 관련돼 있거나, 상호간 파괴성으로 부부 관계가 위협받고 있거나 계획하지 않았던 '아이'를 낳음으로써 부모 두 사람이 오이디푸스적 죄책감을 느끼고 있는 커플 차원의 기능과 관련이 있을 수 있다. 이때 처벌 받아야 하는 사람은 아이가 된다! 이것은 재활성화된 원초 장면 환상과 두 파트너의 거세 환상이 서로 연결되고 공명하는 동시에 아이에 대한 동일시 과정이 진

101) L. Solis-Ponton, <Le passage du couple conjugal au couple parental: un parcours semé de mines interpersonnelles>(2008)

행되는 것과 관련성이 깊다.

부모와 자녀들 간의 무의식적 동맹

르네 카에스는 부모와 자녀 간에 일어나는, 구조화 기능을 갖는 일차적 이차적 동맹의 다양한 형태를 탐구했다. 이러한 동맹은 주체들의 정신적인 공간과 이 공간들 사이를 연결하는 연결 공간들을 조직한다. 구조화를 가져오는 이러한 무의식적 일차적 동맹은 피에라 올라니에(1975)가 구성한 개념인 자기애적 계약contrat narcissique을 설명해 준다.

이러한 동맹은 이 동맹이 요구하고 부여하는 자기애적 리비도투여가 아기와 부모 사이에 맺는 "일차적 협약"의 기원이 된다는 점에서 기초적 동맹이지만, 정신 발달에 필수적인 구조화 기능을 수행하는 동맹이기도 하다. 하지만 이러한 동맹에는 '자기애적 공모'라는 정신병적인 파행이 포함돼 있기도 하다.

태어나기 전부터 아기에게 주어지는 이러한 비대칭적 계약은 아기가 집단의 연속성과 보전에 기여한다는 조건하에서만 아기에게 집단 내에서 자리가 주어진다. 결국 이 계약은 집단의 성장과 모든 주체의 정신적 삶의 자기애적 거점에 필요한 조건들을 보장한다.

카에스는 세 가지 형태의 동맹을 구분했다.

- 자아를 인류에 동일시하는 기초적 동일시에 토대를 둔 근원적 동맹 : 이것은 인간 종족 번식의 계약이다.

- 일차적 동맹 : 가족적인 일차적 집단 내에서 번식 계약은 부모에 대한 자기애적 리비도투여를 통해 이뤄지는 동맹이다.

• 이차적 동맹: 이차적 자기애에 토대를 두며 이차 집단 내에서 번식 계약이 이뤄지는 동맹이다.

이러한 계약들은 갈등이 잠재된 채로 서로 엉킨다.
카에스는 이러한 계약과 이 계약의 효율성을 조건화하는 억압된 내용 또한 존재한다고 강조했다. 그는 자기애적 리비도투여와 대상리비도투여 간의 갈등(저들이냐 나냐)으로 되돌아오는 부분과, 침입자이자(불안하게 만드는 이방인인) 신생아에 대한 살해 욕망의 억압에 관해서도 언급했다. 아기를 죽여서는 안 된다. 그를 이방인으로 취급해서도 잠재적인 적으로 만들어서도 안 된다. 이러한 살해 욕망은, 한때 욕망하던 꿈의 담지자였던 아이가 '실제 아이'로 태어나 그 꿈을 깨면서 부모에게 준 자기애적 상처나 실망에서 비롯된다. 이 점에 있어서 집단 내 공동 형성물인 자아 이상은 구성원들에게 지속적으로 기능하는데, 이 기능은 계약 가운데 포함돼 있으며 억압적 기능에 사용되어 구성원들로 하여금 이 계약들의 조항을 이상Idéal이라는 이름하에 준수하도록 강제한다.

카에스는 자기애적인 이러한 계약이 세 가지 기능을 수행한다고 보았다. 1. 기원을 보장하고, 2. 세대간 연속성을 확보하고, 3. 집단에 대한 리비도투여의 반대급부로서 청소년에게 어떤 자리를 보장한다.

이 계약은 삶의 중대한 위기나 과도기, 그리고 애도나 분리기에 변형된다. 이러한 견지에서 커플의 유대를 형성하고 구조화하며, 커플의 자가보존에 기여하는 자기애적 계약을 고려해볼 수 있을 것이다. 이에 관해서는 차후 논하겠다.

이 자기애적 계약이 모든 자녀와 미래의 주체에게 제 기능을 수행하려면 다음 세 가지 구조화를 가져오는 이차적 동맹들 – 이 동맹은 주체에게는 물론 사회제도들에 대해서도 구조화 기능을 수행함-이 이미 효과적으로 이전 세대에 의해 보장되었어야만 한다. 1. 부족의 원초적 아버지에 대한 반복적 살해에서 나타나는 형제간 협정, 2. 상징화된 아버지와의 토템 계약 및 세 가지 근원적 금기(근친상간, 토템 동물, 형제살해), 3. 파괴적 욕동 목표를 직접적으로 실현하는 것의 포기 계약.

이 동맹들은 한 집단과 인민들 사이에서 체결되며, 집단 사회생활의 조건으로서 또 집단의 소속 조건으로서 인민들에게 부과된다. 이 동맹들은 이것들이 관습법이나 근원적 금기들과 맺는 관계에 의해 특징지어진다. 카에스는 이러한 이중적 기능 가운데서 동맹이 상징화 과정을 촉진하는 담보 혹은 제3자 역할을 담당한다고 말한다. 이러한 상징적 제3자와 담보자의 역할이 존재한다는 것 자체가 이러한 동맹들에 구조화적 기능 특성을 부여한다.

무자녀 커플 : 선택에 의한 경우/ 불임 때문인 경우

인류학적 관점

앞서 말한 바 있듯이, 전통 사회에서는 무자녀 커플이 개인적 욕망이나 커플 욕망의 자유로운 표현으로 간주될 수 없었다. 생명을 전승시키지 않겠다는 것은 어느 누구도 최종주자가 될 수 없는 연쇄 고리를 파괴하는 일이다. 또 이것은 조상의 위치로 올라가는 것을 스스로에게 금하는 것이다. 따라서 재생산은 결혼과 마찬가지로 선조에 대한 하나의 의무다.

에리티에는"불임은 언제 어디서나 바로 여성적인 것과 직결된다. 따라서 불임은 성별의 사회적 관계에 관해 뭔가를 말해 준다."[102] 사실 성불능

102) F. Héritier, *op. cit.*, p.89.

과 별개로 남성의 불임이 인식되지 못하고 있다. 따라서 모든 불임 부부 사례가 여성에게 책임을 전가하며, 특히 개인의 좋지 못한 팔자소관으로 돌려진다.

전통 사회에서는 어린 처녀에게 여성의 지위를 허락하는 것은 처녀성의 상실도 결혼도 모성도 아닌 바로 임신이었다. 임신이 유산으로 이어지든 출산으로 이어지든 단지 임신을 했다는 것으로 충분하다. 따라서 불임 여성은 진정한 여성으로 간주되지 않는다. 불임 여성은 마치 이 세상에서 살아보지 못한 것처럼 된다.

에리티에에 따르면, 임신가능성의 이유와 불임의 이유에 관한 담론들은 성격상 서로 유사하며, 서로 연결되었다고 인식되는 세상, 개인의 몸, 사회 사이에서 그 관련성을 찾는 경향이 크다. 이러한 상호 유사성은 다양한 상징적인 내용물과 함께 표현되지만 동일한 형식적 규칙을 따라 표현된다. 불임은 무엇보다도 법을 어긴 행위에 대한 제제로, 또 엄격히 제한된 한계들의 위반에 대한 (몸 안에 각인된) 사회적 제제로서 지각된다. "세대를 가로지르는 행위, 혈통을 가로지르는 행위, 젠더를 가로지르는 행위라는 세 가지 중대 실수는, 그것이 부적절하고 야만스럽게 행해졌을 때, 이렇게 제제를 받는다." [103]

정신분석적 관점

나는 '자유 선택'에 의한 불임과, 정신병리적이고 의학적 차원의 불임을 구별한다. 이제 불임 커플과 그 다양한 요인들을 살펴보자.

'자유 선택'에 의한 불임 커플

오늘날 개인주의화된 서구사회에서 이러한 자녀-무욕망의 욕망을 어떻게

103) *Ibid.*, p. 130.

이해해야 할까? 왜냐하면 이러한 선택은 무엇보다 개인적 욕망, 사고, 행동을 강조하는 오늘의 사회와 관련이 있으며 특히 자기 진정성과 자기 성취 욕망 및 사적인 삶의 통제와 밀접한 관련이 있다. 하지만 현대의 개인들은 커플 안에서도 개인의 실현 vs 상호성의 요구, 자발성 vs 자기 통제, 상황적 유연성 vs 자기 일관성 등 해결해야 하는 어떤 모순적 의무들에 종속된다. 이러한 가치관, 사고, 행동 규범 모델의 변화는 제도적 제약이나 사회적 도덕의 비중 감소 등, 즉 법률과도 관련이 깊은데, 최근 법이 갖는 상징적인 힘이나 구조화 기능의 힘은 그 비중이 점점 가족, 커플, 개인 차원으로 이양되고 있다. 나는 이미 여러 분리 및 분열의 현상들- 성/재생산, 성/결혼, 성/사랑, 에로틱한 성/배설적인 성, 에로틱한 성/위생상의 성, 부부관계/이성애 -을 앞서 폭넓게 언급한 바 있다. 시간 개념 또한 변화되었는데 이는 이런 분열 현상들에서 기인한다. 시간은 파편화되고 주체들은 무상한 현재 안에서 성급한 리듬으로 살며, 역사의식도 없고, 불안을 주는 장기 미래 계획도 없이 당장의 쾌락을 쫓으며 산다.

이 모든 것들은 자기애적이고 전성기기적인 요소, 일차적 사고과정, 전능적 쾌락 원리 등의 우세를 시사한다. 이는 오이디푸스적인 요소, 성기기적인 요소, 이차 사고 과정, 승화 및 상징화 능력의 결여와 관련이 있으며, 자기애적이고 도착적인 면이 두드러지게 작용한다는 점이 특징이다.

정신적 결정요인들의 존재를 묻기 전에, 자녀 무욕망의 실제적 선택은 우리 사회의 증상이며 이는 또 자녀 욕구의 양가적 성질을 뚜렷이 보여준다 할 것이다.

이러한 선택은 여성의 것일 수도 있고 남성의 선택일 수도 있고 양자 모두의 선택일 수도 있다. 한 당사자에 의해 명시적으로 표현된 선택은, (상대편 당사자가 그것을 거절한다 해도) 실은 억압된 무의식적인 부정적 욕망을 의식적으로 표상하는 것일 수 있다.

이것은 커플의 무의식적, 간주체적 조직화와 관련이 있으며 이때 두 사람 중 한 사람이 커플의 무-욕망을 대변하는 기능을 한다. 지나치게 공생-융합적인 커플 구조에서는 자녀가 이방인, 침입자, 혹은 박해 환상을 재활성화 하는 박해자로 표상될 수 있으며, 또한 작업되지 못한 형제간 콤플렉스로 작용할 수도 있다. 집단적 관점에서는 하나의 집단을 이루고 있다는 어떤 환상, 박해적 원초 장면으로부터의 소외라는 외상적 경험과 연계돼 있는, 커플의 전능환상 상태의 영속화 필요성도 생각해 볼 수 있다.

커플 구성원 각인 및 커플의 기존 리비도투여 대상들이, 잠재적으로 동요를 가져올 수 있는 이 새로운 대상(=자녀)이 자기 자리를 차지하지 못하도록 할 수 있다는 점도 고려하자. 그들의 개인적 성취 욕망은 부모됨을 요구하지 않는다. 커플 구성원 각인의 오이디푸스 문제는 어떻게 되며 또 이 문제가 커플의 간주체적 조직화에서 어떻게 작용할까? 원초 장면 내에서의 아버지와 어머니에게 자신을 동일시하는 것, 그들 입장에 선다는 것은 어떤 피해야 할 위험들을 나타낸다. 이때 거세나 사랑상실에 대한 불안과 엄격한 초자아적 처벌이 재활성화된다. 영원히 부모에게 사랑 받는 아이로 있고자 하며, 어떤 오이디푸스적 갈등이나 거세 불안도 없이 아동기를 연장하고자 하는 욕망이 여기에 있음을 가정해볼 수 있다. 학대의 주인공인 폭력적인 부모에게 동일시하는 것에 대한 두려움, (부모 커플 역시 자기 자녀들에게 동일시하면서) 자녀들에게는 이런 학대를 면제해 주어야 한다는 필요성도 가정해 볼 수 있겠다. 우리는 임상에서 아직 오이디푸스 갈등을 넘어서지 못해 여성을 오이디푸스적인 어린 여자아이와 동일시하게 하는 강력한 고착상태를 목격하곤 한다. 여성은 어머니가 될 수 없고 남편은 다른 자녀가 끼어들기를 원치 않는다. 그 반대 경우도 생각해 볼 수 있다. 오이디푸스적 커플의 또 다른 예는 '남매 같은' 커플이다. 이러한 커플 내에서는 각인이 서로에게 자기애적이고 양성애적 분신이 되어 자족적이 된다. 자녀의 현존은 강한 시기심,

경쟁심, 질투 등을 일깨운다. 결국, 자녀-무욕망의 근저에서 작용하는 것은 후계를 끊고 계통을 단절하고자 하는 적대적이고 극렬한 오이디푸스적 움직임이다.

불임 때문인 경우

피임 없이 2년간의 성생활에도 불구하고 임신이 안 되는 것을 불임으로 정의한다. 불임은 흔히 오이디푸스적 갈등 해소를 가로막는 요인이 된다. 불임 커플은 실패 경험을 가질 수 있고, 박해 및 우울 불안과 거세 불안이 생길 수 있다. 두 사람은 막연하게나마 아동기에 갇힌 듯한 느낌이 들고, 타자들을 면해서 부당하게 장애를 가진 것처럼 느낄 수 있다. 이때 다음과 같은 것들이 작용할 수 있다. 1. 모성 혹은 부성에 대한 욕망을 좌절시키고자 하는 무의식적 욕망과 함께, 상대 파트너를 향한 적대적 투사가 일어날 수 있다. 2. 근친상간 욕망의 환상적 실현과 연결돼 있는 피학적, 자기처벌적 만족감이 있다. 3. 자녀를 갖고 싶지 않은 욕망이 있다. 왜냐하면 자신들도 미래에 (자기 부모들처럼) 나쁜 부모로서 스스로를 경험하게 될 것이기에. 4. 같은 성별의 부모에게 스스로를 동일시하는 것을 가로막는 오이디푸스적 죄책감이 있다. 세대간 계승의 차원에서는, 가족 안의 애도문제들이 출산을 금지하거나 억제할 수 있다. 또 불임을 통해서 씻어야 하는 죄과나 수치심이 있을 수 있는데, 이때 불임은 과거 조상들이 저지른 죄들을 씻는 것으로, 이러한 죄과나 수치심이 가족 계통의 종말을 불러올 수 있다.

여성의 불임과 남성의 불임을 구별하도록 하자. 남성의 불임은 나중에 간단히 다룰 것이다.

자녀가 생기지 않을 때 의학적인 검사를 통해 신체 기관의 문제를 발견하는 일이 흔하다. 실비-포르 프라지에는 특히 여성의 불임 분야를 연구했는데 기관 손상의 문제가 있건 없건, 불임 여성들의 무의식적 갈등은 모두 동일하기 때문에 정신역동적으로 불임 여성은 모두 동일하게 다루는 것이 중요하다고 보았다. 심리적 원인에 의한 불임 개념은 어떤 병리를 가리킨다기보다 모든 불임 케이스에 존재하는 정신적인 차원을 가리킨다. 프라지에는 보다 구체적으로 태아 착상에 있어서는 정신적인 것과 신체적인 것이 함께 연루되는 것이 정설이라고 보았다. 실제로 정신적 기제가 기관 손상을 가져오며 신체적 이상이 또 역으로 정신 기능에 영향을 준다. 불임은 이러한 순환이 개입되게 만들며 이때 정신기제와 신체는 어떤 회귀성의 지배하에 놓인다. 따라서 이러한 순환성은 바로 이 순환성이 만들어내는 영향에서 기인한다고 할 수 있다. 몸과 정신이 스스로 병리를 자가생산하는 것이다.

프라지에는 프로이트가 암시했던 바대로, 불임은 오이디푸스 갈등에서 기인한다는 점을 환기시켰다. 불임은 히스테리-공포의 증상적 기능 방식이라는 것이다. 원하는 아기가 아버지와의 근친상간으로 생긴 환상적 아기인 것이다. 라이벌인 어머니로부터의 응징에 대한 두려움이 이러한(근친상간적) 임신 욕망의 실현을 방해한다.

프라지에는 또 침습적이고 박해적인 초강력 모성 원상을 향한 적개심에 대한 강한 역리비도투여가 존재함을 알아챘다. 모든 불임 케이스에 존재하는 이런 정신적 차원을 설명하기 위해 프라지에는 비임신inconception이라는 개념을 도입했다. 이 개념은 "우울증을 그 모델로 볼 수 있는, 불임이라는 생물학적 현실의 심리적인 축"을 가리킨다. 이것의 내용은 무엇인가?

이것은 '성격 신경증névroses de caractère'을 보여주는 여성 불임환자들에 관한 것으로, 이 신경증은 우울의 핵에 대해 방어로 형성된 것이다. 이때 자기애적인 고통은 의식적으로 느껴지지 않고 다만 수동성, 의존성, 수용성 등 전형적인 여성적 정신 기능에 대한 부인의 대상이 된다. 프라지에는 남근적이고 전능적으로 경험되는 어머니에 대한 의존성과 복종 사이의 병리적 관계를 지적했는데, 어머니에 의해 폄하된 아버지에 대한 애착이 불충분함으로써 아버지 역할에 대한 부인, 특히 부모간 사랑에 대한 부인이 나타나고 이 때문에 '정부에 대한 감시'가 결여된다는 점을 지적했다.

따라서 낳으려고 상상도 못하는 자녀는, 아버지와 낳은 오이디푸스적 자녀가 아니라 이러한 남근적 어머니에게 낳아주거나, 이 어머니로부터 착상된 자녀다. 대개 어머니를 만족시켜주거나 어머니의 자기애를 회복시켜줄 의식적인 미래계획 가운데서 어머니에 의해 잉태된 아기의 출산이 가장 어렵다. 바로 여기에서 동성애적인 출산 환상이 비롯된다. 어머니가 딸에게 잉태시키는. 실제로 프라지에는 무의식적 동성애, 수동적인 면들 속에 억압된 일차적 동성애가 불임에 영향을 준다고 보았다. 그리고 이러한 측면들이 모든 소녀로 하여금 일차적 동일시로부터 벗어나 오이디푸스 이후의 이차적 동일시, 특히 아버지에 대한 동일시를 향해 진화해 나가도록 한다는 것이다.

프라지에는 또 불임 여성들에게 나타나는 재생산 및 성 기관에 대한 자기애적 리비도투여의 부재를 지적했다. 그리고 이것은 어머니 편에서 딸이 가진 재생산과 성 능력에 대한 리비도투여 부족과 관련 있을 수 있다는 것이다. 수동성이 특징인 수용성이나 담아내는 능력은 바로 이 때문에 의식적으로 억압되지만, 이러한 억압의 결과가 임신가능성에 영향을 주는 것은 아닌 것 같다.

불임 여성의 경우 자녀 욕망이나 페니스 시기심은 어떠한가?

페니스 시기심은 어머니와의 지나친 융합적 관계에서 탈출하려는 시도로 하나의 방어처럼 보이며 뒤늦은 분리 방법의 하나로 남근적 동일시로 이어질 수 있다. 따라서 이것은 어머니에 대한 역동일시다. 이때 수동성이나 여성성은 너무 파괴적이기 때문에 견딜 수 없는 위협으로 보인다. 남근성이 이들에게는 더 나은 출구로 보이며, 불임은 어머니에 대한 복종 거부를 뜻한다. 따라서 자녀 계획은 동성애적 사랑이나 어머니에 대한 격렬한 적개심을 표현하는 것이 될 수 있는데 이 두 감정은 서로 연결돼 있다. 이때 자녀 출산은 어머니에게 아이를 낳아주는 것, 혹은 어머니 씨를 받는 것이 된다. 따라서 이때의 자녀 욕구는 한 남성과 여성 간의 사랑에서 비롯된 진정한 자녀 욕망처럼 보이지 않는다. "어쩌면 무의식 안에서 자녀에 대한 전적인 거부를 은폐한 '자녀 시기심' 이라 할 수 있다."[104] 실비-포르 프라지에는 자녀 욕망은 자녀 거부를 숨기고 있을 수 있다고 주장했다. 이 상상속 아이는 '살인자', 즉 수동적이고 무능한 자기self의 유아적 부분이 투사된 것일 수도 있다. 또는 어머니 자체가 투사된 것일 수도 있다.

커플 전문가들에게 다음의 질문이 제기될 수 있다. 불임 여성에게 나타나는 이러한 유형의 정신 기능이 어떻게 그들 배우자의 정신 기능과 연결돼서 불임 부부라는 결과에 이르는 것일까? 달리 말하면, 어떤 방식으로 남자(여자)의 기능이 여자(남자)의 기능을 강화하거나 억제하는 것일까? 상대 배우자의 불임에 대한 어떤 무의식적 기여도 없이, 여성의 불임이 부부 불임을 불러오기에 충분한가? 무의식적 기여가 있다면 어떤 방식으로 상대 배우자의 불임을 조건화하고 또 서로 불임을 조장하는가? 불임이 두 배우자에게 가져다주는 무의식적 유익이 무엇인지 조사함으로써 불임을 간주체적 측면에서 바라볼 수도 있다. '증상 대리자porte-symptôme' 개념이 여기서 설명력을 발휘하는 것 같다. 불임 커플을 집단 차원에서 읽어볼 수도 있는데, 이는 집단 차원에서 작용하는 (다양한 불안을 야기하는) 커플 환상의 성격이나 이의 순환을 발견하게 해주며, 때로 커플에 전능감을 부여하거나 공포를 불러오고 죄책감을 주기도 하고 또 때로 커플을 유아적으로 만드는 원상들을 발견하도록 해준다. 이러한 원상은 커플에 구조를 부여하는 기능도 하지만 미래 부부 불임을 조건화하기도 한다.

---

104) S. Faure-Pragier, *op. cit.*, p.111.

남성 불임의 경우, 비들로브스키에 따르면 남성에게 자녀의 부재는 불안의 근원이 된다. 후계와 관련해서 자기애적 충족감을 증거해 줄 어떤 것도 더 이상 없게 되기 때문이다. 따라서 남성의 불임은 후손 계승의 차원, 계보 내와 세상 내에서의 인간 위치라는 일련의 가정에 대한 숙고와 더 관련이 깊다. 남성 불임은 여성 불임에 대한 영향에 따라 달라질 것이다.

함께 늙어가기

성의학자와 사회학자의 견해

성의학자 W. 파지니는 노년기 주요 관심사 세 가지를 지적했다. 1. 건강 2. 가족 관계 3. 커플과 커플의 성. 커플은 성과 마찬가지로 건강에도 긍정적인 영향을 미치며 혼자보다는 커플 가운데서 노년기를 더 잘 맞이할 수 있다. 그러나 오래된 커플이 안고 있는 위험은 일상적이고 답답한 습관들에서 오는 권태, 새로움과 환상의 부재, 이에 따른 창조성의 부재다. 파지니에 따르면, 커플은 공동 프로젝트 설계와 서로간 매력 유지를 통해 커플의 창조성을 동원할 수 있어야 한다. 세월은 부부 성에 큰 적이지만, 다정함이나 공모관계를 통해 성이 보상될 수도 있다.

파지니는 건강한 노인은 활발한 성생활을 영위한다는 점을 상기시키며, 50대 이후 남성들의 상황을 정의하는 데 사용되는 남성갱년기andropause라는 용어는 잘못된 것이라고 명시했다. 왜냐하면 앙드로포즈는 엄밀한 의미에서 매우 드문 병리이기 때문이라는 것이다. 반면 점차적 고환 활동 약화와 더불어 앙드로클리즈androclise(남성호르몬감소증)는 실제로 발생한다. 따라서 60세 이후의 남성에게서는 성적 후퇴보다는 성생활 변형이라는 말이 더 적절할 것이다. 여성들의 경우는, 50세가 넘으면 에로틱한 욕망을 가질 권리가 없었다. 할머니나 안주인으로 만족해야만 했었다. 그러나 요즘 상황은 매우 다르다.

흔히 보게 되는 변화 중, 뒤늦은 이혼에서 생긴 노년기 신혼 커플(외로움을 달래거나 삶의 희락을 나누기 위해)이 흔히 등장하고, 때로 20세 이상 차이 나는 커플이 형성됨으로써 세대간 섞임 현상이 나타나고 있다고 파지니는 지적한다.

사회학자 M. 보종은 노인들의 성 생활에 관해 탐구하고, 괄목할 만한 성 생활 지속 현상을 언급했는데, 이는 20세기 마지막 10년간의 두드러진 변화를 증언하는 것이다. 노년기까지 지속되는 성 생활은 건강함 가운데 평균수명이 늘어난 점, 의학의 발전, 노인들의 사회적 경제적 지위 향상, 여성의 자율성 증가, 가족 밖에서도 가능해진 사교나 여가 활동 등과 관계가 깊다.

정신분석적 관점

노화라는 현실은 커플과 커플 파트너 각자에게 필연적이고 불가피한 변화들을 가져온다. 젊었던 몸에 대한 애도, 실현되거나 실현되지 못한 꿈들인 그들의 이상에 대한 애도는 어떻게 이루어질까? 배우자의 신체에 대한 상호적 리비도투여와 상호간 유혹은 어떻게 변화되어 새 표현방식과 만족을 탐색해 나갈까? 상대 배우자와 커플 자체에 대한 리비도투여는 어떻게 재조정될까? 커플 파트너 각인과 커플이라는 집단의 승화 능력은 또 어떻게 될까? 또 배우자 간의 간주체적 관계 및 커플집단 차원의 경제적, 역동적, 지형적 변화는 어떠하고 또 어떤 과정을 거칠까? 이들의 '커플 작업'은 어떻게 진화되고 그들의 사회문화적 현실은 어떻게 변할까?

제라르 르 구에스(2000)와 앙리 다농-부알로(2000)의 연구를 토대로, 노년기 부부의 핵심 문제를 잘 간파하도록 해줄 노화와 연결된 여러 면과 변화들을 살펴보자. 이를 위해 정신적 노화의 특성, 성, 은퇴라는 중대시기, 조부모 지위 등을 차례로 접근하겠다.

정신적 노화의 특성들

르 구에스에 따르면 노화 초기는 인생 중간에 위치한다. 이 시기는 갱년기 위기와 '피할 수 없는 끝' 인 죽음이 보이면서 중대한 존재론적 위기를 맞게 되는 말년기를 연결하는 시기이기도 하다. 죽음의 수용은 자기 애도 작업의 열매요, 불멸을 향한 자기애적 갈망이 허망하다는 것을 받아들이는 능력에서 온다. 르 구에스는 시기별로 다음과 같이 구분했다: 중년기에서 은퇴까지의 장년기, 은퇴 이후 80세까지의 노년기, 80세 이후의 말년기.

노화는 누구나 조절하고 관리해 나가야 하는 상실 및 성취로 표현된다.

• 상실은 자기애에 상처를 주고, 모든 사람이 안고 있는 거세불안의 문제를 재활성화시키고,우울 포지션을 재작업 하도록 이끈다. 상실은 주체로 하여금 위협 받고 있는 내면 세계를 보호할 수 있도록 방어들을 사용하게 만든다.

상실에는 다양한 대상 상실과 기능 상실이 있는데, 이중 가장 민감한 것으로 남성의 경우는 성 능력 상실이고 여성의 경우는 매력 상실이다. 실제로는 욕망과 욕망 실현 수단 간의 격차가 거세 콤플렉스를 자극한다. 끝으로 자기 상실을 들 수 있는데, 이것은 필연적인 자기 및 이상들에 대한 애도 작업을 결정한다. 이러한 자기 상실은 전능환상이나 불멸에의 갈망으로 표현되는 자기애적 통합성에 대한 공격을 동반한다. 이러한 자기 애도가 어느 정도 성취되려면 내면의 좋은 대상이 나쁜 대상보다 우세해야 하고, 에로스가 파괴적 욕동보다 더 강해야 한다. 르 구에스에 따르면 "모든 결합을 금지하는 것은 바로 내부의 나쁜 대상이 갖고 있는 박해적 기운이다. 이 나쁜 대상에 대한 과거의 고착이 전능환상을 일깨우고 불가능한 성공을 요구한다. 따라서 앞으로 전진 못하는 무력감은 이상주의적 병리와 연결돼 있다." [105]

105) *Ibid.*, p. 51.

• 성취는 성숙, 자기 보존, 다른 방식으로 삶을 누리는 능력과 관련 있다.

르 구에스는 초심리학적 관점에서 보면, 노화는 자아와 이드를 긴장 관계에 놓이게 하는 프로세스다. 실제로 정신적 장치는 '죽음의 갈등' 에 놓이게 된다. 이 갈등은 장차 죽을 것이며 적어도 노화를 일부 받아들이는 자아와, 영원성에 대한 자기애적 환상과 무시간성 가운데 안착해 있어 노화를 알지 못하는 이드 간의 갈등이다. 따라서 이 갈등은 현실검증능력 면에서 작용하는데, 인생의 끝을 인정하는 정도와 영원성에 대한 갈망 정도에 따라 달라지며 이것들은 서로 영향을 준다.

정신적 장치는 80세까지 사고가 난 경우를 제외하곤 거의 바뀌지 않는다. 르 구에스는 이드 욕동 상승의 감소, 보다 덜 강렬한 갈등에 보다 덜 자주 동원되는 초자아의 완화 등을 지적했다. 자아의 경우는 노화 과정에서 두 가지 주된 왜곡을 거친다. 1. 약해진다. 이는 욕동 감소가 정신적으로 표현된 것으로 애도, 우울, 승화, 다양한 방어 동원 등의 반응을 결정한다. 2. 순응 경향으로 표현된 경직화. 이는 변화, 새로운 것, 낯선 사람에 항거하려는 욕망이다.

역동적 차원에서, 늙어가는 자아는 상당히 나이가 들기까지 자아가 종속돼 있는 유아기적 욕망의 표출들에 맞서기 위해 다차원의 방어를 동원해야 한다. 신경증적인 방어(억압), 전성기기적 방어(투사, 통제 욕동의 부상, 고착의 재활성화를 통해 기능함으로써 어떤 쾌락을 재발견하려는 퇴행적 움직임), 자기애적 방어(이상화, 폄하).

경제적 측면에서 정신적 기제는 두 가지 주된 변형을 거친다. 1. 욕동 상승의 점차적 감소 2. 만족의 수단들이 축소됨. 르 구에스에 따르면 쾌락과 불쾌 사이, 상실과 '잔여물' 곧 성취 사이의 역동적 경제적 균형을 추구하는 가운데 대치적 쾌락의 원천으로서의 승화된 해결책은 이런 상실이 가져오는 상처나 구조 파괴의 효과에 맞서 투쟁하는 데 정신이 사용할 수 있는 최선의 수단이다. 승화된 해결책은 다음과 같이 나타난다. 1. 승화는 젊은 희락의 원천으로, 이는 부분 욕동들과 퇴행 방식의 재활성화를 통해 성취된다. 관음증의 형태로 표현되는 것, 새로운 지식 추구보다는 탐욕스러운 알코올 추구의 구강기성으로 표현되는 것, 전투적이고 창의적 항문기성보다는 공격적인 항문기성으로 표현되는 '일차적' 표출을 피하려는 것이 승화된 해결책이다. 2. 승화된 해결책은 또 자기애의 재생 및 복구 수단으로서 나타난다. 이렇게 복구된 자기애는 노화 과정이 부과하는 자기애성의 상처들을 완화시킨다. 3. 승화된 해결책은 거세 불안의 재활성화에 맞선 방어 수단이자 투쟁 수단이다.

르 구에스는 리비도 효과에 따라 서로 다른 두 승화 형태를 제시했다. 하나는 생산의 승화이고 다른 하나는 소비의 승화다.

생산의 승화는 주체가 자기 고유의 자원으로 성취해낸 모든 욕동의 표출 형태를 말한다. 이렇게 생산된 창조물은 이를 성취해낸 사람에게 진정한 자기애적 쾌락의 원천이며, 또한 사회적 인정과 관심의 대상이 된다.

소비의 승화는 기분전환과 쾌락의 원천인 문화 활동의 소비다. 경제적 측면에 보면 생산의 승화야말로 가장 풍요로운 승화다.

르 구에스에 따르면 이런 승화가 최선의 가치를 지닌다. 불행히도 이런 승화는 영원하지도 않고 아무나 할 수 있는 것도 아니다.

노화는 하나의 시련이기도 하다. 자기보존을 위해 리비도 자원을 동원하는 능력을 테스트하는 현실적 경험이다. '잘 늙는다는 것'은 무엇보다 두 가지 위험, 즉 우울과 방어적 과잉행동을 스스로 멀리하는 것이다. 방어적 과잉행동은 정신적 신체적 붕괴에 직면해서 나타나는데, 특히 거세를 부인함으로써 과잉행동이 나타난다. 그렇다면 자기애가 깊이 상처 입었을 때 어떻게 자기 보존을 할 것인가를 르 구에스는 묻는다. 노화가 시작될 때 삶을 지켜줄 건전한 자기애를 보존하는 일이 필요한데, 성인의 삶에서 역동적인 안정성은 여러 움직임을 통해 보장되는데, 특히 다음 네 가지가 중요하다고 그는 말한다. 1. 대상에 대한 리비도투여, 2. 대상에 의해 사랑 형태로 되돌아온 리비도투여, 3. 성생활의 균형, 4. 승화.

제대로 타협한 경우, 포기들도 현실에 대한 건강한 적응력을 보여주며 현재 자기정체성에 대한 올바른 느낌을 보여준다. 현실 부인이나 시기심이 노년기 문제들을 보여준다면, 다른 차원의 다양한 요소들 또한 필수적인 포기들에 걸림돌이 될 수 있다. 이러한 걸림돌 중 하나는 명백한 현실을 부인하는 태도다.

결국 성공한 자아의 노화는 청춘 상실이나 죽음의 공포를 견뎌내고 대상들, 지나간 목표들, 이상들을 포기하거나 이것들로부터 리비도를 철회함으로써 남아 있는 에너지를 새 상황에 맞게 새로이 투자하는 것이다. '잘 늙는다는 것' 은 훌륭한 승화 놀이에, 제대로 다루지 않으면 노년기 위기를 불러올 거세 불안을 재작업하는 능력에 달렸다. 또 신체적 성욕이 따스한 애정으로 발전돼 나가도록 하는 능력에 달렸다.

반면, 노화중의 신경증적인 자아는 반항하며 필요한 애도 작업을 거부하고 자신의 욕동에 대한 재성화resexualiser를 시도할 수 있다. 이러한 재성화의 시도는 남성에게는 '중년기 정욕' 으로, 여성에게는 뒤늦은 출산 욕구로 표현되기도 한다. 또 항문기성이나 구강기성이 방어적으로 재출현하는 병리적 퇴행이 일어날 수도 있는데, 이러한 퇴행이 일어나면 부분 욕동들이 승화되지 않고 표출된다. 경계선적 자아는 과잉행동, 거대 계획, 젊음의 추구 등과 같이 지나친 보상을 찾게 되는데, 이는 자아가 고통스러운 현실을 부인하고 있음을 보여준다. 경계선적 자아는 또 건강염려증의 형태로 신체화될 수 있다. 정신증적 자아는 재성화의 방식으로서 에로틱한 망상 등의 뒤늦은 개화를 경험하거나, 박해망상의 형태로서 함부로 투사하는 편견적 망상을 보인다.

노화 과정에서의 성

르 구에스에 따르면 "노인들의 성에 관해서는 아직도 타부가 심하다."[106]

H. 다농-부알로[107]는 대부분의 노년기 커플이 그들의 성적 노화에 적응한다고 보았다. 실제로 부부 관습에 따라 나이가 들면서 성관계는 줄어든다. 때로 성관계가 중단되기도 하지만, 보통은 예상보다 훨씬 더 많이 성관계가 은밀히 지속된다. 이것은 아직도 노년기 커플의 '정상적' 성이 베일에 가려 있음을 증언한다. 관련자들의 수치심이 다른 세대들 앞에서 느끼는 무의식적 죄책감으로 인해 노년기 성을 밀실로 밀어 넣는 듯 보인다.

노년의 정신적 삶은 욕망이 강하고 환상적 시나리오를 끝까지 밀고나가는 경향이 강하며, 대상 욕망은 매우 끈질기게 존속된다. 노화는 암암리에 신체와 정신을 분리시킨다. 신체적인 성이 정신성성psychosexualité보다 일찍 약화되는데, 바로 이런 몸과 정신 간의 격차가 자아 안에 간극을 형성시키면서 자기애를 공격한다.

무기력, 불감증, 조루, 동성애 등의 형태로 나타나는 부분 욕동들의 회귀는 노화되는 성욕의 출구가 될 수 있는데, 물론 정신적 성기기성의 유지는 또 다른 문제다.

르 구에스는 신체적 성생활에 해당하는 기관 성욕을 기능적 성이나 정신화된 성과 구별했다.

기능적 성은 성 실현의 방식들을 말하며, 이것은 주체의 정신 구조와 관련이 있다. 르 구에스는 뒤늦게 나타나는 성 장애들은, 심각한 신체적 질병이 없는 경우라면 생리적인 것보다는 정신병과 더 관련이 깊다고 보았다. 그는 성기능 장애들을 정신적 갈등의 면에서 재조사하기를 권했다. 무기력과 관련해서는 나이와 더불어 변화가 생기며 거세 불안이 기능적 거세를 가

106) G. Le Gouès, "Être vieux", *Autrement*, Paris, 1991, n.124, p. 149.
107) H. Danon-Boileau, *De la vieillesse à la mort*, Paris, Hachette Littératures, "Pluriel", 2000.

속화시킬 수 있다. 따라서 노년기에는 일들이 느리고 부족하게 성취되는 것을 내버려둘 수 있는 능력, 업적보다는 온유함을 우선시하는 능력, 수동성-수용성에 더 큰 비중을 두는 능력을 기르는 것이 바람직하다.

노년기 커플에서 남성은 발기부전 때문에, 여성은 "이제 섹스할 나이가 아니라" 는 사고 때문에 성관계가 사라지게 되면 자위행위가 병적 피난처로 사용될 수 있다. 그러나 자위행위는 특히 남자 '어르신'에게 특별히 허망한 것으로 경험된다.

정신화된 성은 의식적 몽상 가운데서, 혹은 밤에 꾸는 꿈에서 드라마화된 성을 말한다. 노화중인 커플에게, 성생활 차원에서 일어난 변화가 따스한 성적 애무로 보완되면 큰 문제없이 새 단계로의 적응이 일어난다. 실제로 노년기의 다정함은 대상을 향해 있던 에로티시즘이 찾아낸 대안적 출구다. 프로이트의 용어로 말하면, 다정함의 흐름이 육감적인 흐름보다 우세해진다.

리비도가 가장 많이 투여된 정신성성이 무엇이냐(특히 구강기 및 항문기적 정신성성)에 따라 주체는 자기 향락을 만족시키려는 노력 가운데 자신의 노화과정을 관리한다. 리비도가 감소되면 항문기성이 중요한 기능을 맡는다. 자칫하면 공격성이 전면으로 떠오를 위험성이 커지기 때문이다. 항문기성이 되살아난, 사랑에 빠진 노인은 금새 못된 성격을 부린다. 그러나 항문기성은 승화를 불러오는 부분 욕동들의 생생한 저수지이기도 하다. 구강기적 성은 대상 부재에서 오는 불안과 싸우기 위해 식욕을 활성화하여 비만이나 때늦은 알코올 중독을 야기하기도 한다.

상처를 주는 중대한 변화시기 : 은퇴기

활동을 계속하는 퇴직자들과 노인들은 그렇지 않은 사람들보다 더 나은 삶을 살고 더 오래 산다.

H. 다농-부알로가 언급한 바 있는, 은퇴기에 상처로 경험되는 몇 가지 상실들을 상기해보자. 무엇보다 은퇴는 자신의 일부였던 것과의 급작스런 단절로, 사회적 지위와 사회경력 면에서의 단절을 뜻한다. 따라서 자기 감각, 자기 계속성의 감각, 자기 자신과의 일체성의 감각 등이 외부로부터 위협을 받는다. 은퇴기는 또한 과량의 여가 시간으로 특징지어지는데, 이런 시간은 대개 공허나 죽은 시간 혹은 권태로운 시간으로 경험된다. 그렇지 않아도 불안과 우울을 불러오는 그런 상황에다, 통상의 사회적 네트워크의 상실, 경제적 상실, 큰 헌신과 만족의 대상이었던 직업의 상실 등이 추가된다. 그러나 퇴직자는 본인 스스로를 어제와 다를 바 없다고 느낀다. 달리 말해 그의 자원과 에너지는 이러한 단절을 무마하기 위해 다른 영역을 찾아낼 수도 있는 상태다. 물론 이에는 상당한 의식적 무의식적 재조정이 필요하지만. 이때 승화가 중대한 역할을 하는 것은 예전의 균형과 정신적 경제를 유지한다는 차원에서다.

따라서 은퇴는 상실에 따른 새로운 균형과 승화 가능성들의 재조직을 요구한다. 은퇴와 더불어 상실한 것(콘텐츠, 수련기술, 권력)의 중요도는 개인에 따라 다를 것이며, 승화를 통해 대치 혹은 보상할 수 있는 용이성 또한 상대적으로 다를 것이다. 여성이 남성보다 일과 가족, 여가와 업무 사이를 더 유연하게 교대할 수 있다. 남성들은 더 경직되고 덜 다양한 방식으로 사물을 숙고한다. 은퇴 전에 직업과 별도로, 혹은 직업과 병행해 관심하던 분야 쪽으로 승화하면 은퇴라는 이행기가 단절의 느낌을 완화시키고 상처도 덜 줄 수 있다.

자원봉사는 사회활동에서 은퇴로, 또 노화로의 이행을 보증해 주는 탁월한 방법의 하나다. 초자아와 자아 이상과의 조화 외에도 중요한 것은 활동에서 얻는 기쁨과 이런 승화가 갖는 '보호' 기능이지만, 봉사활동을 통해 집수리, 정원 가꾸기, 요리나 그 연관활동 등과 같은 다른 평범한 활동들에 대한 에너지투자도 용이해진다는 점이다.

하지만 노년기에는 생리적 현실 역시 무시할 수 없는 역할을 한다. 신체적, 지적, 정서적 가능성들이 다소간 손상되고 욕망의 세기도 감소된다. 새로운 행동, 삶, 사고방식 등으로의 적응 능력이 떨어진다.

은퇴기는 커플의 삶에 있어서도 중대한 시기로, 상대 파트너에 대한 적대적 투사 움직임 때문에 갈등이 일어나는 시기다. 만약 배우자 두 사람 모두 은퇴라는 새 상황을 맞아 단 둘이만 남게 된다면, 커플 구성원인 두 사람이 창조적이고 승화적인 노력들을 동원해 그들의 내면세계를 재조정하고 커플의 정신적 역동 및 경제도 재조절해야 한다. 이는 자기애와 욕동을 직접 혹은 억제나 승화의 방법으로 만족시키는, 사적 (또 공동의) 시간, 공간, 애착 대상들을 마련하고 창조함으로써 가능하다.

조부모의 위치

앙리 다농-부알로는 또한 '지혜로운 신중함'을 암시하며 조부모 성품에 관해서도 숙고해 보도록 권한다. "'2선으로 물러나 있는' 조부모 입장은 신중함이라는 의무를 부여 받는다. 조부모는 새로이 부모가 된 자신들의 자녀에게 지지나 실제적 도움을 얼마나 줄 것인가를 신중히 조절해야 한다. 일반적으로 조부모는 합리적으로 요청 받거나 위기시가 아닌 이상, 손자들의 교육에 개입해서는 안 되며 침습적이거나 권위적인 행동은 전적으로 피해야 한다... 손자의 사랑을 얻고자 하는 욕망도 어느 정도 통제되어야 한다."[108]

중요한 것은 부모들이 조부모에 의해 부모로 인정되고 위협감 없이 부모 고유의 지위를 보장 받는다고 느껴야 한다. 하지만 부모들은 조부모 특유의 영역인 여가생활 중에 자녀를 자유로이 맡길 수도 있다. 여기에는 약

---

108) *Ibid.*, p. 195.

간의 교육적인 활동도 (부모 동의하에) 포함될 수 있다. 모든 게 순조롭다면 손자는 출생 초기부터 독점할 수 있는 어른(조부모)을 곁에 두는 혜택을 누릴 수가 있다.

자녀 나이가 2~20세 혹은 그 이후로는 관계가 변형될 수밖에 없다. 새로운 욕구를 따라서 손자들이 진화해 나가는 데 적응하는 것이 조부모 역할이다. 때로 손자들은 전형적인 반항을 하기도 하지만 이는 부모/자녀 간 반항 문제와는 전혀 다른 차원이다. 조부모의 변함없는 가용성과 관용과 사랑은, 이것들을 손자가 성장과정에서 어떻게 사용하든 간에 손자에게 안전감을 제공한다. 할아버지는 본인의 자녀를 키울 때 맛보지 못했던 양육의 기쁨을 누리며 그의 청춘 시절을 재발견한다. 대개 영향력과 자존감 면에서 약해져 있는 할아버지는 손자가 그에게 의존하는 것을 통해, 또 할아버지를 향한 손자의 시선을 통해 어떤 힘을 느끼게 된다. 또 오이디푸스 감정들의 강도나 질이 (손자의) 부모와의 관계에서 작용하기 때문에, 조부모는 그들의 본 자녀에게 해주지 못했던 더 큰 주의를 손자에게 쏟고 더 잘 돌봄으로써 더더욱 좋은 조부모가 된다. 그 반대의 경우는 훨씬 드물다. 힘든 순간에 조부모는 손자들에게 피난처가 되고 부모와의 협의하에 손자들에게 대화 상대가 돼주기 때문에 부모는 안심을 하게 된다. 청소년기에는 특히 조부모 역할이 소중하다.

조부모가 손자들과 맺는 관계에서 고려해야 할 또 다른 측면은 혈통 계승으로 "후계"와 관련된 환상들, 후손에 대한 노인들의 동일시다. 계보, 연속성, 개인적 목표를 추진해 나가는 자녀들을 바라보며 갖는 생각 등은 노인들이 죽음으로 인해 포기되는 것들에서 오는 불안을 방어할 수 있게 해준다. 이렇게 해서 영속성은 주체로부터 후계로 옮겨가는데, 후계는 불멸에 대한 자기애적 욕망이 미묘하게 표출되는 창구다.

이러한 조부모 지위는 커플의 조직 및 기능에 어떤 영향을 미칠까? 노화에서 비롯된 수많은 상실과 포기들은 조부모의 위치에 오름으로써 개인 및 커플 차원에서, 또 자기애와 대상관계의 차원, 다양한 리비도적 관계의 창조 및 재창조의 측면에서 여러 가지 유익이 있어 개인, 커플, 가족 차원의 정신적 삶에 도움이 된다. 따라서 조부모 지위는 불명예에 대한 자기애적 환상을 만족시키는 또 다른 방법이다. 또한 조부모의 위치는 조부모라는 정체성의 보고를 풍성하게 하고 자기애를 만족시키는 새로운 기능과 연결된 새로운 지위를 가져다줌으로써 모든 측면에서 취약해진 노년기 커플 안에 존재하는 적대적 흐름을 감소시켜 준다. 조부모의 지위는 또 자녀들에 의해 주어진 '반대급부'라 가정해 볼 수 있다. 늙어가는 부모의 자기애적 상처를 복구하고 치료하는 한 방법이며, 자신들에게 생명을 준 부모 커플을 돌보고 유지하는 방식일 수도 있다. 이것은 M. 비들로브스키의 "생명의 부채" 개념을 떠올리게 한다.

4장

'커플 작업'의 개념

커플 개념 복습

커플은 다양하고 가변적인 상호작용 가운데 살아 있고 복잡한 신체-성적, 사회문화적, 정신적 실체라 보는 것이 내 입장이다. 커플이라는 이러한 실체는 복잡한 시간성 속에서 전개되며, 이 시간성은 커플 구성원 각인의 고유한 시간성들이 교차하는 데서 비롯된다.

이 성적-신체적 실체는 서로 다른 성별을 가진 두 명의 인간으로 구성돼 있지만 "스스로를 재생산하고자 하는" 암묵적, 명시적 계획들을 가지고 함께 살아가는, 그리하여 인류 종족 보존이라는 광대한 역사에 참여하는 두 '정신신체 조직'이라 할 수 있다. 그러므로 커플은 하나의 생물학적 출산 단위다. 성별을 가진 이 두 몸, 두 정신신체 조직체는 다양한 언어적, 비언어적(제스처, 행동, 환상, 섹스를 통한 소통) 방식으로 소통한다. 타자의 몸을 대면해 다음과 같은 흐름이 일어난다. 1.상호간 리비도 욕동의 투여(자기애적인 욕동 혹은 에로틱한 욕동, 또는 애정어린 욕동이나 공격적인 욕동) 2. (전의식적, 의식적, 무의식적) 표상들의 교류

3. 파트너 각인의 양성애를 동원하는 투사와 동일시의 흐름 등이 일어남. 이런 투사와 동일시의 흐름은 "정신신체적 짝짓기" 더 정확히는 "정신신체적 짝짓기의 환상" 을 만들어 낸다.

성 행위는 특히 양성을 가진 환상속의 무의식적 신체, 곧 "상상속의 한 몸" 이라는 집단적 환상을 실현한다. 또 성 행위는 두 사람 모두에게 자기애적 충만 상태를 부여하는 자기애적 합일이라는 퇴행적 욕망을 실제화한다.

사회문화적 실체로서의 커플은 생산, 경제적 협동, 사회적 재생산, 자녀 교육(부모 커플인 경우) 등의 사회적 단위를 형성하는, 함께 사는 두 개인으로 특징지을 수 있다. 이들은 하나의 사회적 집단에 소속되어 사회구조 안에서 어떤 위치를 차지하며 특정한 지위와 역할을 부여 받는다.

이들 커플은 결혼이나 다른 형태의 사회적 인지를 통해 제도화될 수 있다. 비온과 앙지외의 개념에서 영감을 받아 표현하자면, 이들은 '환상속 커플couple fantasmatique' 과의 상호연관성 속에서 '작업 커플' 을 형성하는데, 이 '환상속 커플' 개념의 기능과 형성에 관해서는 차후에 논할 것이다.

커플의 정신적 실제는 카에스의 개념인 '정신적 지속성' 을 보장하는 근원적 요소들 속에 존재하며, 이는 다수의 역동적 갈등과 욕동리비도투여(자기보전적 투여, 자기애적 투여, 에로틱한 투여, 다정함의 투여, 이성적인 투여, 승화된 동성적 투여 등)의 흐름, 욕망의 환상, 대상 모델 및 대상관계, 동일시와 투사의 작용, 원상들, 전성기기 및 오이디푸스기의 불안 및 이와 결부된 다양한 방어기제 등으로 이뤄져 있는데, 이 모든 요소들이 커플이라는 이자적 관계를 구조화시키고 기능하도록 만든다.

카에스의 이론을 염두에 두면서 나는 커플의 정신적 실제를 구성하는 '세 가지 논리적 수준' 에 접근하고자 한다. 1. 집단적 수준 : 이는 커플 파트너 간에 공유된 공동의 정신적 실제로 특이적 구조와 형태를 지닌다. 2. 간주체적 수준 : 이는 고유한 양태와 다양한 수준의 대상관계를 동반한 간주체적 관계 및 무의식적 동맹들을 말하는데, 이때 두 주체 간에 형성되는 동맹은 구조화 기능을 갖기도 하고 방어적 성격을 띠기도 하고 때로는 상호공격적 성격을 띠기도 한다. 이 간주체적 수준에는 커플 구성원 각인의 오이디푸스 콤플렉스, 특히 형제간 콤플렉스가 서로 관련 맺는 것도 포함된다. 3. 개인적-정신내적 수준 : 여기에는 자아/내적 사랑대상(앙드레 그린은 이것을 '트라우마-대상'이라 지칭), 자기애/대상성, 자아/이드 간의 고유한 갈등, 두 특정한 정신적 대상인 사랑대상과 커플대상 간의 갈등 및 정신적 공간의 유사성과 차이점으로 인해 각인이 커플이라는 집단과 맺는 긴장 관계 등이 포함된다.

'커플 작업' 개념의 도입 필요성

지금까지 다학제간 방식으로 커플의 '자연사', 변화와 성장을 불러오는 커플의 주요 단계들, 커플의 다양한 존재적 측면 등을 다루고 보니, 이제는 보다 통일성과 적실성을 담보하는 방식으로 커플의 삶이 지닌 역사적, 사회문화적, 정신적 요소들과 우여곡절에도 불구하고 살아남는 커플의 지속성에 관해 설명할 필요가 있을 것 같다.

이런 맥락에서 다학제간 개념인 '커플 작업' 개념을 도입할 필요성은 내게 너무도 명백해 보였다. 이 개념은 신체-성적, 정신적, 사회문화적 현실이라는 세 가지 커플 관련 실제를 해석하고 이것들 상호간의 연관성 및 결함들을 이해하는 데도 유익하다. 어떤 커플들에서는 커플 작업이 잘 되고 만족스러운 반면, 위에 언급된 커플의 세 가지 현실 사이에서 과도함, 결함,

불균형 등의 문제로 커플 작업이 실패하는 사례도 있다. 커플 작업의 실패는 특히 다양한 형태의 고통으로 나타나는데 이는 커플 붕괴 혹은 커플 전문가 및 치료자와의 상담으로 이어진다.

그러면 작업 주체, 활동 영역, 작업 과정, 작업 결과 등에 따라서 이 커플 작업이 갖는 다양한 측면 및 특징을 살펴보자. 또 두 파트너가 기대하는 커플 작업의 목표와 기능에 대해서도 살펴볼 필요가 있다. 다양한 커플 작업의 실패를 탐구함으로써 우리는 억압적 요인, 지나치게 자극적이어서 마비를 불러오는 요인 등과 같이 커플 작업에 장애가 되는 요인들을 발견할 수 있으며 또 역설적으로 촉진 요인과 자극 요인도 알 수 있다.

커플 작업은 하나의 가설 단계의 작업 개념으로, 이의 조작적 가치와 사실 발견적 가치는 특히 임상 자료와 사회인류학적 자료들에 적용할 때 분명하게 나타난다.

커플 작업이란?

이 커플 작업은 파트너 각인의 자아가 서로 합력함으로써 실현되는데, 이때 두 자아는 상당하게 리비도가 투여된 채 무의식, 전의식, 의식의 세 수준에 관여한다. 커플 작업은 경제적, 역동적, 지형적 측면을 포함하며 앞서 말한 커플의 세 가지 실제(정신적, 신체-성적, 사회문화적) 가운데서 성취된다. 이때 커플 각인의 시간성이 이 커플 작업의 시간성을 조건화한다.

정신적 실제 가운데서 일어나는 커플 작업

커플의 정신적 실제에는 집단 차원, 간주체적 차원, 개인 및 정신내적 차원이라는 세 차원이 존재함을 기억하자.

집단 차원

두 파트너 사이에 공유된 정신적 구조, 곧 '커플 사이키psychcé conjugale' 가 그 자체로서 기능하고 또 이것이 파트너 사이에 공유된 '커플 차원의 타협 형성' 을 만들어 낼 때, 커플이라는 하나의 집단이 존재한다고 할 수 있다. 따라서 커플 사이키는 파트너 각인의 개인적 정신의 부분들이 '조합' 혹은 갈등함으로써 생겨나며 이렇게 해서 커플이라는 집단이 형성된다. 파트너들은 각자의 동일시, 생각, 이상 등을 커플집단의 유지를 위해 일부분 포갤 필요성과, 자기 고유의 정신적 공간을 유지할 필요성 사이에 놓이게 된다.

이렇게 개인들의 정신적인 부분이 서로 '조합' 되는 과정과 조직화 방식은 이미 카에스 이론을 소개할 때 다룬 바 있다. 카에스가 확인한 네 과정은 다음과 같다. 1. 근원적 과정, 일차 과정, 이차 과정, 삼차 과정. 2. 동조적 동일시, 투사적 동일시, 내사적 동일시. 3. 방어 기제들을 동반한 투사 및 방출 기제. 4. 감을 기능들.

이런 과정들에 덧붙여 환상, 원상, 무의식적 동맹 등과 같은 구조물들도 있지만 이것들에 관해서는 나중에 다룰 것이다.

또한 커플 작업은 사랑 대상이 수행하는 대상화 기능 및 커플이라는 집단 자체가 수행하는 대상화 기능에 의해 조건화되는데, 이 대상화 기능은 앙드레 그린의 개념으로, 커플 파트너들의 에로스가 표현되는 방식중 하나다. 사실 개인의 부분들이 만나 이루는 이런 '조합' 은 각인의 정신세계의 유사성과 차이점 간의 긴장 관계 안에서 형성되며, 이것의 근저에는 이인증에 대한 불안이 놓여있다. 따라서 커플이라는 이 집단은 사적인 것이나 차이점보다는 공통점과 유사성이 우세한 가운데서 조직될 수밖에 없다. 한 집단 혹은 하나의 2자관계로서 커플은, 타자들 혹은 제3자들(부모, 자녀, 친구 등)의 세계로부터 커플을 분리시키고 구분 짓는 경계선에 대해서도 다양한 방식으로 공동의 자기애적 리비도를 투여한다. 이 외부의 대상들 역시 커플 작업을 통해 커플과의 관계 설정이 이루어진다. 빌리에 따르면 이 경계선은 커플에 따라서 '느슨할' 수도 있고, '분명하지만 침투 가능할' 수도 있고, '엄격할' 수도 있다. 빌리는 외부 타자들, 부모, 자녀들과 커플 사이에 분명한 경계선을 회복하는 것이 치료목표 중 하나라고 보았다. 빌리는 커플이 경험하는 특정 상황에서 제3자가 하는 역할도 고려한다. C. 파라가 지적한 것처럼, 커플 외부의 세계는 오이디푸스 구조화에서 제3자 역할을 하기 때문에 커플 상호간에 일어나는 이성애적 리비도투여와는 대조적으로, 커플 파트너 각인에 의해 동성애적 성격의 복잡한 리비도투여의 대상이 된다는 점을 기억하자. 실제로 이러한 리비도투여에 관여된 정서는 일부는 비승화적 성격을 띠고 또 일부는 승화적 성격을 띤다.

또한 커플이라는 집단은 '환상 속에서 살아있는 한 몸' 을 갖고 있으며, 바로 이 공유된 한 몸이 커플 사이키의 거주지다. 앙지외에 따르면 이런 신체적 은유가 두 파트너로 하여금 어머니 자궁 혹은 어머니-태아 관계를 참조하게 만든다. 흔히 쓰는 표현인 '우리 부부 편해요', 혹은 반대로 '우리 부부 아주 숨이 막힌다니까요' 등에 자궁 이미지가 포함돼 있지 않은가? 실제로 커플은 환상 속에서 두 파트너에 의해 한 '자궁 속 생명체' 로 경험될 뿐 아니라 생명 욕구, 정신적 욕구, 기능적 욕구 모두를 가진 하나의 생명체로서, 변화와 성장의 중대 시기들을 거칠 수밖에 없는 하나의 자라나는 생명체로서 리비도투여 된다. 따라서 하나의 생명체인 커플은 호흡하고 호흡을 해야 하며, 양분을 제공 받고, 당사자들이 이 커플을 양육(내적 외적 자원을 통해) 해야 하고, 커플은 움직여야 하고 스스로를 동원하고 진화하고 또 변화되어야 한다. 위니캇이 유아에 관해 쓴 것을 참조로 나는 커플은 하나의 신생 집단으로서, 신생 커플에게 착각들과 관련해서 창조적 잠재력을 부여해 주는 '내재된 창조적 욕동' 에 의해 추동된다고 말하고 싶다. 또 커플은 태생적으로 성장, 통합, 성숙의 잠재력을 갖고 있다. 커플은 또 커플 내의 에너지를 순환시키고, 해롭고 바람직하지 않은 노폐물을 제거하고, 그것들을 제3자에게 투사해야만 한다. 커플은 미래계획을 생각하고 준비하고 환상을 소통한다. 여기서 우리는 커플의 정신적 실제가 '환상 가운데 살아있는 한 몸' 안에 자리하고 있음을 다시 한 번 확인할 수 있다.

드 뮈장의 이론을 따라 나는 자기보존 욕동이 이 '환상 속 한 몸'을 부양하며 또 그 가운데서 작용한다고 본다. 살아있는 존재, 자궁 안에서 사는 생명체 등의 표상은 커플 파트너 각인에게서 다르게 표상되는데 이런 표상은 특히 원초적 불안, 함입 불안, 박해 불안, 우울 불안 등의 다양한 불안을 야기하는 환상들을 불러올 수 있다.

간주체적 차원

다수의 갈등관계들로 살아 움직이는 간주체적 공간은 커플 파트너 각인의 대상관계들을 연결하고, 각자의 동일시 및 투사의 움직임들이 교차하여 무의식적 동맹을 창조해 낸다. 또한 이 간주체적 공간은 파트너 각인의 오이디푸스 콤플렉스를 서로 관계 짓는 곳이기도 하다.

모리스 부베는 대상관계에는 자기애성과 대상성이 모두 있으므로 여기에는 자기애적 리비도와 대상 리비도가 모두 투여된다고 본 반면 그룅베르제는 2자관계 내 전성기기성이 구강기성과 항문기성을 대립시킨다고 주장했던 것을 기억하자. 따라서 구강기적 관계는 주체/대상 간의 혼돈이 특징적이고, 항문기적 관계는 전형적인 주체/대상 간의 관계로 대표적인 사회적 관계다. 모든 대상관계에는 항문기적인 요소가 있다. 항문기적인 요소가 모든 대상관계의 기초를 이루기 때문이다.

그룅베르제의 이런 통찰에 힘입어, 한 커플의 모든 정신적 구조물 안에는 항문기적 요소가 항상 살아 숨 쉰다고 주장할 수도 있겠다. 더구나 항문기성과 구강기성은 어느 정도 적대적이면서도 시너지를 불러오는 방식으로 서로 얽힌 채 작용할 수밖에 없다.

• 주체/대상 간의 혼돈이 특징인 구강기적 대상관계는 '커플에 대한 환상'에서처럼 집단 차원, 곧 자기애적 결합 차원에서 동원된다.

• 항문기적 대상관계는 갈등하는 간주체적 차원에서 우세하며, 커플의 삶과 '작업 커플'을 구조화한다.

로젠베르그는 욕망하는 자아와 그 대상 사이의 거리는 어느 정도 죽음욕동의 기여에 달렸다고 본다. 이러한 죽음욕동이 대상을 변별하고, 그 관계에 미묘함을 더하여 대상관계를 풍성하게 하는 능력에 관여하기 때문이다. 그러므로 이러한 사고 유형에서는, 죽음 욕동이 파트너 각인의 정신적 공간을 변별하는 데 개입하고, 카에스가 정의한 바의 이질동형현상의 극에 개입한다.

로젠베르그는 또한 피학증이 커플 유지의 요인으로써, 커플의 삶을 수호하는 역할을 한다는 점을 우리에게 알려주었다. 이렇게 에로스와 죽음 욕동 간의 유익한 맺기-풀기 게임이 커플생활에 필요한 피학증의 공동 작업을 조건화한다. 이러한 커플 관계의 지속성은 작동하는 '죽음욕동의 작업'에 달렸다. 앙드레 그린의 표현을 빌면, 커플 관계의 지속성은 성적인 욕동의 목표가 억제되는 가운데서 보장된다. 이렇게 억제된 성적 욕동은 특히 다정함으로 표현된다.

무의식적 동맹들은 욕망 실현의 동맹, 구조화를 가져오는 동맹, 방어적 동맹이지만 커플생활에서 특정 시기에는 이러한 동맹이 공격적인 성격을 띨 수도 있다. 구조화를 가져오는 동맹 중에서 카에스가 언급했던 상호간 이차적 자기애성의 계약이 있는데, 이것은 커플의 연속성과 보전을 위해 커플 내의 특정한 자리를 스스로에게 부여하는 것이다. 이는 한 집단으로의 편입 계약에 비견될 수 있다. 그러나 이 계약은 애도나 분리와 같은 존재상의 근본적 위기가 닥치면 변형된다. 커플 가운데 작용하는 상호적 계약으로 억압 작업을 요구하는 또 하나의 계약이 있는데, 그것은 파괴적 욕동 목표의 직접적 실현을 서로 포기한다는 계약이다.

개인적 차원은 나중에 다루더라도 먼저 집단 차원과 간주체적 차원에서 지형적인 측면과 욕동적 리비도투여의 흐름은 어떠할까?

위니캇과 그룅베르제의 모델에 따라 우리는 두 극을 포함하는 하나의 구조물을 커플 가운데서 확인할 수 있다.

- 우리가 자기애적이라 평가하는 극은 바로 갈등 없고, 전지전능한, 대량의 자기애적 리비도의 투여 대상인 '커플 집단'이다. 이것은 위니캇 식으로 보자면 '절대 여성적인' 극이며, 자아/사랑대상 간의 동일성을 바탕으로 하고, '자기애적 합일'이자, '커플 자기soi conjugal'를 형성하는 것으로, '커플 자아'와는 구별되는 에너지의 원천이자 자기애적 심급이며, '작업 집단'에 생기를 불어넣고, 사회문화적 현실과 관계 맺는 극이다. '커플 초자아'와 '커플 자아이상'의 공동 형성물이 '커플 자기' 및 '커플 자아'와의 역동적 긴장 관계 안에 공존한다.
- 나머지 극은 대상관계적 극, 간주체적 극으로 갈등이 존재하고 에로틱하고 다정하면서도 공격적인 자기애성 리비도가 투여되는 극이다. 자아/사랑대상 간의 분리를 토대로 한 욕동적 대상관계를 바탕으로 한 '절대 남성적인' 극이다.

위 두 극이 함께 어우러져 '커플의 정신적 양성애'를 구성한다.

환상 가운데 살아있는 존재이자 파트너들의 공동 창조물인 이 커플 집단은, 커플 구성원 각자마다 그 표상에는 다소 차이가 있으나, 이 간주체적 애정관계 가운데서 작용하는 하나의 정신적 제3자를 표상하는 것처럼 보인다. 두 커플 파트너의 간주체적 관계에 더하여 커플이라는 제3자가 존재하므로 두 사람 간의 간주체적 애정관계는 삼자관계임이 밝혀진다. 이것은 모든 커플 관계에는 오이디푸스적 구조가 존재하며 이 오이디푸스 구조가 배우자 쌍방의 오이디푸스 균형을 공고화한다. 또 우리는 이 제3의 대상이 미래에 태어날 자녀에게 '정신적 요람' 혹은 '모성적 자궁'이 될 것임을 짐작할 수 있다.

카에스는 '간주체성의 작업'이라는 개념을 도입했다. 그는 주체가 면해 있는 필연적인 간주체적 상황 자체로 인해 간주체성이 사이키에 어떤 정신적 작업을 부과하다고 보았는데, 간주체성의 작업이란 주체의 프시케 안에서 일어나는 타자의 무의식적 정신적 작업을 말한다. 물론 이 작업은 당연히 동일시의 작업을 포함하며 파트너 각인의 자아에 변형적 영향을 끼친다. 카에스의 이 정신분석적 개념은 사회학자 F. 드 셍글리가 제시한 '커플 사회화 작업' 개념과 연관지어볼 수 있는데, 이 개념은 특히 정체성 면에서 구성원 각인이 커플 관계들 가운데서 변형되는 과정의 총체를 가리킨다. 사실 드 셍글리는 커플 동맹이 배우자 각인의 정체성에 미치는 영향을 숙고했으며, 이 커플 사회화 작업이 어떤 순간에 그리고 배우자 정체성의 어떤 차원에서 작용하는지 그 근본적인 방식을 정의하고자 했다. 셍글리에 따르면, 파트너들은 여러 개입 방식들 사이를 오간다. 때로는 정체성의 '지위적' 차원(예를 들어 직업 정체성)을 강화하는 개입을 선호하고, 때로는 개성화나 자기실현에 유익한 정체성의 매우 사적이고 내밀한 차원을 추구하기도 한다. 이렇게 배우자는 내밀함과 지위적 차원에서 갈등하는 두 개의 자기를 서로 연결해 줌으로써 자신의 파트너가 통합감과 자기 영속감을 느끼도록 해줄 수 있다.

개인적-정신내적 차원

개인-정신내적 공간 역시 다수의 갈등들이 살아 움직이는 공간으로, 다양한 불안과 그에 따른 방어기제들을 불러온다. 이러한 불안은 커플 구성원 두 사람이 커플 관계를 받아들이고 함께 커플 집단을 창출하기 위해 반드시 해소해야 한다. 갈등의 대립쌍은 다음과 같다. 자아 vs 대상, 자기보존 vs 성욕, 자기애 vs 대상성, 전성기기성 vs 성기기성, 남성성 vs 여성성, 에로스 vs 죽음욕동, 사랑대상 vs 커플 대상 혹은 '커플 환상'(=커플 집단에 대한 개인적 표상), 공유될 수 있는 대상들 vs 공유 불가능한 파트너 각자의 대상들. 각인의 정신적 양성애의 작용이 중요하다는 것도 기억하면 유익하다. J. 앙드레가 말했듯이 커플 관계에 들어가는 것 자체가 '원초적 여성성'이라는 근원적 상황을 재실제화하며, 이는 커플 구성의 중요한 요건 중 하나다. 어떻게 해서 가능한가? 이것은 트라우마와 마찰의 차원, 매력적이면서 유혹하는 대상들 간의 상호적 정신내적 침습, 불가피한 욕동 차원의 개방 및 수동성 등이 조합됨으로써 가능하다.

그 중에서도 특히 드 뮈장과 그린이 강조했던 두 가지 중대한 면을 살펴보자.

정체성 스펙트럼이라는 개념을 도입하면서 드 뮈장은 자아와 비자아 간에 항속적이고 분명한 경계는 존재하지 않는다고 주장했는데, 바로 이 모호성 때문에 정체성 감각에도 애매성이 생긴다. 이것이 정신내적 짝짓기를 촉진하는 요인인가? 더구나 드 뮈장은 정체성의 출현과 정립이라는 두 라인(즉, 리비도적인 면과 자기보존적인 측면)을 기술할 때 후자에서 어떤 분신인 '원초적 자기 자신', 즉 편집분열성 쌍둥이가 존재한다고 언급했는데 이 원초적 자기가 분신 인물들의 형태로 주체에게 평생 동안 어떤 흔적을 남긴다는 것이다. 이 편집분열성 쌍둥이는 사랑 파트너를 통해 분신으로 나타나는가?

정체성의 이 두 라인(등장과 정립) 간의 상호작용은 커플의 조직 및 기능하기 가운데서 어떻게 변천하는가? 이것은 리비도 에너지와 다르면서도 보완적인, 소위 '실제적 에너지를 갖고 있는가? 또 어떤 방식으로 어떤 목적을 위해 이 에너지가 쓰이는가? 이 점은 관해서는 나중에 다루겠다.

앙드레 그린과 더불어, 자아가 자아 자체 안에서 경험하는 갈등 상황을 살펴보자. 자아는 한편으론 합일, 곧 자기애의 기원과 합일하려는 강박이 있고, 다른 한편으로는 이드에 대한 자아의 의존 때문에 어떻게든 대상과 하나 되려는 욕망이 있다. 따라서 자기애과 대상 사이에서 갈등한다. 자기애와 대상 추구라는 이 둘이 하나 되는 데는 장애가 있고, 동일시라는 해결책은 자아와 대상 간의 타협 형성을 뜻한다. 이때 대상은 자아의 방어적 구조 속으로 통합된다.

예를 들어 사랑 대상은 이드 만족의 목표물이기 때문에 어떤 면에서는 불균형의 원인이자 '트라우마' 가 된다. 만일 자아가 대상과의 완전한 합일까지 갈망한다면 이러한 완전한 합일은 자아로 하여금 이인증의 위험과 더불어 자아 구조 상실을 불러올 수밖에 없다. 이러한 합일이 불가능할 경우 이것은 자아를 해체시킨다. 왜냐하면 자아가 이러한 분리를 견디지 못하기 때문이다. 이렇게 되면 자아는 트라우마 현장이 되고, 알 수 없고 가변적이고 통제 불능이면서도 반드시 필요한 이 대상에 대한 의존에 항거하기 위한 전쟁터가 된다. 대상은 자아의 나르시시즘과 통제 욕망을 훼손시킴으로써 자아 재통합을 손상시킨다.

따라서 커플 관계는 사랑대상이 갖고 있는 타자성과 가변성의 수용을 전제로 하면서도 어느 정도 사랑대상에 대한 의존을 인정하고, 모든 통제 욕망을 포기하는 것을 전제로 한다. 또 커플 관계는 자기 일부의 희생을 요구하며, 상대방 정신의 일부를 지배하는 것이 필요하듯이 상대방에 의한 자기 일부의 병합 또한 어느 정도 허용해야 한다. 또 커플 관계는 환상 속에서 살아있는 공유된 집단인 이 커플 집단에 의한 침습 또한 어느 정도 요구한다.

마지막으로 커플 현실을 구성하는 여러 구역들에서 야기되는 다양한 불안들을 검토해 보자. 특히 전성기기적 불안, 분열성(몸과 정신의 분할) 불안, 박해 불안, 우울 불안, 자아와 사랑대상 간의 관계에서 일어나는 침습-분리 불안, 오이디푸스적(거세) 불안 등은 특기할 만하다. 특정한 불안들이 특정 수준에서 우세해지며 이에 따른 방어들이 동원된다.

사회문화적 실제 가운데서 일어나는 커플 작업

사회문화적 현실 속에서 사랑 커플 및 부부 커플은 '작업 커플'을 이룰 수밖에 없다. 이 작업 커플이야말로 커플의 사회적 존재에 물질 기반을 공급하고 커플이 거대한 층위로 세분돼 있는 복잡한 사회구조 안에서 자리 잡을 수 있게 해준다.

커플 작업은 가사 작업, 커플의 사회화 작업, (커플이 부모가 될 경우) 부모 및 교육 작업, 등을 포함하고 이것들은 커플 문화와 커플 정체성의 작업이라는 보다 전반적인 작업에 포함되는데, 보다 일반적인 이러한 작업은 커플의 정신적 실제 안에서 선행된 작업들을 그 근간으로 한다.

집단에 대한 비온과 앙지외의 개념을 조회지점으로 할 때 '작업 커플'(=비온의 개념) 즉, '기술적인 극'(=앙지외의 개념임)이 두 가지 커플 기능 수준 중 하나에 해당한다. 또 다른 기능 수준은 작업 커플 수준과 상호작용하는 환상적 커플 기능으로, 후자는 전자에게 양분을 제공하고 욕동 리비도를 투여하지만, 또한 불안이나 방어 조치들을 통해 작업 커플의 기능 수준을 제한하기도 한다. 따라서 작업 커플은 커플의 사회적 물질적 존재와 관련해 두 파트너가 공동 임무나 상이한 임무를 수행하는 데서의 의식적이고 의지적인 협조를 의미한다. 비온과 앙지외에 따르면 작업 커플은 자아의 특성, 여기서는 커플 자아의 특징들을 띠고 있으며 현실원리에 지배 받고 이차과정적 정신 기능 논리가 우세하다. 하지만 커플 작업이라는 이 협조과정이 합리적이고 '이차화' 된 것만은 아니다. 여기에도 감정이 침투돼 있고 감정이 동요시키는 역할을 하며, 촉진 기능을 하건 마비시키는 기능을 하건 무의식적 의식적 환상들이 침투돼 있다. 이렇게 두 파트너가 가진 환상들의 수렴과 커플의 정신적 실제에서 비롯된 이 수렴된 환상의 통합적 가공은 이데올로기, 신화, 유토피아 등과 같은 타협 형성을 불러오는데, 이러한 타협 형성의 결과물은 커플 생활의 전반적인 표상, 일상 활동, 미래계획 등에 방향 설정을 해주고 그 성질을 규정한다. 또 이러한 타협 형성물은 실현된 작업의 다양한 유형들에 영향을 미쳐 결국 커플 문화 및 커플 정체성의 가공에도 영향을 준다. 커플의 일정 영역들을 탐색하기에 앞서 사회학자 카우프만이 지적했던 것처럼, 덜 제도화되고 덜 안정적인 현대의 커플은 지속적 조정이 필요한 변화무쌍한 체계로 진정한 작업과 역량을 요구하는 **둘이 하나 된 삶**[109] 이다. 가사일과 가정세계는 커플 생활에서 각별한 중요성을 띤다. 이것은 커플이 커플 생활 주기에서 '안정화 단계', 즉 '평안한 시기'를 거치고 있기 때문에 더욱 그렇다. 카우프만에 따르면 가사는 커플 관계의 구조화에 기여하며 커플 내에서 '사회화되는' 커플의 정체성 형성에도 크게 기여한다. 커플 조직의 일부인 가사는 매일의 일이든 아니든(정돈, 청소, 시장보기, 요리, 세탁, 가계 행정 등) 파트너 각자의 개인별 영역으로 역할 분담이 이뤄지는데, 평등사상에도 불구하고 이러한 역할 분담은 불평등한 경우가 많다. 이러한 불평등은 일상이 돼버린, 그래서 권태로운 것이 돼버린 관습 체계로 굳어지며 부부 갈등 원인의 하나로, 가사의 불공정한 분담과 더불어 배우자에게 참을 수 없는 것이 될 수 있는 간주체적 격차로 표현되곤 한다.

공동의 미래계획 설정은 그것이 단기, 중기, 장기 계획이건 또 공동의 재화나 부동산의 획득이건 거주지 이전, 휴가, 배우자의 진로 선택, 결혼의

109) 강조체는 저자의 것임

법제화, 첫 아이 출산 혹은 둘째 아이 출산과 이에 앞선 피임 중단 등의 문제도 '작업 커플'이 개입하는 또 다른 활동 영역이다.

또 커플 문화 및 정체성의 다양한 측면들이 동원되는데 이 점에 대해 살펴보자.

함께 살아간다는 것은 공동의 시-공간 창조를 전제로 하지만, 이는 분리되고 구별된 파트너들 고유의 시-공간과 어쩔 수 없이 긴장 관계에 놓인다. 커플의 삶은 환상의 요동침과 순환의 장이자 다양한 승화 및 상징화의 장으로 이 안에서 개인 차원 및 커플 차원의 타협 형성이 이뤄진다. 이러한 타협 형성은 다음의 것들로 나타난다. 1. 공동의 활동뿐 아니라 서로 분리되고 구분된 활동(직업 활동, 비직업 활동, 여가 등)의 창조 및 이에 대한 리비도투여. 2. 공유되거나 공유되지 못한 표상 및 관념의 형성. 이러한 표상 및 관념에는 다음과 같은 것들이 포함된다. 여성 및 남성에 대한 표상과 관념들, 커플 내에서 두 성별 각각이 맡는 역할이나 두 사람간의 관계에 관한 표상 및 관념, (각각의 원가족에서 영감 받은) 커플 자체에 관한 표상과 관념, 가족에 대한 표상 및 관념. 3. 안정적 가변적 소통 형태의 설정, 행동 규범의 설정, (두 파트너의 항문기성을 동원함으로써) 가정의 기능 및 조직 규범의 설정, 공동의 가치와 이상의 설립, 신화적 서사의 설정, 관습으로 진화해 나가는 의례 행동(여기에는 성적 행동도 포함됨) 등의 창설. 4. '부부간 제도들'의 확립.

또한 소득, 예산, 지출 및 소비 형태, 저축 투자 등에 관한 경제적 조직화도 고려해 볼 수 있다. 권한 배분과 권한 행사 방식, 구분된 권한 영역 등도 고려 대상이 된다. 커플이 그들 처소에 리비도를 투여하는 방식과 그 처소, 즉 '커플의 육체적 싸개'에 관한 의식적 무의식적 표상들도 생각해 보자. 커플과 커플 이외의 세계 사이의 경계에 커플이 어떻게 리비도투여를 하는지, 사적 커플과 공적 커플 간의 관계는 어떠하고 이 두 모습 간에 간극이 있다면 어떠한지도 고려 대상이 된다. 공유된 시간과 분리된 시간에 대한 리비도투여 및 개인 차원의 시간성과 공동의 시간성(과거, 현재, 미래) 또한 커플 생활에서 중요한 부분이다.

커플의 다양한 부문들 중에서도 사회학자들은 성별 차이를 상당히 강조한다. 이러한 성별 차는 다음의 분야에서 두드러지게 나타난다. 1. 가사일과 부모 기능, 2. 여성적-모성적 정체성보다는 남성적-부성적 정체성을 구조화하는 기능이 강한 직업 관련 에너지투자, 3. 여성이 수호자 역할을 하게 되는 커플 관련 에너지투여, 4. 의사소통 형태들, 5. 재화 및 용역의 교환과 두 파트너의 차별화된 기대에 따른 재화 및 용역 수급의 복잡한 면, 6. 성욕, 특히 자녀 출생에서 비롯된 성욕의 약화(부부 커플이 부모 커플로 옮겨가는 변화의 시기에서) 7. 갈등 상황 등.

이러한 커플 작업에 동원되는 에너지의 속성은 어떠한가? 근본적으로 항문기성의 승화된 리비도의 속성인가? (우리는 항문기성이 주된 에너지 창고임을 알고 있다.) 두 파트너 각인이 커플의 생존과 보존을 위해 공동으로 투여한 자기보존 욕동의 실제화된 에너지의 속성 또한 가졌는가? 지형적 측면에서 보자면 소위 '작업 커플' 안에서 작동하는 '커플 자아'는 자기애성 에너지, 에로틱한 에너지, 공격적 에너지, 승화된 에너지 등에서뿐 아니라 자기보존 욕동의 실제화된 에너지에서도 양분을 얻는다. 커플 자아는 커플 바깥의 현실은 물론 다른 심리적 심급들 – 커플 초자아(제한과 금지의 심급), 커플 자아이상(행동 규범, 가치관, 이상, 공동의 플랜 등을 설정하는 심급), 커플 자기(자기애인 심급) 등 – 과 다양한 역동 관계를 형성한다.

신체-성적 실제 가운데서 일어나는 커플 작업

신체적 현실 차원에서 일어나는 커플 작업은 다음과 같다. 1. 상대방 몸에 대해 자기애적 리비도, 에로틱한 리비도, 다정함의 리비도, 공격적 리비도 등을 투여하고 그것을 유지. 2. 성별을 가진 분리된 몸에 대한 표상과 정신신체적 짝짓기의 환상을 구축, 3. 본인의 고유한 정신적 양성애를 동원해 타자에게 동일시하기, 4. 언어, 비언어, 행동, 표정, 제스처 등을 동원해 (예를 들어 자기애적 메시지, 에로틱한 메시지, 다정함의 메시지, 공격적 메시시 등) 다양한 방식으로 소통하기. 이 모든 것은 특히 상대방 몸에 관심을 갖고, 상대방 몸에 유혹되고, 상대방 몸을 자기 몸으로 유혹하고, 경고 표시로 상대방 몸을 저버릴 수 있는 능력으로 표현된다.

커플의 삶에서 정신신체적 조직화는 어떤 변천을 거칠까? 작업 커플이 만족스러울 경우 커플의 정신신체 조직은 해체를 가져오는 트라우마로부터 더 잘 보호되는 것일까? 즉, 만족스러운 커플 작업은 흥분 억제 효과가 있는가? 이 점은 앞으로 숙고하여 발전시킬 여지가 있다.

다양한 방식으로 실천되는 커플의 성은 자기애적인 만족, (전성기기기성과 성기기성의) 에로틱한 만족, 공격적인 만족 모두를 가져온다. 이성 커플 가운데는 이성애와 동성애의 두 가지 리비도 흐름이 있는데, 이성애는 직접적으로 만족될 수 있고, 동성애는 환상을 동원하거나 상대 파트너에 대한 동일시를 통해 간접적으로 만족될 수 있다. 성적 리비도투여는 커플 문화, 커플의 발달 단계, 파트너 각자의 진화, 성적 리비도투여상의 경제, 특정한 면들에서의 커플의 간주체적 관계 진화 등에 달렸다. 커플의 성은 파트너 각인의 자체성애적 성욕과 일정한 균형을 이룰 수 있다.

정신분석적 담화들은 커플의 성을 자기애적 충만 상태의 구현(그룅베르제), 자기애적 통합에 대한 재확인(그린), 자기 자신을 선하다고 경험하는 정신적 안전감의 획득(클라인) 등으로 표현하고 있으며 또 성별 차이와 거세와 타자성을 부인하는 양성애 환상인 '상상 속 한 몸'이라는 환상의 구현이라고도 표현한다. 정신분석에서는 커플의 성에 필요한 물밑 작업인 개인적 작업('여성성의 작업'-셰퍼) 또한 강조한다. 이 여성성의 작업은 상대 파트너의 것과 조합됨으로써 이뤄지는데 여기에는 성별차이, 각자의 양성애, 다양한 동일시들, 전성기기 및 성기기의 불안에 대한 관리, 욕망의 소유적인 면이 개입하는 에로틱한 차원과 욕동 방출 차원 간의 갈등, 성욕과 무구분을 원하는 자기애적 욕망 사이의 갈등, 즉 성욕과 자기보존 간의 갈등 등이 동원된다.

정신분석 담론과 질적으로 다를 수밖에 없는 사회학적 담론은 커플 작업의 측면들에 관해 다음 사항을 우리에게 알려준다. 사회학자 보종은 커플의 생애 주기에 따라 성의 기능도 달라진다는 점을 지적했다. 초기에 성적 활동은 간추체적 관계와 집단적 실체로서의 커플 자체의 구성에 기여한다. 반면에 소위 안정기에는 성이 덜 중심적이 된다. 이때는 남성의 직업적 차원과 여성의 모성에 더 리비도가 투여되기 때문이다. 성 생활은 이제 '커플 관리의 습관' 혹은 '커플의 존재를 상징적 혹은 주기적으로 재확인하는 사적 의례'가 된다.

F. 드 생글리는 '파트너들 정체성에서 성별적 요소들에 대한 상호간 인정을 토대로 커플 사회화' 작업이 이뤄진다고 보았다. 실제로 "여성은 '여자'로서 인정받고자 하는 욕구가 있고 남성은 '남자'로서 인정받고자 하는 욕구가 있다."(좁은 의미에서의) 성 관계가 커플 균형 차원에서 지니는 중요성도 바로 이런 욕구와 관련이 있을 것이다. 다른 활동들에서 성별 차이가 거부되는 그런 상황이라면 이러한 욕구는 더더욱 중요해질 것이다.

신체-성적인 시간성과 정신적 사회적 차원의 시간성 간에는 불가피한 격차가 있기 마련이며, 파트너들이 노화되면서 바로 이 점이 갈등과 불안의 원천이 된다. 이때 커플 작업은 조정 작업이나 커플이 처한 세 현실의 조화를 통해서 이러한 문제를 해소하려 한다.

커플 작업의 목표, 대립, 그리고 이것이 커플 구성원에 미치는 영향

파트너들 자아가 공동으로 실현하는 이 커플 작업은 커플이 처한 세 가지 실제들 사이에서 유연한 역동적 경제적 연결들을 이뤄내는 동시에 이 실제들 간에 갈등을 불러일으키는데, 그렇게 함으로써 커플 기능이 지속적이고 만족스러운 것이 되게 한다. 그러나 커플 작업은 커플 구성원 각자의 개인적 작업으로 인해 생기는, 구조적 (따라서 항구적인) 대립들을 배제한 채로는 생각될 수 없다. 그렇다면 시간 속에서 커플 구성원 각자의 자아는 개인적 작업과 커플 작업 사이에서 리비도에너지를 어떻게 배분할까? 달리 말해, 얼마만큼의 에너지를 자기 자신에게 할애하고 또 얼마만큼을 커플을 위해 사용할 것인가? 대립들과 관련해 또 커플 실제들 중 어디에 리비도 투여를 더 선호할지(이 선호가 상대방의 선호에 의해 항상 보상 받는 것은 아님)에 있어서 두 파트너 간 차이점들이 불가피하게 드러난다. 이러한 차이들은 커플 생애 주기에 따라 가변적이지만 어떤 경우에는 변하지 않을 수도 있는데, 이러한 불변의 차이는 종종 커플 문제를 결정짓는 요인이 된다.

커플 작업의 실패를 다루기에 앞서 커플 작업이 커플 구성원 각인의 정신적 기능(지형적, 경제적 역동적 측면)과 조직에 어떤 영향을 미치는가라는 질문을 제기해볼 수 있다.

그것의 긍정적인 잠재력은 무엇인가? 커플 작업은 표상 활동의 차원에서 구조 형성, 흥분 억제, 보호, 자기애 강화, 안전감의 증대 등의 기능을 하고 개별 자아를 풍성하게 하는가? 그것의 부정적 잠재력은 무엇인가? 커플 작업은 해체의 위험, 자아 이인증의 위험, 자기애적 통합에의 공격 등을 불러올 수 있고, (진행적 혹은 가역적인) 신체적 해체를 불러올 수 있는 정신경제적으로 트라우마를 생성할 잠재력을 지니고 있으며, 불안을 낳고 자아를 불균형

하게 만들거나 억제시키고 핍절시킬 가능성이 있다. 즉 자기애성의 상처를 풀어내고 재활성화 한다.

커플 생활을 개인 작업과 커플 작업 간의 역동적 연결의 표현으로 이해할 때(이때 각자의 개인적 작업은 상대방 쪽에서 일어나는 커플 작업의 효과와 조합을 이루게 됨), 커플의 삶은 어떤 사람들에게 유익하고 또 어떤 사람들에게 유해할까? 이 질문에 대한 답은 커플 작업의 실패와 연관성이 있다. 커플 작업의 실패 결과는 어떠한가?

커플 작업의 실패

커플 작업의 실패는 다양하게 개념화할 수 있다. 양적 측면에서 보자면 두 배우자, 혹은 둘 중 한 사람의 자아 작업이 상대방의 작업에 의해 보상받지 못함으로써 실패된 것을 들 수 있겠다. 커플 작업의 실패는 커플이 처한 실제 중 하나 혹은 여러 실제에 걸쳐 일어날 수 있는데 그 실패 결과는 두 파트너 중 한 사람 혹은 두 사람 모두에게 불만족스러운 것으로 경험되며 적대적인 투사로 인해 잠재적으로 갈등을 불러올 수 있다. 이러한 상황은 커플의 고통으로 이어질 수 있다.

커플 작업의 과잉은 무얼 뜻하는가? 이것은 파트너 두 사람 중 한 사람 혹은 두 사람 모두의 자아가 커플 작업에 우선적 리비도투여를 함으로써 개인적 작업을 희생시키는 걸 의미한다. 이것은 후에 개인적 차원에서 유해하며 결국 커플에도 그 여파가 있다. 이것은 커플의 세 실제 중 어느 한 가지에 과잉 리비도투여를 하여 다른 실제들을 희생시키는 것으로, 여기에서 비롯된 경제적 비용이 해체 효과를 불러오고 이로 인해 후일 커플 작업 자체가 약화된다.

커플 작업의 질적 차원으로는 체계적이고 경직된 측면을 들 수 있는데, 이렇게 경직된 측면들은 커플 작업의 성취 방식들을 동원하는 것으로, 커플의 세 가지 실제(신체-성적, 정신적, 사회문화적) 중 어느 것에서도 창조적인 면은 약하다.

나는 또 이 세 실제들 간의 연결 작업(이 연결 작업은 만족스러운 것일 수도 있고 결핍이 있을 수도 있음)과 이 세 실제들이 지닌 고유의 시간성을 서로 일관되게 하고 조화시키는 연결 작업에 관해서도 다룰 것이다.

모든 형태의 (정신적, 사회적, 신체-성적) 고통에도 불구하고 커플의 지속성을 보장하는 것이 커플 작업이라고 한다면, 커플 작업의 실패는 다음과 같이 나타날 것이다. 1. 두 파트너에 의해 동원된 선한 피학증의 부족, 2. 성적 욕동 목표를 억제함으로써 생기는 다정함의 기류가 부족, 3. 이성적 관계 안에서 승화된 약간의 동성애적 흐름(반려자간 우정 형성을 가져오는)이 부족, 4. 반려자 간에 서로 자기애를 강화해 줌으로써 자기애적 통합성을 커플 안에서 발견하도록 해줄 수 없음.

이러한 커플 작업의 실패는 자연스럽게 커플 생활에서의 정상성과 병리에 관해, 또 커플의 기능, 시간 속에서 개인 및 커플 차원에서 일어나는 커플의 진화 등에 관해 질문하도록 이끈다.

커플 생활에서의 정상성과 병리

여기서는 르메르의 이론들을 소개, 논의하고 내가 개진한 커플 작업이라는 개념을 비교할 것이다.

그는 이렇게 쓴 바 있다. "커플은 정상과 비정상 간의 경계가 특히나 가변적이고 불확실하고 자의적인 지점이다. 애정생활과 애정생활의 근저에 흐르는 열정은 너무도 원초적인 면들에서 계승된 정신 기능에 호소하기 때문이다. 사랑과 열정은 또 이러한 원초적 현상들이 상대 파트너의 가장 원초적인 과정들과 상호작용하고 있음을 상정한다. 가장 변별되지 않은 융합에 대한 열망, 가장 퇴행적인 경향, 전성기기적 욕동들, 편집분열 포지션의 가장 원시적 방어들이 사랑과 열정 가운데서 나타난다."[110]

르메르는 애정생활의 정신병리적 문제를 엄격히 개인적 차원에서 접근하는 것은 불가능하다고 보았고 또 '개인적인 병리'와 '커플 병리'를 구분해야 한다고 보았다. 이와 관련해서 그는 커플 안에서 고통 받는 환자들이 이전에는 병이 없었다는 것, 그리고 정신증 환자와 같이 아픈 환자들이 조화롭고 기능적인 커플을 형성하는 것 등을 임상에서 볼 수 있다는 점을 강조했다. 이들 정신증 환자의 경우에는 상대방의 병리에 대해 관용적이며 이러한 수용적 태도는 소통을 제한함으로써 서로 거리를 두는 태도와 조화를 이룬다. 중증 우울증 환자 커플들로 형성된 '체계적 조직'을 예로 들어 보자. 이런 커플에서는 한 쪽이 상대방에게 보호를 구하고 다른 쪽은 보호자의 기능을 수행함으로써 이에 응한다. 우울증 환자와 편집증 환자로 구성된 커플에서는 한 사람이 상대방을 비난하고, 그 상대방은 자기 자신을 비난한다. 이런 커플의 경우는 두 사람 중 한 사람이 죄책감을 시인하고 다른 편은 이러한 죄책감에서 벗어나는 방식으로 기능한다.

나는 각 개인에게 이미 존재하는 병리적 과정을 확대시키는 커플을 병리적 커플로 본다. 전성기기적, 가학증적, 피학증적 기질을 보이는 파트너들로 이뤄진 커플들은 커플 공간에서 파트너들에게 만족을 준다. 잠재된 성향들은 표현이 촉진되지 않지만 상기의 기질들은 그 표현이 촉진되기 때문이다.

110) J. Lemaire, *Le couple: sa vie, sa mort*, Paris, Payot, 1979, p. 320-321.

르메르에 의하면, 커플 형성으로 인해 병리발생적 효과를 보게 되는 일은 드물다. 암묵적으로 커플을 형성함으로써 추구하는 것은, 대개 자신의 원초적 측면이나 가장 통제되지 않는 면들에 대한 보호 기능이다. 어떤 시점에서 파트너가 이러한 보호적 기능을 더 이상 못하게 될 때 상대방에 대한 매력 또한 사그라지고 커플이 해체되는 경향이 있다. 상대방이 욕망 대상이자 본인의 자기애를 확증해주는 수단이 될 때에만 커플은 형성되고 유지된다.

르메르는 커플 병리에 관한 숙고는 병리발생적 역할을 하는 커플의 구조 및 기능의 문제에 관한 숙고로 이어진다고 보았다. 그렇다면 상당히 현저한 병리를 가진 개인이 커플을 형성할 경우 이것은 개인의 병리적 기질을 완화시킬까 확대시킬까?

르메르는 커플의 정신적인 차원만을 고찰했다고 할 수 있다. 특히 그는 커플의 가장 퇴행적인 측면들과 커플의 자기애적, 방어적 기능과 욕망 실현의 기능을 주로 고찰했다. 그는 '개인 병리'와 '커플 병리'를 구분했고, 커플 바깥에서는 문제가 없고 커플 가운데서는 문제를 겪는 개인과, 특히 커플의 기능하기가 개인의 병리를 드러내거나 확대시키는 병리발생적 역할을 하는 것 등에 관해 고찰했다.

정신적, 신체-성적, 사회문화적 실제 안에서(이 세 실제들의 고유한 시간성과 더불어), 그리고 다양한 실패 가운데서 이뤄지는 커플 작업은 개인 및 커플 차원의 정상/이상의 문제에 관해 토론하는 대신, 두 파트너 상호간의 선택으로 시작된 커플 생활은 전반적이고도 세분화된 명실상부한 작업(복잡한 시간성 속에서 펼쳐지며 커플 파트너 각인의 개인적 작업과 갈등을 빚는)에서 기인한다는 점을 숙고하도록 만든다. 각 개인의 병리가 어떠한 것이든, 커플의 형성과 기능은 이렇게 합력하여 이뤄지는 커플 작업을 전제로 하는데, 이 커플 작업은 시간 속에서 실패할 수도 있고 세 실제 중 하나 혹은 여러 실제들에서 일시 혹은 지속적으로 일어날 수 있으며, 이러한 실패는 다른 실제들에도 영향을 미친다. 실패의 원인들도 다양하다. 결국에 정신적 실제 가운데서 이러한 커플 작업이 개인 및 커플 차원의 증상을 형성한다 하더라도, 우리는 이 증상이 두 커플 파트너에게 유익을 가져오는 한 커플 병리라는 말을 사용할 수 없다. 하지만 정신적 실제가 사회적, 신체-성적 실제들에 유해한 영향을 끼친다면, 우리는 이 커플 작업이 실패되었으며 이 실패가 문제의 영역에서 다양한 신호로 표현되며 결국 이런 악영향은 커플의 정신적 실제에도 필히 영향을 준다 할 수 있다.

따라서 '커플 병리들'은 커플의 정신적 작업의 부재를 의미하거나 고통이 존재함을 뜻하지 않는다. 이것은 커플의 다른 실제들에 부정적인 영향을 주는 정신적 기능하기가 형성되었음을 뜻하며, 이러한 부정적 기능하기로 인해 커플 작업의 실패라는 말을 결과적으로 사용하게 되는 것뿐이다. 사회문화적, 신체-성적 실제에서의 실패 또한 커플의 정신적 실제에 부정적인 영향을 준다.

이제 커플 작업이 신체적 차원에 미치는 영향을 살펴보자. 신체적 영향은 트라우마를 불러오고 해체 효과를 가져오는 부정적인 것(곧 커플 작업의 실패를 의미)일 수도 있고 해체된 신체를 보호 또는 회복시키는 효과가 있을 수도 있다. '커플의 정신신체적 실제'에 관한 숙고는 커플 파트너들의 정신신체적 경제에 커플이나 커플 작업의 역할이 어떻게 다양한 방식으로 관여하는지를 살펴보는 것이 된다. 역으로 커플 구성원 한 사람이 경험한 신체적 해체가 커플의 세 실제에 미치는 영향에 대해서도 질문해 볼 수 있을 것이다.

피에르 마르티(1990)가 주장한 바대로, 신체적 질병은 대개 개인이 접하는 삶의 조건들에 부적응함에서 온다는 것을 분명히 해두자. 성인이 삶의 조건들에 적응한다는 것은 개인 차이는 있겠으나 세 가지 주된 영역을 드러나게 한다. 1. 정신적 장치, 2. 행동 체계, 3. 신체적 장치. 정신적 장치와 행동 체계의 가용성이 한계점에 부닥칠 때, 즉 새로운 상황에 의해 실패되었을 때 반응하는 것이 바로 신체적 장치다. 이러한 적응 가능성의 초과는 정신신체상의 트라우마 개념에 해당한다. 그리고 정신 장치나 신체 장치에 미치는 최종적인 해체 효과가 이 트라우마를 규정한다. 마르티는 이러한 트라우마의 예로 여러 가지 상실들을 든다. 경제적 측면에서, 트라우마 상황들은 본능적 흥분(정신적인 욕동)의 쇄도, 흥분 비율의 급감 혹은 이 두 가지가 혼합된 상태를 불러온다. 즉, 트라우마들은 기능 체계를 해체시킬 위험이 있다. 일반적으로 트라우마는 흥분 정도를 조절하는 정신적 장치를 망가뜨린다.

마르티에 따르면 본질상 공격적이고 에로틱한 본능과 욕동적 흥분의 흐름은 신체화 문제의 핵심이다. 이러한 흥분들은 정신 장치 내에서의 정교화 작업을 거쳐 성격 및 행동 특성으로 표현된다. 환상 활동이나 꿈의 활동은 이러한 욕동 긴장을 통합하게 해줌으로써 개인의 신체 건강을 보존한다.

그가 흥분의 적절한 흐름을 방해하는 정신 및 행동 차원의 장애물로 언급한 것들은 다음과 같다. 1. 조작적 사고의 특징인 표상들에 관한 전의식적 체계의 근본적 결여, 2. 에로틱 혹은 공격적인 행동의 억제 및 회피, 3. 감각-운동 기능의 결여 또는 불가능.

마르티는 신체화 과정의 두 극을 아래와 같이 정의했다.

- 이것은 장기간의 정신적 붕괴에 뒤따른, 정신신체적 해체의 극으로 주요 우울증을 동반하며 이후 진행성의évolutives 질병들을 규정하게 된다. 이러한 신체화는 점진적 해체와 관련이 있으며 '정신화되지 못한 신경증' 혹은 '행동 신경증'을 나타내는 환자들에서 흔히 볼 수 있다. 하지만 이것도 언제나 정확한 것은 아니다.

• 이 극은 일시적인 정신적 해체에 뒤따르는 신체적 퇴행에 해당하며, 미미한 우울증을 동반하며, 신체적 재구조화의 출발점일 수도 있는데 이는 가역성의 질병 발현을 결정하며 '정신화가 잘 된 신경증'을 보이는 환자들에서 흔히 볼 수 있다. 마르티는 이러한 신체적 해체를 조장하는 병리적 상태들 외에도 이 해체에 참여하는 내적 요인(유전, 면역 등), 외적 요인(다른 생물에게 상처를 주는), 보호적 기능을 하는 주변 환경(주변 환경의 정신적 질이 갖는 중요성)－특히 정신화되지 못한 행동 신경증 환자들에서－등을 지적했다. 여기서 우리는 두 파트너들의 정신적 혹은 사회문화적 차원에서 기인한 정신경제적 트라우마 상황의 관리 실패가 신체화로 연결되는 데 있어서 커플 작업이 갖는 중요성을 엿볼 수 있다.

"(홀로 유일하게 퇴행 가능성의 영역을 차지하는) 신체적 퇴행 체계들은 행동 신경증 환자나 정신화가 빈약한 환자들에게 존재한다. 이러한 환자들은 중대한 트라우마 자극이 없는 안전한 환경을 가족이 제공해 줄 때(유아에 있어 충분히 좋은 엄마에 비교될 만한 가족 환경의 제공) 큰 신체상의 어려움 없이 지낼 수 있다." 111)

해체 움직임의 종료에 해당하는 신체화 종결 요인으로 마르티가 언급한 것들은 다음과 같다. 1. 트라우마 사건 및 상황들이 지닌 가치에 대한 정신-정서 상태의 급격한 변화 2. 초기 트라우마가 짓누르던 무거움의 소실 3. 그 과정에서 갑자기 생긴 다른 무거움들의 소실.

"환자 상태의 정신-정서적 변화는 승화된, 예술적이고 사회적이고 또 신비한 "첫 눈에 반하는" 사랑의 기적에서 오거나, 과거에 사라졌던 정서적 리비도투여와 유사한 정서적 리비도투여의 탄생 혹은 재탄생과 같은 예기치 않은 사건에서 비롯된다. 이러한 변화는 역량 있는 치료자에 의해 적절히 진행된 정신치료에서도 비롯된다. 무거움의 사라짐은 환자가 자신의 병

---

111) P. Marty, *La psychosomatique de l'adulte*, Paris, PUF, "Que sais-je ?", 1990, p. 52.

을 통해 얻어낸 유익과도 관련이 있다. 상실한 대상의 대치 대상으로서 그의 질병이 리비도투여되었던 경우라면 이 유익은 직접적이다. 환자의 질병 혹은 질병의 복잡화로 인해 가족적 사회적 의료적 조직이 환자에게 새롭고 만족스런 위치를 제공할 때 이 유익은 간접적이고 '이차적'이다."[112]

여기서 커플 작업이 지니는 복구적 성격을 가족 작업과 연결해 볼 수 있는데, 가족 작업은 가족 구성원들의 협력으로 이뤄지는 작업이며 이 가족 작업에는 가족 차원의 정신적 실제에 관여된 커플 구성원들의 정신적 일부분이 개입된다. 사실 커플 및 가족 차원의 정신적 실제와 간주체적 정신적 실제 등은 흥분이나 '베타 요소들'을 담아주는 능력, 곧 '흥분-억제' 능력과 상징화 및 변형의 능력(비온이 말한 '알파 기능'과 유사한)을 통해 이러한 치료적 역할을 얼마든지 해낼 수 있다. 커플의 다른 실제들(신체-성적, 사회문화적)도 그것들 고유의 방식으로 이런 치료적 역할에 참여하게 된다.

커플 구성원 중 한 명에게 신체적 질병이 존재할 때 다른 많은 질문이 제기될 수 있다. 커플 내 2자관계dyade 안에서 두 사람에 의해 다른 방식으로 리비도 투여되는 제3자(표상 대상이면서 다양한 기능을 수행하는)의 역할에 대한 질문이 제기된다.

커플 갈등의 정신화, 상징화, 행동으로 표현되는 것 등이 실패되었을 때 정신경제상 트라우마를 불러오게 되는 상황도 생각해 볼 수 있다. 이러한 실패는 신체적 해체를 촉진할 수 있는데, 이러한 신체적 해체와 히스테리적 전환은 서로 구별되어야 한다.

결론적으로 커플의 정신신체적 차원은 다양한 방식으로 탐구해 볼 가치가 있다고 하겠다.

---

112) *Ibid.*, p.55.

커플 작업의 기능들

커플 파트너 각자의 자아 안에서 합력하여 행해지는 이 커플 작업은 이른바 개인적인 작업과 항속적 긴장관계 속에 놓여있다는 점을 기억하자. 커플이 처한 세 가지 실제에 해당하는 커플 작업 기능들은 다음과 같다.

커플 작업의 정신적 기능

커플 구성원에게 매우 퇴행적인 자기애적 차원의 직접적 만족, 융합과 공생 열망, 파트너 각인의 양성애가 동원됨으로써 가능해진 여성적 남성적 동일시를 통한 환상적인 만족 등을 제공해 주는 역할 외에도, 커플 작업은 내적 위험(전성기기적 욕동들, 동성애, 파괴 욕동, 다양한 전성기기 및 오이디푸스기 불안들과 환상들)과 외적 위험들(투사된 박해 및 갈등 대상들)에 대한 방어적 기능도 수행한다. 이러한 방어와 보호 기능은 방어적인 무의식적 동맹(억압된 욕망이 자기 것이 아니라고 부인하는 협약)의 구현을 통하여 충족된다. 게다가 정신적 사회적으로 취약한 구조를 가진 개인들에게는 이러한 커플 작업이 '울타리' 기능, 어머니의 보조 자아가 유아에게 해주는 것과 같은 구조화기능을 제공한다.

환상 가운데 살아있는 한 몸인 커플이라는 집단을 공동으로 창조해 냄으로써 사랑의 간주체적 관계 안에 형성된 3자적 관계는 파트너들의 오이디푸스구조 공고화에 기여한다. 결국 커플은 복구 기능이 있는데, 이 점에 관해서는 V. 가르시아(2007)의 연구가 명료히 설명해 주었다. 커플이라는 이 '공간' 안에서 나타나는 파트너들의 퇴행 및 전이 움직임들 가운데서도 가르시아는 "정신적으로 재설정되기를 기다리는" 때 이른 트라우마 경험의 반복을 주시했는데, 이러한 반복이 커플 가운데서 커플에 의해 재작업되고 상징화되고 '치료되어' 결국 '복구된다'고 보았다. 그렇기 때문에 반려자 선택이 전적으로 중요하다. "커플은 기억 아래에 있는 원초적 트라우마들이 재작업되고 재경험되는 공간처럼 보인다."[113)]

커플 작업의 신체-성적 기능

정신신체적 구조를 보호하는 기능, 자기 자신의 몸과 파트너 몸에 대한 자기애적고도 애로틱한 이중적 리비도의 지속적 투여 등의 기능 외에도, 성적인 만족(전성기기적, 성기기적 만족, 에로틱하고도 공격적인 만족, 직접적인 이성애적 만족과 파트너에 대한 동일시를 통해 얻어지는 동성애적 만족 등)을 제공한다. 또 커플 정체성의 강화 및 각 개인의 성별화된 정체성의 강화(F. 드 셍글리)도 덧붙일 수 있겠다.

커플 작업의 사회문화적 기능

앞서 언급했듯이, 커플 및 커플 작업은 커플의 물질적 사회적 존재를 보장할 수 있어야 하며 커플 차원에서 필요한 욕구들을 충족하기 위한 재원들을 생산할 수 있어야 한다. 커플 작업은 커플에 특유의 정체성을 부여하는 커플 문화를 창조할 수 있어야 한다. 또 가사 작업과 커플의 사회화 작업도 상기해 보자. 커플이 부모 커플이 될 때 이 커플은 부모 및 가족 작업, 예를 들어 교육 작업도 감당해야 한다.

끝으로 커플 작업은 커플이 처한 세 실제들이 서로 갈등하게 만든다. 왜냐하면 이 세 실제들 사이에 역동적 관계를 확립하고 대상리비도투여와 자기보존적 리비도투여 사이에서 균형을 잡아야 하기 때문이다.

113) V. Garcia, "Le couple: un lieu pour se réparer ?", *Le Divan familial*, Paris, In Press, no 19, 2007.

5장

위기 커플, 치료 요구, 치료 작업

문제에 봉착하여 함께 해결책을 찾는 게 불가능하게 된 위기 커플은 몇 가지 무의식적인 유익을 누리며 고통스런 삶을 이어가거나 결별을 결심할 수밖에 없다.

치료를 찾게 되는 배경

두 사람의 관계가 불충분하다고 느껴짐

소통이 문제가 있고 힘들거나 심지어 막힌 듯한 느낌이 들어 두 사람이 고통스러워한다. 서로 더 이상 이해하지 못하고 대화를 시작하면 바로 말다툼이 된다. 이 때 우리는 이런 증상이 혐오스러운 공생-융합적 관계에 대한 열망에 적절한 거리를 둠으로써 커플 구성원들을 서로 보호하기 위한 조치가 아닌지 자문해볼 필요가 있다 (Lemaire, 1998). 실제로 서로 소통하지 않고 서로 이해하지 않고 말다툼 하는 것은 잠재적으로 위험하거나 이인증을 불러올 가능성이 있는, 관계의 격렬함을 제한하는 것일 수도 있다.

실제로 한쪽 파트너에게서 나타나는 성기능 장애(불감증, 성불능, 조루, 성교 불쾌증)는 관계의 격렬함을 제한하고, 만족스런 성교에서 경험되는 융합의 위험을 제한하려는 다른 방법일 수도 있기 때문이다.

파트너간 갈등에서 비롯되는 또 다른 상황

위기 상황이 심각하건 장기화되건 일시적이건, 갈등들은 서로 간에 경계를 세우는 역할을 한다. 갈등은 하나의 증상, 하나의 타협협성(Lemaire, 1979), 상호간에 일어나는 자기애적 지지나 정체성의 확고화 반응일 수 있다. 이는 적대적인 움직임으로 표현됨으로써 파트너 각인의 자기보존에 기여할 수 있다. 사실 갈등이란 자아/대상, 동질성/이질성, 자기애/대상성, 성별차이 등의 근본적 대립관계들이 '요란스럽게' 표현되는 것이다(Smadja, 2011). 이것들이 가져오는 효과들 중에서도, 각 파트너에게 불충분했던 개인적 경계의 강화에 주목할 필요가 있다.

커플간 신체적, 정신적 폭력

폭력의 전이적 차원과 상호전이적 차원을 연구해볼 필요가 있다. 또 부부간 폭력이 환상적 차원인지 단순히 흥분 방출 차원인지에 대해서도 탐색할 필요가 있다.

커플 기능을 동요시키는 파트너 일방에게 존재하는 병증

우울증, 다른 정신병적 장애, 품행 장애(알코올, 약물), 다소 심각한 신체적 질병 등을 예로 들 수 있다.

파트너 일방의 혼외 관계, '혼외 행동화' :

이것은 위기 요인일까, 아니면 위기의 증상일까? 혼외 관계는 남녀에게 커플 변천사에서 다양한 순간에 부상할 수 있다. 혼외관계를 규정짓는 다차원적 요인을 조사해봐야 한다.

자녀의 한 사람에게 병증이 있는 경우

치료자는 자녀가 나타내는 증상이 부모 커플의 문제와 연결돼 있음을 발견하기도 한다. 부모간 적대적 흐름이 부모 커플로부터 자녀에게 옮겨갈 수도 있다. 이렇게 되면 아이는 부모에 대한 이상화를 유지하고 견딜 수 없는 양가감정의 표출을 억제하게 된다.

초기 면접

커플 치료 세팅의 특징

의사의 진료나 정신분석 회기는 무엇보다 두 당사자가 제3자인 분석가 앞에서 서로를 만나고 또 자기 자신을 만날 수 있는 공간, 말을 하고 또 상대 파트너에게 말을 건네고 상대방이 말하는 걸 듣거나 또 서로 듣는 공간, 즉 시간을 내서 상대방을 경청하거나 서로 듣고 또 상대방 얘기를 들을 수밖에 없는 그런 중간적인transitionnel 시공간이다. 분석가라는 제3자 앞에서 이렇게 만나는 것은 커플 파트너들 간의 적대적 대면의 격렬한 강도를 완화시킨다. 이러한 삼각구도는 각 당사자의 말에 일관성, 새로운 가치, 의미 등을 부여한다. 이 제3자는 의식 가운데서 심판관 혹은 중재자로 지각된다. 실제로 분석가는 자녀의 고통을 수용해주고 가용적인 어머니 원상을 표상할 뿐 아니라, 한계를 설정해 주는 공정한 보호자적인 초자아 인물을 표상하기도 하며 또 관찰자적이고 비판적이며 금기를 부과하고 치료의 틀과 장치들을 수호하는 사람으로 보이기도 한다. 한편 분석가는 그의 유아적인 관음증적 욕망을 다시 활성화시키는 이들 내담자 커플의 가학증적, 노출증적, 혹은 다정스런 원색 장면을 관찰하는 입장에 섬으로써 미숙하고 결함 있는 부모에게 부모 역할을 하도록 기대 받을 수도 있다. 즉, 분석가는 문제 많은 부모 방안에 들어와 원색장면을 지켜보는 자녀를 표상하기도 한다.

그러나 불안을 일으키는 이런 상황은 근본적으로는 안심을 가져오고 자기애를 다시금 북돋아주고 두 당사자를 개체화하고 주체화하는 기능도 하게 된다. 또 커플이라는 이 소집단에게 회복을 가져오고 간주체적 관계에 다시금 리비도를 투여하고 흥미를 갖도록 이끈다. 말을 하고 경청 받는 데서 자기애적인 지지도 받지만 커플은 우울 불안, 거세불안, 스스로 자신들의 문제를 해결할 수 없다는 무능 불안 때문에 낭패감을 맛보기도 한다. 커플은 이방인이자 부모 인물이자 저항 대상인 제3자를 대면하여 그들의 내밀함을 포기해야만 하는 상황에 직면해서 다소간의 의식적 죄책감과 수치감을 느낄 수 있다. 이로 인하여 커플 치료에 대한 양가감정이 증폭되곤 한다.

더구나 두 사람이 함께 온다는 것은 상대방 앞에서 자신에 관한 얘기를 하고 또 상대방에 대해서 얘기해야 하는 위험을 안고 있다. 자신의 정신세계를 드러내는 일이 되기 때문에 자기 보호 장치가 잠재적으로 약화되는 셈이 된다. 상대 파트너가 그 자신에 대해 말하거나 침묵하고, 그의 동반자나 커플에 관해 말하거나 침묵하는 것을 발견하는 일은 어떤 사람들에게는 큰 위협이 될 수 있다. 중화되고 보호된 이런 치료 공간 바깥에서는 자기 생각이나 감정이나 환상을 상대 파트너에게 말하는 것은 위험할 수 있다. 그렇기 때문에 치료 공간 안에서 그렇게 하는 것이 더 안전하고 더 선호할 만하다. 문제는 치료 공간에서 듣고 말한 내용을 사악하게 사용해서 가정내 불화를 가져올 위험성이 있다는 것이다. 이렇게 되면 치료 공간은 양가적인 방식으로 리비도가 투여되며, 커플에 의해 어느 정도 좋게 경험된 퇴행을 가져오는 이런 치료 상황은 다양한 전이 움직임을 불러오게 된다. 전이는

(두 당사자의 출구이자 커플이라는 집단의 출구인) 분석가를 향해서도, 커플 두 당사자 사이에서도(이때의 전이는 상호간 전이라 불림), 커플과 분석가로 구성된 '치료 집단'을 향해서도, 치료 틀이나 치료 과정을 대해서도 일어난다.

이러한 퇴행 공간 안에서는 두 파트너 각각에게 형제간 콤플렉스로 인한 경쟁이 재활성화 될 수도 있다. 이들은 분석가로 표상되는 부모 인물로부터 사랑과 자기애적 지지와 배타적 관심을 받고자 한다. 이러한 경쟁심은 감정이나 환상을 언어화하고 표현의 데서 극도로 매력적인 사람이 되려는 욕망으로 인해, 또 치료자의 환상 속 기대들을 만족시키려는 추구 가운데 '남근적' 형태를 띨 수도 있다. 두 사람은 고통의 강도로 치료자를 유혹하기도 하고 표현의 정도나 방식을 통해서도 치료자를 매료시킬 수 있다.

여기서 나는 커플에 의해 지목된 피해자가 되려는 욕망과, 분석가를 통해 공격적인 파트너로부터 보호 받으려는 욕망을 언급하고 싶다. 이 욕망은 분석가에게 피학적인 성격의 동일시 움직임을 불러일으켜, 공격적인 파트너를 향해 역전이적 거절감과 적대감을 갖도록 유도하려는 욕망이다. 치료자는 피학증적인 유혹을 불러일으키는 움직임을 볼 수 있다. 이런 피학증적인 유혹은 점점 분석가를 악하게 조종하는 방향으로 진화해 피해자와 치료자 간에 무의식적 동맹을 불러일으킨다. 이러한 전이 움직임을 주시하면서 치료자는 커플 관계의 무의식적 측면에 대해, 그리고 파트너들의 억압된 유아기적 정서에 관해 알게 된다.

커플의 남녀 파트너에 대한 동일시 움직임이 필수적이므로 분석가에게는 양성애적 경향이 요구된다. 그야말로 어려운 정신 체조가 요구되는 셈이다. 전이-역전이, 동성애-이성애, 아버지-딸, 아버지-아들, 어머니-딸, 어머니-아들, 남자형제-남자형제, 남자형제-여자형제, 여자형제-여자형제 간에 일어나는 복잡한 동맹 게임이 재연되기 때문이다.

분석가는 대상으로서 사용되는 것과 어느 정도 조종당하는 것을 수용할 수 있어야 한다. 그럼으로써 분석가는 자신의 역전이 분석을 통해 커플이 무의식적으로 어떻게 기능하는가를 이해하게 된다.

커플 삶의 다양한 영역 탐색하기

대개는 정해진 초기 세 번의 면접을 통해 나는 커플에 대해 전반적으로 탐색하고, 고통의 대상이 무엇이고 커플의 요구가 무엇인지 탐색한다. 이 과정에서 커플에게 커플정신분석치료를 제안하기도 하고 현재의 커플 상황에 더 잘 맞은 다른 도움을 권유하기도 한다.

〈증상 탐색〉

커플의 증상들인 불만, 비난, 갈등, 현재 또는 과거의 기대들, 그리고 이쪽 편의 불평불만이 저쪽 편의 불평불만과 어떻게 연결되는지 등을 탐색한다. 나는 하나의 증상이 개인적, 간주체적, 집단 차원에서 어떻게 다면적으로 정의되는지를 체계적으로 검토한다. 이쪽 파트너가 저쪽 파트너의 증상에 대해 어떻게 느끼는지, 그 증상에 대해 무슨 상상을 하는지, 이러한 증상이 커플 가운데서 어떤 기능을 하는지, 어떤 무의식적 의미를 이 증상에 부여해야 할지 등을 고려한다.

〈커플의 현재 기능 및 과거의 측면들을 탐색하기〉

나는 커플의 기능 원리들과 가정내 역할 분담, 부모 커플에 대한 모방 정도, 소통 방식 등을 탐색한다. 또 커플의 형성 및 구조화 배경에도 관심을 갖고서 커플 변천사의 몇몇 시기들에도 관심을 기울인다. 또 각 파트너에게 개인적으로 자기 자신을 소개해 보라고 청하며, 본인 삶의 이력과 가족 배경에 대해서도 말해달라고 요청한다.

〈개인 차원의 요구와 커플 차원의 요구〉

정신치료를 요구한다는 것은 파트너들이 불만과 증상의 차원을 넘어서 이런 불만과 증상의 다양한 의미를 알아보는 차원으로 옮겨가는 것을 전제로 한다. 그들 자신의 변화 및 커플의 변화에 적극적으로 역할 하려는 의도를 가지고서 말이다. 커플을 문제 삼는 일에는 해묵은 갈등과 상처를 다시 깨우는 위험이 따르는데도 불구하고, 증상에서 얻는 유익 때문에 변화에 저항한다는 점에서 치료에 대한 요구는 본질적으로 양가성을 띤다. 더구나 고통을 겪고 있는 당사자가 꼭 치료를 청하는 게 아니다. 간주체적 차원에서 대변자 역할을 하는 것은 오히려 상대 파트너일 수 있다. 각 파트너가 서로 상대 파트너의 치료 계획에 반대할 수도 있다. 집단적 전이가 일어나 커플이 유아기적 위치로 퇴행하면, 커플은 선의의 분석가-부모가 그들을 대신해 결정을 내려주기를 바랄 수도 있다. 이때 분석가는 이런 전이 움직임을 커플에게 알려주고 그들이 이 점에 대해 숙고할 수 있도록 이끌어야 한다. 이렇게 하면 역동적 효과가 상당히 크다. 분석가는 현실적인 결정에 어떤 압력도 가하지 않고 중립적인 입장에 서야 한다. 무엇보다 분석가는 두 사람이 서로간 견해 차이, 거리낌, 지나친 자기주장, 취해야 할 조치의 성격 등에 관해서 정신역동적인 가치가 있는 질문들을 던질 수 있도록 이끌어야 한다.

〈초기 전이-역전이 움직임 탐색〉

이미 언급했듯이 초기 전이에 대한 알아차림은 중요하고도 복잡하다. 사실 주체상호간의 강한 전이가 특징적인 커플의 경우는 분석가와 치료실에 대한 커플 당사자들 개인 및 커플 집단이 갖는 전이 또한 상당하다. 커플집단 차원에서 일어나는 전이들은 분석가를 향한 것으로, 커플과 분석가 3인이 형성하는 '치료 집단' 내로 분석가를 끌어들이기 위한 것이다. 특히 첫인상, 직감되는 것들, 갑자기 드는 생각들, 어렴풋한 몽상, 담화의 요소들, 다양한 행동 및 실수 등을 토대로 분석가의 소중한 도구인 역전이 움직임들도 잘 살펴야 한다. 분석가를 향한 전이들은 적지만 '치료 집단'이라는 틀 내에서 이것들 또한 잘 평가해야 한다.

초기 면접이 끝날 때 나는 이 내담커플과 치료 작업을 해나갈 수 있을지에 관한 판단 근거들을 갖게 된다.

커플정신분석치료의 적응증과 역적응증

르메르가 지적했듯이, 커플 치료가 커플에게 최선의 방법으로 보일 때 커플 치료를 제안하는 것이 좋다. 치료 적응증이나 가능한 치료법들의 한계는 분석가(그가 받은 개인 분석, 분석가의 정신적 역량, 그가 받은 훈련이나 경험, 특정 커플 문제에 관한 그의 관심, 그의 역전이 등) 그 자신에게 달렸다는 점을 충분히 인식하면서 말이다. 그러나 어떤 치료법은 불가피한 반면에 다른 방법들은 커플의 잠재력 때문에 자연스럽게 제외된다는 것도 말해두고 싶다.

훌륭한 적응증

지금까지 언급한 내용들을 고려할 때, 분석가가 어떤 부부 문제 앞에서는 더 편하게 느끼고 또 어떤 문제들 앞에서는 덜 편안하게 느끼기 때문에, 좋은 치료적응증은 분석가에게 내재된 특성에 달렸다고 보인다. 개인적인 전이-역전이와 커플집단 차원의 전이-역전이 움직임 앞에서 분석가는 어떤 커플들은 잘 도울 수 있고 "좋은 작업"이 될 것을 예감하게 된다. 그러나 정신분석작업에 더 민감하게 반응하는 커플의 기능 양태가 존재한다는 사실 또한 배제할 수 없다. 르메르는 특히 갈등이 심한 커플, 소통 방식이 유난히 복잡한 커플 사례가 좋은 치료적응증을 갖는다고 보았는데 나도 르메르 의견에 동의한다.

성기능 장애, 성불능, 조루, 불감증, 성교 불쾌증 등은 공생이나 침습 위험으로부터 보다 취약한 파트너를 보호하기 위한 증상일 수 있다. 물론 이런 증상들에 전성기기적 환상이나 오이디푸스적 환상, 특히 근친상간적 환상이 작용할 수 있다는 점도 배제할 수 없다.

자기애성의 결함 때문에 상호간에 자기애적 지지가 더 이상 불가능하다고 느끼는 커플 파트너들의 경우는 상호간 적대적인 흐름을 동반한 자기애적 방치disconfirmation을 경험하게 된다.

커플치료에 진정한 역적응증이 존재하는가?

열정적인 정신증에서 비롯된 질투어린 망상장애나 파트너의 태도에 전적으로 의존하는 멜랑콜리적 망상장애, 파트너 일방에게 정신병을 유발하거나 악화시키는 예외적 경우들을 차치하고도, 커플치료가 이익보다는 불이익을 가져오고 심지어 일시적으로나마 병증을 악화시키는 사례들, 분석가가 도울 수 없다는 무능감이나 불편감을 전반적으로 느끼게 되는 사례들이 역적응증을 보이는 사례라고 할 수 있겠다.

세팅 소개 및 세팅 설정

몇 가지 기본 규칙

초기 면접 마지막 세 번째 회기에서 분석가가 커플정신분석치료를 권했을 때 분석가는 치료의 틀, 즉 치료에 꼭 필요한 작업 조건들을 제시한다.

기본 규칙을 명료하게 말하고 이 규칙들을 내담커플이 이해할 수 있도록 하는 일은 중요하다. 이러한 작업 조건들은 치료 틀에 대한 이후의 모든 가능한 공격들을 알아차리고 분석이 가능하도록 해준다.

첫 번째 규칙은 작업 회기와 관련된 실제적 지침들로, 매 회기마다 두 사람이 모두 출석해야 한다는 것, 한 명만 안 와도 회기가 불가능하다는 것, 회기당 한 시간이라는 것, 회기의 빈도(일주 혹은 2주마다), 분석 시간 정하기와 분석비 고지 등이다.

두 번째 규칙은 상대 파트너에게 영향 받지 않고 자신이 생각하고 느끼고 상상하는 것을 말할 권리(의무가 아니라)다. 생각, 느낌, 환상, 추억, 간밤의 꿈 등도 마찬가지다. 이는 커플 당사자 개인의 담론이 잘 흘러가도록 배려하고, 커플 각인의 참여를 독려하면서도 사적 기밀 유지의 공간을 보호하려는 것이다. 이 두 번째 규칙에 대한 어떠한 위반도 정신역동적 탐구 대상이 된다.

세 번째 규칙은 분석가의 절제다. 커플집단에 대해 그리고 커플 파트너 개인에 대해 분석가가 맺는 관계는 상징적 차원에만 머물러야 한다. 개인적 조언이나 의견을 제시하는 등 커플의 현실적 삶에 개입하는 일은 어떤 형태로든 용납되지 않는다. 분석가는 이렇게 말한다. "회기 내에서 우리는 말로 하지 행동으로 옮기지 않습니다. 일어나고 있거나 일어났던 일을 이해하고 분석하기 위해 여기 있는 것이지, 두 분께서 바깥에서 함께 결정할 사항을 결정하기 위해서 우리가 여기 있는 게 아니에요."

치료 틀의 기능

먼저 치료 틀은 치료적인 내적 공간-이 공간에서 우리는 말하고 상상하고 몽상하고 생각하고 해석할 수 있다-을 광대한 외적 공간과 구분 짓고 또 분리시킨다.

치료 틀은 감싸고, 보호하고, 담아준다. 치료 틀은 담아주는 기능을 하며, 치료자의 본질적 기능은 언어화되지 않은 불안들과 거친 감정들을 표현할 수 있도록 하는 것이며, 이렇게 함으로써 치료 틀 바깥에서 이런 불안이나 감정을 행동화할 필요가 없도록 만드는 것이다. 이것이 분석가의 알파기능이며, 분석가의 도구인 치료 틀이 지닌 알파기능이다.

치료 틀은 다양한 형태의 소통과 전이-역전이 움직임이 일어나도록 하며, 이러한 것들을 이해하고 밝히는 일은 커플의 관계 조정에 기여하고 커플관계의 풍성함에 기여한다.

커플 치료 : 기술적인 면

해석 이전 작업

모든 커플 작업의 기초는 '재구성', 언어화, 형성화 등의 활동을 촉진시켜 상징계로의 접근을 가능하게 함으로써 반복적인 행동화 경향을 줄이는 데 있다. 이러한 상징화 작업은 본연의 해석 작업을 준비하는 예비적 과정이다.

분석가는 자신의 능력과 원초적 불안들을 담아주는 그의 치료 틀을 통해서, 갈등과 증상의 밑바탕에 흐르는 잘못 정의된 정서들이 커플 공동의 언어로 다시 표현될 수 있게끔 해야 한다. 커플 파트너들 사이에서 말할 수 있는 기회를 공정히 배분하면서 말이다.

분석가는 또한 환상의 표현과 환상의 순환을 촉진해야 한다. 커플 구성원 각인이 커플과 상대 파트너의 정신적 실제에 관해 그(그녀)가 생각하는 것을 편하게 표현할 수 있다는 느낌이 들어야 한다. 그리고 분석가는 말하는 사람을 경청할 수 있어야 하며, 말하는 사람이 커플과 그(그녀) 자신의 정신적 실제에 관해 상상하는 것에 대해 분석가가 받은 인상을 알려 줌으로써 그에 반응할 수 있어야 한다. 또한 분석가는 파트너들 간의 개인적 경계들이 존중될 수 있도록 살펴야 하며 한쪽 편이 다른 편에게 정신적으로 침습해 들어가는 것의 위험성 또한 살펴야 한다. 개인적, 간주체적, 집단적 차원의 이런 환상 활동들은 커플의 정신적 실제를 표현해 주는 하나의 방식이다. 이러한 환상 활동은 일상적인 사건이나 상황에 대해서도 일어나며, 커플의 과거 혹은 파트너 각자의 원가정에 대해서도 일어난다. 그러나 이런 환상 활동은 공동의 불안이나 사회문화적 동기들에 의해 감추어진 채 커플 가운데 표현되지 않고 억압돼 있을 수도 있다. 어떤 커플들은 이러한 환상화 능력이 전혀 없어 분석가가 환상에 관해 알려주고 환상을 빌려줘야 할 때도 있다. 이는 환상을 떠올리고 또 내어줄 수 있는 분석가의 능력을 전제로 한다. 이는 비온(1960)이 말한 '모성적 레브리 능력'에 해당한다. 심한 편집증적 투사에 해당하는 정신적 표상들은 밑그림이 형성되고, 머릿속 그림으로 그려지고, 작업된 후에 버려진다.

해석 작업

커플 작업의 주요 특징 중 하나는 풍부한 가능성이 열려있다는 것이다. 이러한 풍부한 가능성은 '살아 있는 이 임상적 단위체'가 치료 초기에 뿜어내는 흥분과 복잡성 때문에 골치 아프던 분석가의 경험을 보상해 준다. 이는 분석가 자신이 그의 역전이를 분석할 수 있는 능력과 그 자신의 창조성을 동원함으로써만 가능하다.

해석의 두 번째 특징은 커플의 삶이 지닌 집단적, 간주체적, 개인적-정신내적 차원이라는 세 차원과 연관돼 있다.

개인적 차원과 관련하여 나는 다른 동료들과 달리, 상대 파트너가 안전한 치료 틀 내에서 그의 정신적 삶에 대해 언급함으로써 커플의 삶에 연루돼 있지 않던 새로운 사실을 알게 될 때 부정적 해석의 근원이 된 잘못된 환상이나 관념들이 제거됨으로써 두 사람 간에 관계 조정이 일어난다고 본다. 결과적으로 병의 원인이 될 수 있는 상대방의 암묵적 해석이 수정되리라고 보는 것이다. 그래도 분석가는 잘못된 관념을 가진 상대방이 해석을 그르게 사용할 가능성을 유념하면서 잘 살펴야 한다.

집단적 과정 속에서 진행되는 개인의 정신적 과정들의 연결지점에 관해서도 해석 활동은 가능하다. 왜냐하면 이러한 연결지점은 커플 공동의 형성물, 저항, 증상, 정신적 삶의 장애물 등의 근저에 놓인 커플집단의 기능을 나타내기 때문이다. 따라서 생각하고 느끼고 상상하고 상상한 것에 대해 소통하는 것을 방해하는 장애물들이나, 직간접적으로 서로를 지지하는 자연스런 커플의 기능을 방해하는 장애물들은 이런 유형의 저항의 한 예다. 이럴 때 치료자는 반려자 서로가 원하는 지지의 메시지나 정서를 표현하지 못하도록 가로막는 커플의 집단적 과정을 탐문한다.

따라서 해석은 간주체적 현상을 포착하되, 이를 커플집단의 정신적 실제와 연관짓지 않고 오히려 무의식적 역할 분담의 형태로 표현되는 개인적 문제들의 연결 속에서 간주체적 현상을 포착하는 것이다. 이 점에 관해서는 빌리(1975-1982)와 르메르(1979)가 분석해 놓은 바 있다.

해석은 분석가도 할 수 있고 커플 파트너들도 할 수 있다

먼저 커플 파트너들은 끊임없이 자신만의 해석 활동을 한다는 것을 알아야 한다. 이러한 해석은 명시적일 수도 있고 암묵적일 수도 있고 억압되기도 하고 합리화되기도 하고 부인될 수도 있다. 정신적 현실과 외부 현실 간의 직면 가능성은 전혀 없는 채로 말이다. 이러한 해석은 위험스럽게도 반박의 여지가 없다. 치료 틀이 이러한 투사와 해석과 환상을 명료화시키고 이것들로부터 보호해 준다. 따라서 르메르가 제시했듯이 일상의 작은 사건들을 떠올리게 해서 그것들에 대한 느낌과 해석을 큰 위험 없이 나누게 해야 한다. 그러므로 이러한 치료 틀 내에서는 치료 구성원들이 해석의 당사자이기도 하다. 이렇게 안정감을 제공하고 환상의 순환을 자극하는 치료 분위기에서 분석가는 개인적 해석들은 각자의 정신세계에 관해 알려주는 상상의 산물이라는 점을 분명히 해두어야 한다. 해석의 풍부함도 바로 여기서 오는 것이다. 분석가는 커플집단이 공유하는 면들에 관해 해석하고, 분석가를 자서전적 탐색으로 인도하는 개인 차원의 문제들이 간주체적으로 연결되는 과정에 대해서도 해석한다. 또 분석가는 커플에 대해 파트너 각자가 맺고 있는 관계에 대해서도 해석한다.

치료 목적과 유익

커플치료는 커플의 정신적 실제에 해당하는 세 수준(개인적, 간주체적, 집단적)을 겨냥해서 작업해야 한다. 커플 치료는 커플 구성원들로 하여금 만족스런 커플 작업을 실현할 수 있는 방법을 되찾게 해준다. 그 결과 커플은 성적, 신체적, 사회문화적 차원에서 유익을 얻게 된다.

정신적인 면에서, 커플치료는 파트너들에게 "엉겨붙음에서 분리" 되는 효과를 준다. 지나치게 많은 동일시 흐름을 감소시킴으로써 분리/개별화 과정을 촉진하고, 보다 큰 자율성을 가지고 자기애를 표현할 수 있도록 촉진한다. 어느 정도 상대방에 대한 의존을 받아들이고 커플-대상에 의한(혹은 커플이라는 환상에 의한) 침습도 어느 정도 견디도록 해준다.

갈등의 강도를 줄이고 간주체적 관계의 경직성을 감소시킴으로써 관계의 유연화, 관계에 대한 재애착, 보다 나은 정서적 소통(양가감정을 줄이고 다정함을 맘껏 표현하는 것 등)을 가져온다. 그리하여 커플 파트너들은 서로에게 더 다양한 역할(아빠, 엄마, 아기, 오빠, 언니, 친구 등등)을 해주게 된다. 사랑 대상과 커플-대상에 대한 표상들이 진화발전하면서 커플-대상은 보다 덜 침습적으로 느껴지게 된다. 공동 소유의 물건들과 개인 소유의 물건들에 대한 리비도투여에도 재분배가 일어난다. 이러한 변화는 두 사람이 각자 개별적인 작업을 해나가도록 동기부여를 해준다.

정신적 작업의 효과는 필연적으로 커플의 신체적, 성적 현실에 투영되고 가족의 삶에도 투영돼 나타난다.

성적 관계의 개선이나 성관계의 재개 등이 이런 효과와 동반해서 나타나곤 한다. 그러나 성관계는 항상 동일하지는 않다. 서로 더 신경 써주고 다정하게 돌보는 것 등으로 표현되면서 몸에 대한 리비도투여는 진화해 나갈 수 있기 때문이다.

커플은 가족적 (역동적, 경제적) 차원에서 재조정을 생각할 수 있다. 가족 내에서 각각의 위치가 재설정되고, 부모 커플과 자녀들 사이에 분명한 경계가 설정된다. 또 커플은 이제 그들의 '작업 커플' 내에서 일어난 변화들에 대해서도 말할 수 있다. 그리하여 가정과 직업 차원에서는 물론 다양한 사회적 관계들에서도 재조정이 일어날 수 있다.

현저한 변화가 커플에게 일어나지 않을 수도 있다. 남아있는 많은 저항들로 인해 부분적이고 제한적인 변화만 가능할 수도 있다. 어떤 커플들은 서로에게 덜 상처 주는 방식으로 이별을 결심하기도 하지만, 커플에 따라 원하는 결과를 얻을 수도 있고 그렇지 않을 수도 있다.

결언

커플에 관한 다학제간 연구인 본서를 마무리하면서, 비록 이질적이라 하더라도 어떤 일반화할 수 있는 통일된 결론을 이끌어내야 하지 않을까 한다. 우선 이 책이 신체성적, 정신적 사회문화적 차원이 서로 상호작용하는 살아있는 복합적 실체인 커플의 복잡다단함을 잘 설명해 냈기를 바란다. 커플이라는 실제는 이 실제를 이루는 실제들 저마다의 고유한 시간성들이 서로 얽히는 복잡성 속에서 진화하는데, 바로 이 점이 커플의 복잡성과 갈등화의 또 다른 요인이 된다.

내적 갈등

커플은 '역동적', '경제적', '지형적', 역사적 성격을 띤 실제다. 커플은 앞서 살펴보았듯이 서로 대립적인 다양한 욕동리비도가 투여되는 지점이자, 다수의 외적 내적 갈등이 서로 긴장 관계 속에서 생동하는 지점이기도 하다. 이러한 내적 갈등들은 문화적인 면들의 내재화를 포함하는, 정신적 차원의, 구조적이 문제로 이에 대해서는 정신분석만이 접근 가능하다. 왜냐하면 이것들은 무의식적이기 때문이다. 커플의 모든 구조화 및 기능에 재재된 이런 내적 갈등들은 완화되고 제거되고 억압될 수 있으며, 부인되거나 외부 현실로 투사될 수도 있고, 또 표현되거나 확대 및 심화될 수도 있는데, 이는 커플이 속해 있는 사회의 역사, 사회, 문화적 특성에 달렸다.

커플의 형성과 지속가능성은 사실 다음과 같은 대립쌍-자아/사랑 대상, 자아/커플-대상, 동질성/이질성, 자기애/대상성, 에로스/죽음욕동, 자기보존/성욕, 전성기기성/성기기성, 남성성/여성성, 정신적 양성애/성 정체성, 커플/외부 현실, 사적 커플/공적 커플-간의 근원적 갈등들을 타협, 완화, 억제, 심지어 부인을 전제로 한다.

따라서 정신내적 타협들과 간주체적 타협들은 필수불가결하며, 이러한 타협들 자체도 역동적이고 경제적이기 때문에 즉 계속해서 움직이고 가변적이기에 또한 취약하다. 바로 이런 이유 때문에 '커플의 갈등'을 정신분석적으로 이해하는 데는 무엇보다 유익과 불행의 원천인 현실 세계에 동참하고 있는, 살아 있는 실제로서의 커플 개념을 상정하는 게 필요하다. 개인과 커플 차원의 위기상황을 조절 못함으로써 '양적인' 경제적 요인이 우세해지는 불충분한 타협의 경우, 개인 및 커플 차원에서 정신적 고통이 발생하는데 바로 이러한 고통이 정신적, 신체-성적, 사회문화적 차원에서 다양한 커플 갈등으로 표출된다. 커플 갈등은 가변적이거나 의례화된 다양한 소통방식으로 표출되지만, 무의식적 방어막들이 커플 갈등의 외현화를 저지함으로써 잠재 상태로 남아있을 수도 있다. 커플 갈등은 모든 커플에 내재된 갈등의 역동을 '요란스럽게' 보여주기도 하지만, 갈등의 항속적 현존을 통해 커플 작업이 실패되었음을 어느 정도 뚜렷이 보여주기도 한다.

외적 갈등

반면, 상호 갈등관계에 있는 외적 갈등들은 역사적 사회문화적으로 가변적인 가운데 특정 시기에 특정한 갈등이 우세하게 된다. 커플의 집단적 표상들, 행위 및 가치 규범 체계, 관행과 제도(결혼, 동거 등) 등은 잠재 상태로 남아 있든 다소 요란스럽게 표현이 되든 이러한 내적 갈등들에 영향을 준다.

역사학자인 장-클로드 볼로뉴(2005)가 가족, 국가, 교회 등처럼 개인의 욕망을 억제하고 결혼 제도를 통제하려는 권력체들과의 중대한 이해 갈등을 잘 설명해 주었다. 그러나 볼로뉴는 이러한 권력체들이 결혼에 안정성과 지속성을 보장하는 역할도 한다는 점도 언급했다. 이러한 결혼이 정치 사회 재정적 결연이건 혹은 가족적, 심리적 결연이건 간에 말이다. 그러나 현대 사회는 상황이 그렇지 않거나, 그렇다 해도 정도가 덜한 편이다. 어떤 커플에나 내재돼 있는 갈등을 조절, 유지, 심지어 억제할 수 있는 이러한 권한이 외부 권력체들에게 부여돼 있었을까? 그랬을 가능성이 크다. 어떻게 이런 일이 가능했을까? 앞서 이미 상술한 바 있듯이, 오랫동안 전통적 결혼은 사랑 감정에서 자유롭게 배우자를 택하는 것이 아닌 사회적 동맹을 토대로 한 것이었다. 이것은 특정형태의 구조적 갈등을 완화시키지만, "우리 문제는 가족들 때문에 생긴 거야" 식으로 외부 갈등대상에게로의 투사를 부추긴다.

현대 서구사회는 개인주의의 득세와 더불어 (가족, 국가, 교회 등) 전통적인 권력체들의 명백한 세력약화가 뒤따를 수밖에 없었던 것 같다.

현대 서구 커플의 사회적 특성

역사학자, 인구통계학자, 사회학자, 정신분석가 등의 최신 연구에서 우리가 배울 수 있는 건 무엇일까?

전문가들은 제도적이고 전통적인 커플 개념에 역사적 변천이 일어나고 있다고 본다. 현대 커플은 주체상호간의 내적 규정이 우세해짐으로써 더 이상 제도가 이를 보장하지 못한다. 보장한다 하더라도 극미한 수준에서일 뿐이다.

더구나 현대 커플은 불안정하고 취약하며 다양한 형태를 띠면서 까다로운 요구를 갖고 있다. 초기의 '커플 맹약'을 지키기 위해 영원히 단둘이 가고자 하는 자기애적 욕구에도 불구하고 현대 커플은 지속되기가 점점 더 어려워지고 있다. 이 점은 1970년대 이래로 많은 통계자료들이 입증하는 바이기도 하다. 이성간 결혼률은 저하되는 반면, 이성 및 동성애자 동거와 이혼 및 별거 그리고 동성애자 결혼 및 팍스Pacs[114] 커플 혹은 '다수연인관계polyamoureuses' 형태가 늘고 있다. 특히 국제화된 대도시들에서는 '함께사는' 커플 형태가 줄어들고 독거 형태가 늘고 있다는 점이 특기할 만하다. 그렇다고 이들에게 배우자가 없거나 성생활이 없는 것은 아니다. 이러한 형태는 현대 커플의 전형적인 예들로 더 느슨하고 덜 언약적인 커플 형태를 선택한 것이다.

사랑 대상과 커플 자체에 대한 각자의 요구도 증가했다. 성적이고 소통적인 차원('다 말해야 해' '서로 숨기는 게 전혀 없어야 해'), 지적 차원, 정체성(친밀함이나 사회적 지위·직업적 성별적 요소들이 강화됨), 정신적 차원(다정하게 표현되는 사랑, 자기애적인 지지, 상대방에 대한 염려, 힘든 시기에 지지해주기, 회복을 위한 퇴행적 시공간의 제공, 조기의 정신적 상처가 복구되고 각자 자기실현을 할 수 있게끔 시공간 할애하기) 등 여러 면에서 말이다. 커플과 사랑 대상에 대한 이런 과도한 기대와 요구는 남녀평등이나 개인 및 정체성 차원에서 이뤄지는 권리주장과 합세하고 있다. 바로 이런 이유 때문에 개인(남녀 각각) 및 커플 차원 모두에서 이상적인 요구와 표상들 간에 갈등이 생긴다. 이러한 것들은 가족의 형성과 더불어 더욱 복잡해진다. 커플/가족, 사랑 커플/부모

114) 원래 프랑스에서 동성애자 부부의 법적 지위를 보장하기 위해 시작된 제도이나, 현재는 법적인 결혼 없이 함께 사는 커플들에게 법적 결혼에 준하여 권리와 의무를 보장하는 제도로 정착되었다 – 역주

커플, 개인/가족 간의 갈등들이 새로 추가되기 때문이다.

이러한 현대 커플들은 명백히 개인주의화되고 모순적인 조류가 강하게 작용하는 우리 서구사회의 대표적 예들이다. 이러한 커플들은 고통 받고 있는 것이 분명한, 우리 병든 사회의 "증상들"이다. 정신분석가, 커플치료자로서 내가 임상에서 발견하는 점들이기도 하다. 인류학자나 사회학자들은 이 현상을 어떻게 볼까?

인류학자나 사회학자들의 언급 중 특기할 만한 것은 다음과 같다.

• **성이 커플의 내밀함과 정서적 삶에서 중대한 위치를 차지한다는 점.** 성은 남녀 모두가 주체로 확립되는 데, 또 커플을 구성하고 공고화하는 데서 중요한 행위다. 불충분한 성생활은 오늘날 관계 단절을 위협하는 요인이 된다. 성에 대한 기대나 요구 측면은, 특히 자녀 출산 이전까지는 남녀 간에 차이가 없는데 이 점은 역사적으로 새로운 현상이다.

또 최근에 성은 여러모로 분리의 대상이 되는데, 출산의 위상이 축소되고 특이적 현상이 됨에 따라 성은 결혼, 부부관계, 사랑 감정, 정서적 차원 등과 분리되는 경향이 일반적이다. 환상적이고 '소유적' 차원의 욕망을 동반한 에로틱한 성과 흥분 방출의 배설적 성도 서로 구별되고 있다. 배설적인 성은 욕망 대상을 배설물로 간주함으로써 배설적이고 항문기적 요소를 담고 있다. 사회적 압력, 특히 대중매체를 감안해볼 때 에로틱한 성욕과 위생을 위한 성욕 간에도 구분이 이뤄지고 있다. "섹스는 건강에 좋은 거야. 운동처럼 말이지! 그러니 섹스는 꼭 실천해야 해!" 하는 식이다. 그러나 우리 인류학자나 사회학자들은 성 자체가 정의상 불안정한 것이기 때문에 성 차원에만 집중된 커플 관계는 자멸하게 돼 있다는 데 의견을 같이하고 있다. 실제로 커플은 성욕 측면에서 볼 때 '취약 지대'라는 점이 드러난다.

성욕의 관리는 시간 속에서 함께 늙어가는 지속되는 커플에게 있어 가장 중대한 문제 중 하나이기 때문이다.

• **서구사회의 의료화 및 심리화의 추세.** 다양한 미디어를 통해 해석되고 전달되면서 의료적 담론이나 관행들은 새로운 신념과 행위 규범들을 양산하고 있다.

• **항속성의 관념이나 장기 계획들을 평가 절하하도록 이끄는, 변화무쌍함과 변화에 대한 평가절상 현상.** 이런 변화무쌍함의 가치관은 지속성의 가치관과 갈등을 빚는다. 이러한 변화무쌍함은 분산현상에서 비롯된 차별화된 시간 개념을 동반한다. 시간 개념은 파편화되고 주체들은 과거의 지지나, 불안을 불러오는 장기적인 미래 계획 없이 오직 현재라는 순간에 갇혀 가속화된 삶을 살면서 반복과 즉각적 만족만을 추구하는 것처럼 보인다.

• 제도와 서열이 후퇴하고, 외부 도덕이나 행위 규범이 점점 '내면의 조절 원칙들'로 대치되면서 도덕과 규범은 상대적으로 소실되거나 완전히 사적인 영역이 되어감.

결국 우리 사회는 병적이고 모순적인 처방전을 우리에게 써주기 때문에 우리 모두는 커플과 가족까지 포함해서 다음의 것들 사이에서 타협해야 한다. 책임지는 성인이 되고 성숙할 것인가/ 젊게 살면서 아동기의 '신선함'을 유지할 것인가, 남자가 되고 남자다움을 중시할 것인가/ 그러면서도 여성성을 표출할 수 있어야 하는가, 여자가 되고 여성성을 꽃피울 것인가/ 그러면서도 남성적이고 남근적인 특성을 나타내 보일 것인가, 개인적 성취 및 실현으로 나아가고 자기를 생각할 것인가/상호성 가운데서 나눔과 이타성을 지닐 것인가, 운동성을 갖고 변화, 진화로 나아갈 것인가/안정과 지속성을 유지할 것인가, 즉각적인 쾌락을 즐기며 현재를 살며 무사태평할 것인가/ 계획을 세우고 미래를 예견하며 살 것인가 등등.

정신분석가이자 민족학자인 G. 드브뢰(1939, 1965)는 "정신분열병에 대한 사회학적 이론"(1939)[115]와 "민족적 정신증인 정신분열병"(1965)[116]이라는 탁월한 두 논문에서 현대 서구 사회를 다르게 특징지었다.

그는 소위 '원시' 사회와 달리, 서구사회에서는 부모와 제도들에 의해 부추겨진 '성장에 대한 거부' 현상이 명백함을 지적했다. 원시 사회들에서 성인의 유치한 행동들은 '불충분한 성인의 행동'으로 간주되곤 했다. "우리는 아이들이 아이됨에서 벗어나기 어렵도록 아이들을 기르고 있다. 이러한 어린애 같음은 부모들에 의해 연장된다 [...]. 정상적인 기간 이상으로 어린애 같음이 연장되도록 하기 위해 사람들은 성인의 삶은 단지 고통과 처절한 노동으로 묘사하는 반면 아동기는 삶의 황금기처럼 묘사한다."[117] 바로 이러한 현대인의 태도가 아동기와 청소년기에 대한 평가 절상, 학업 연장을 통해 아동기 및 청소년기의 연장 유지, 성인된 삶에 참여하거나 지속적인 커플의 삶에 참여하는 데서의 어려움, 신체적 현실을 무시하고 최대한 오래 '젊음을 유지하는 것'에 대한 증가된 관심 등의 현상을 부추긴다.

드브뢰는 상기의 두 번째 논문에서 현대 서구사회에 의해 평가 절상되어 유지되고 있는 분열성 모델을 제시한다. 그는 이 모델의 특징을 이렇게 기술했다. 탈애착, 유보, 반응성결여 등의 태도/ 앞서 언급했듯이 성 생활 내에서의 정서 부재/ 일상생활 대부분에 대해 이뤄지는 분산 및 부분적 참

115) G. Devereux, "Une thcéorie sociologiquc de la schizophrénie"(1939), *Essais d'ethnopsychiatrie générale*, Paris, Gallimard, 1970-1977.

116) G. Devereux, "La schizophrcénie, psychose ethnique"(1965), *Essais d'ethnopsychiatrie générale*, Paris, Gallimard, 1970-1977.

117) *Ibid.*, p. 227.

여/ '뒤섞이는 것과 엮이는 것에 대한 회피'/ 비현실성이 현실을 심각하게 왜곡해 허구적 모델에 삶이 적응되도록 함/ 서구의 사회문화적 모델에 뿌리 깊이 자리한 유아기성, 이러한 외관상의 젊음에 대한 우리 사회의 숭배 / 남녀 구분의 점차적 상실, 남성의 여성화 및 여성의 남성화는 어떤 사람들에게는 정체성의 근간을 흔드는 것임. 또 여기에 세대간 무차별의 움직임도 부연할 수 있겠다.

드브뢰는 우리 사회에 존재하는 본격적인 개인주의성이 만족보다는 고통의 원천이 되고 있다고 본다. 모든 '건전한' 사회는 개인에게 '자기 감각'은 물론 '자기 고유의 정체성 및 실체성에 관한 확신'을 격려함과 동시에 타인에게도 이러한 감각들을 격려해 줘야 한다."[118)]

정신분석가로서 나는 이 모든 현상이 자기애성과 전성기기성이 우세함에서 비롯되었다고 본다. 일차과정적 사고나 전능환상을 동반한 쾌락 원칙은 득세하는 반면 오이디푸스적인 면이나 이차과정적 사고나 승화 및 상징화의 측면은 빈약해진 상태로, 이는 우리 서구사회의 극히 자기애적이고 타락한 측면을 보여준다. 이런 이유로 나는 조기 파경, 여러 차례의 결혼, 방만한 결혼형태, 독신생활, 자녀욕구 부재 및 지나친 자녀욕구 및 늦은 출산 등으로 커플이 진화해 나가는 현상은 병리성과 모순이 지배하는 우리 서구사회의 대표적 증상이라고 본다.

앞서 언급한 바 있는 모든 커플이 안고 있는 구조적 갈등들의 일부는 우리 사회의 근본적 특징으로 인해 더 악화되기도 한다. 이제 홀로 미래를 책임져야 하는, 점점 대립구도로 가고 있는 이러한 커플의 상황은 커플들이 역사적으로 제도적인 울타리를 상실하게끔 만들었다. 흔히 억압적이기도

118) *Ibid.*, p. 272.

했던 이런 제도들은 상징적 제3자로서, 구조를 형성시키는 오이디푸스 삼각구도의 작동인자이자 보호자적 기능을 함으로써 커플에게 지속성과 안정성을 보장해 주기도 했었다. 물론 보호자적 기능도 했지만 이 제도들은 커플이 가족, 국가, 종교 기관들에게 권리를 양도함으로써 정체성이 위협받게 만들기도 했다. 만족스러운 중도적 해결책을 찾아야 할 것이다. 만약 우리 서구사회와 커플들이 갖고 있는 이런 특징들이 서구 역사에서 중대한 변화의 시기중 하나라면, 이것들은 또한 새로운 변화를 잉태하고 있는 것이 아닐까?

'위기에 처한' 서구사회는 이 위기로 인해 진화하며, 또 빠르고 항구적인 변화 가운데 있다. 이는 '초복합적hypercomplexe'－사회학자 에드가 모렝(1984)가 표현한 바대로－이 되어버린 자동재조절되는 서구사회의 체계적 측면에서 기인한다. 서구사회는 단절을 경험하고 있는데 이런 단절은 문화적 전승을 통해 보장되는 '연속성 작업'의 실패에서 비롯되었으며 또 가족, 교회, 국가, 사고나 행위 규범 등과 같이 '초정신적'이고 '초사회적'인 중대한 초석들을 약화시키고 뒤흔드는 해체 및 재조정 기능을 담당하는 사회적 변형들에서 기인한 것이다. 이렇게 통제되지 않는 역사 및 사회문화적 소용돌이 속에 갇힌 현대의 커플들 역시 이런 해체 및 재통합의 조류에 휩쓸리고 있는 것이다. 결국에는 취약하고 불안정하고 변화무쌍하고 다형적 형태를 띤 현대의 커플들 또한 이런 사회적 '초복합성'을 받아들여 스스로 '초복합적'이 된 것일까? 이것이 커플 작업에 미치는 영향은 어떠하고 새로운 커플 형태는 어떤 것일까? 그렇다면 실패라는 개념이 타당성이 있을까? 만약 그렇다면 어떤 기준에서일까?

여기서 잠시 내가 본서에서 도입한 '커플 작업'의 개념을 살펴보자. 커플 작업의 개념은 모든 커플이 경험하는 현실의 다양한 층위를 일관되고 통일성 있게 설명하기 위해 시도된 다학제간 개념이다. 커플의 현실은 커플 구성원들에게 어떤 작업을 요구한다. 이 작업은 (정신적, 성적-신체적, 사회문화적 차원의) 공유된 현실들 각각에서는 물론 이 작업들 간의 상호연관성 안에서 그리고 상대 파트너가 행한 작업과의 연결성 속에서 이뤄지는 작업이다. 그러나 이러한 커플 작업은 파트너 각인의 자아와 병행해서 이뤄지기 때문에 주체로 건설되기 위한 '개인 작업'과는 역동적 대립관계에 놓일 수밖에 없다. 따라서 모든 커플이 안고 있는 '개인적 이해타산'과 '커플 차원의 이해타산' 간에 놓인 갈등중 하나가 재부상하게 된다. 개인적 위험을 무릅쓰지 않고서 커플 파트너 각인은 얼마만큼 커플을 위해 헌신하고 또 헌신하고자 할까? 이 문제는 이중으로 모순이다. 왜냐하면 우리 서구사회는 전례 없는 남녀평등 속에서 개인성과 개인의 이익을 높이 평가하고 있기 때문이다.(물론 우리사회는 독신의 삶을 모범으로 간주하지 않고 커플의 삶을 기준으로 삼고 있지만.) 또 커플의 지속가능성은 이렇게 공동의 노력으로 이뤄지는 커플 작업의 질에 달렸기 때문이다. 커플의 지속가능성의 문제는 권태감이 모든 커플을 위협하고 인간 수명이 연장되는 상황에서 커플의 노화가 예견되기에 더욱 큰 문제다. 나는 고통, 불만족, 조기 파경, 새로운 커플형태의 등장은 특히 공동의 노력이나 일방의 노력이 불충분한 데서 비롯된 커플 작업의 실패를 보여주는 극명한 신호들로 본다. 전통적인 상징적 보장체계들은 패퇴하거나 약화되는 반면 새로운 대안은 아직 등장하지 못한 상태에서 커플 작업은 더욱 더 어려워지고 있다.

커플 작업의 정신적 차원과 연결돼 있는 커플 지속성의 요인들을 들자면 다음과 같다. 1.커플을 '초정신적' 또는 '초사회적'으로 보장해주는 구조적 컨테이너(Këes, 1979) 체계 2.사랑 대상 및 커플-대상 에 대한 자기애성 리비도투여 및 양가적 리비도투여의 유지 3.다정함의 유지 4.상호 자기애적인 지지의 유지 4. '커플간 우정'으로 승화된 리비도투여 5. 개인 및 커플 차원의 창조성 동원 6. '커플의 삶을 지켜주는' 선한 피학증-성욕을 자극하는 일차적 피학증의 핵을 공유하는 것으로, 이런 피학증은 만족스러운 피학증적 커플 구조를 구성하게 하고 기대를 유지시키며, 좌절을 수용하고, 커플간 만족 지연과 위기관리 측면에서 중대한 역할을 한다.

하지만 현대 커플들에서는 위와 반대되는 상황들이 점점 더 자주 발견된다. 즉각적인 쾌락 만족, 쾌락 만족을 지연하기 어려움, 기다리는 능력의 부족, 오늘날 파경을 가져올 수 있는 '커플간 갈등'이 차지하는 위상의 변화 등은 이러한 상황을 잘 보여준다. 게다가 초정신적, 초심리적 보장 체계들을 공격함으로써 현대의 커플들은 정체성 측면에서도 위기를 겪고 있다. 현대 커플에게 영감을 줄 수 있는 부모세대 커플이라는 전통적 모델도 현대 커플에게는 옛 모델을 극복하고 그들 나름의 '커플 모델'을 창조하고자 하는 욕망과 충돌하고 있다. 현대 커플들은 전적으로 개인주의적이고 주관적이면서, 미디어에 오르내리는 새로운 모델에 '부응하는' 커플 모델을 찾고자 한다. 우리시대의 '커플 모델 위기'는 바로 여기에서 기인하며, 이러한 위기로 인해 변화와 변형이 일어나고 이러한 변화들이 다양한 커플 형태의 출현으로 표현되는 것이다.

본서를 마무리하면서, 나는 역사적, 사회문화적, 정신적 소용돌이에 노출돼 있는 살아있는 복잡한 실제인 커플의 복합성을 더 뚜렷이 인식하게 되고, 커플의 실제를 전체적으로 이해하는 어려움을 더욱 실감하게 되었다. 하지만 커플에 관하여 최초로 시도된 나의 다학제간적이고 통섭적 접근은 밝은 전망들을 일별하게 해주었다. 향후에는 이중의 작업이 요구된다. 하나는 인문과학에서의 통섭에 관한 인식론 연구이며, 다른 하나는 결실 있는 다학제적-통섭적 협동 연구다.

참고문헌

Abraham K., ≪À propos de l'exogamie névrotique. Contribution à l'étude comparée de la vie psychique des névroses et des primitifs≫ (1914), Paris, Payot & Rivages, *Œuvres complètes*, vol. I , 2000.

André J., *Aux origines féminines de la sexualité* (1995), Paris, PUF, ≪Quadrige≫, 2004.

Anzieu D., *Le groupe et l'inconscient*, Paris, Dunod, 1975.

Balint M., *Le défaut fondamental* (1957), Paris, Payot, 1971.

Benveniste E., ≪Le mariage≫, *Le vocabulaire des institutions indo-européennes*, Paris, Minuit, 1969.

Bion W.R., *Recherches sur les petits groupes* (1953), Paris, PUF, 2000; Aux sources de l'expérience (1960), Paris, PUF, 2000.

Bologne J.-C., *Histoire du mariage en Occident*, Paris, Hachette Littératures, ≪Pluriel≫, 2005.

Bouvet M., *La relation d'objet* (1956-1960), Paris, PUF, ≪Le Fil rouge≫, 2006.

Bozon M., *Sociologie de la sexualité*, Paris, Armand Colin ≪ Domaines et approches≫, 2009.

Burguière A., ≪La formation du couple≫, *in* A. Burguière, C. Klapisch-Zuber, M. Segalen et F. Zonabend (dir.), *Histoire de la famille*, vol. 3, *Le choc des modernités*, Paris, Armand Colin, 1986, p.147-188.

Brusset B., *Psychanalyse du lien*, Paris, PUF, ≪Le Fil rouge≫, 2007.

Bydlowski M., *Les enfants du désir*, Paris, Odile Jacob, 2002.

Caillot J.-P., **Decherf G.**, *Psychanalyse du couple et de la famille*, Paris, Apogée Ed., 1989.

Cournut J., *Pourquoi les hommes ont peur des femmes*, Paris, PUF, ≪Epitres≫, 2001, PUF, rééd. ≪Quadrige≫, 2006.

Danon-Boileau H., *De La vieillesse à la mort*, Hachette Littératures, ≪Pluriel≫, 2000.

David C., *L'état amoureux*, Paris, Payot, ≪Petite Bibliothèque Payot≫, 1971; *La bisexualité psychique* (1992), Paris, Payot & Rivages, ≪Petite Bibliothèque Payot≫, 1997.

Devereux G., *Essais d'ethnopsychiatrie générale*, Paris, Gallimard, 1970-1977.

Dicks H., *Marital Tensions*, Londres, Routledge, 1967.

Eiguer A., *Clinique psychanalytique du couple*, Paris, Dunod, 1998.

Fain M., **Braunschweig D.**, *Eros et Antéros*, Paris, Payot, ≪Petite Bibliotheque Payot≫, 1971.

Fairbairn W.R.D., *Etudes psychanalytique de la personnalité* (1952), Paris, Ed. du Monde interne, 1998.

Faure-Pragier S., *Les bébés de l'inconscient*, Paris, PUF, ≪Le Fait psychanalytique≫, 1998.

Ferenczi S., ≪Confusion des langues entre l'enfant et les adultes≫ (1993), *Œuvres complètes*. Psychanalyse IV, Paris, Payot, 1982.

Freud S., *Trois essais sur la théorie sexuelle* (1905-1915), Paris, Gallimard, 1987; ≪Sur le plus général des rabaissements de la vie amoureuse≫ (1912), *La vie sexuelle*, Paris, PUF,

1969; ≪Pour introduire le narcissisme≫ (1914), *La vie sexuelle*, Paris, PUF, 1969; ≪Pulsions et destins des pulsions≫ (1915), *Métapsychologie*, Paris, Gallimard, 1968; ≪Deuil et mélancolie≫ (1915), *Métapsychologie*, Paris, Gallimard, 1968; ≪Observations sur l'amour de transfert≫ (1915), *La technique psychanalytique*, Paris, PUF, 1997; ≪Psychogenèse d'un cas d'homosexualité féminine≫ (1920), *Névrose, psychose et perversion*, Paris, PUF,1973; ≪ Psychologie des foules et analyse du moi≫ (1921), ≪Le moi et le ça≫ (1923), *Essais de psychanalyse*, Payot, ≪Petite Bibliothèque Payot≫, 1981; ≪Sur Quelques mécanismes névrotiques dans la jalousie, la paranoïa et l'homosexualité≫ (1922), *Névrose, Psychose et perversion*, Paris, PUF, 1973; ≪Le problème économique du masochisme≫ (1924), *La vie sexuelle*, Paris, PUF, 1969; ≪Quelques conséquences de la différence anatomique entre les sexes≫ (1925), *La vie sexuelle*, Paris, PUF, 1969; ≪Le fétichisme≫ (1927), *Nevrose, Psychose et perversion*, Paris, PUF, 1973; *Le malaise dans la culture* (1930), *OCF*, vol.XVIII, Paris, PUF, 1994); ≪Sur la séxualite féminine≫ (1931), *La vie sexuelle*, Paris, PUF, 1969; ≪La féminité≫ (1933), *Nouvelles conférences d'introduction à la psychanalyse* (1933), Paris, Gallimard, ≪Folio Essais≫, 1984.

Garcia V., ≪Le Couple : un lieu pour se réparer?≫, *Le Divan familial*, Paris, n. 19, 2007.

Godelier M., *Métamorphoses de la parenté*, Paris, Fayard, 2004.

Green A., *Narcissisme de vie, narcissisme de mort*, Paris, Minuit, 1983; *Les chaînes d'Eros*, Paris, Odile Jacob, 1997.

Grunberger B., *Le narcissisme* (1971), Paris, Payot & Rivages, ≪Petite Bibliotheque Payot≫, 1993.

Héritier F., *Masculin/féminin. La pensée de la différence*, Paris, Odile Jacob, 1996.

Houzel D., ≪Enjeux de la parentalité≫ (2002), *in* L. Solis-Ponton (dir.), *La parentalité*, Paris, PUF, ≪Le Fil rouge≫, 2002.

Kaës R., *Un singulier pluriel*, Paris, Dunod, 2007 ; *Le complexe fraternel*, Paris, Dunod, 2008; *Les alliances inconscientes*, Paris, Dunod, 2009.

Kaufmann J.-C., *Sociologie du couple*, Paris, PUF, ≪Que sais-je ?≫, 2007.

Klein M., *Essais de psychanalyse*, 1921-1945, Paris, Payot, 1968-1998.

Klein M., **Rivière J.**, *L'amour et la haine* (1973), Paris, Payot, ≪Petite Bibliothèque Payot≫, 1978; *Envie et gratitude* (1957), Paris, Gallimard, ≪Tel≫,1978.

Lebovici S., ≪Entretien de L. Solis-Ponton avec Serge Lebovici≫ (2002), *in* L. Solis-Ponton (dir.), *La parentalité*, Paris, PUF, ≪Le Fil rouge≫, 2002.

Lebrun F., ≪Le prêtre, le prince et la famille≫, *in* A. Burguière, C. Klapisch-Zuber, M. Segalen et F. Zonabend (dir.), *Histoire de la famille*, vol. 3, *Le choc des modernités*, Paris, Armand Colin, 1986, p. 123-146.

Le Gouès G., *L'âge et le principe de plaisir*, Paris, Dunod, 2000.

Lemaire J.-G., *Le couple : sa vie, sa mort*, Paris, Payot, 1979; *Les mots du couple*, Paris, Payot , 1998.

Littré E., *Dictionnaire de la langue française*, Paris, Encyclopædia Universalis, 2007.

Luquet P., *Les identifications*, Paris, PUF, ≪Le Fil rouge≫, 2003, ≪Que sais-je ?≫, 1990.

Marty P., *La psychosomatique de l'adulte*, Paris, PUF, ≪Que sais-je ?≫, 1990.

M'Uzan M. de, *Aux confins de l'identité*, Paris, Gallimard, 2005.

Parat C., ≪L'organisation œdipienne du stade génital≫ (1967), Rapport au Congrès des psychanalystes de langue française, *Revue française de psychanalyse*, Paris, PUF, t. XXXI, n 5-6, sept.-dec., 1967.

Pasini W., *Le couple amoureux* (2005), Paris, Odile Jacob, ≪Poches≫, 2008.

Pontalis J.-B., ≪Le petit groupe comme object≫ (1963), *Après Freud*, Paris, Gallimard, ≪Tel≫, 1993.

Rosenberg B., *Masochisme gardien de la vie, masochisme mortifère*, Paris, PUF, ≪Monographies de psychanalyse≫, 1991.

Ruffiot A., ≪Le couple et l'amour. De l'originaire au groupal≫ (1984), *in* A. Eiguer (dir.), *La thérapie psychanalytique du couple*, Paris, Bordas, 1984.

Schaeffer J., *Le refus du féminin* (1997), Paris, PUF, ≪Quadrige≫, 2008; ≪Le parcours des antagonismes entre féminin et maternel≫ (2002), *in* L. Solis-Ponton (dir.), *La parentalité*, Paris, PUF, ≪Le Fil rouge≫, 2002; ≪D'une possible co-création du masculin et du féminin ?≫, *in* P. De Neuter et D. Bastien (dir.), *Clinique du couple*, Ramonville-Saint-Agne, Eres ≪Actualités de la psychanalyse≫, 2007.

Singly F. de, *Le soi, le couple et la famille*, Paris, Nathan, 2004.

Solis-Ponton L., *La parentalité*, Paris, PUF, ≪Le Fil rouge≫, 2002; ≪Le passage du couple conjugal au couple parental: un parcours semé de mines interpersonnelles≫ (2008), *Dialogue*, Toulouse, Eres, 2008.

Willi J., *La relation de couple* (1975), Paris, Delachaux & Niestlé, 1982.

Winnicott D. W., *Jeu et réalité* (1971), Paris, Gallimard, 1975.